# 新手炒股一本就够

## 新股民必读

全面掌握K线技巧
精确把握买卖点
系统解读量价关系
详细讲解主力操盘手法

THE STOCK MARKET

尼尉圻 编著

口碑热销

第2版

中国纺织出版社有限公司

## 内容提要

本书是为新股民精心编写的,主要内容包括股票基础知识、炒股软件的基本操作、从零开始学K线、经典趋势形态分析、分时图买卖点的判断、解读移动平均线与趋势线、技术指标实战技法、量价关系基础与实战技法以及主力在建仓、试盘、洗盘、拉升、出货时的手法等。内容丰富实用,具有很强的实战性。图文并茂的叙述方式可以让读者很快掌握相关投资技巧。

本书不仅适合新股民朋友,对有一定投资基础的老股民朋友也是一本非常难得的技术参考手册。

### 图书在版编目(CIP)数据

新手炒股一本就够/尼尉圻编著. --2版. --北京:中国纺织出版社有限公司,2022.3
ISBN 978-7-5180-9194-2

Ⅰ.①新… Ⅱ.①尼… Ⅲ.①股票交易—基本知识 Ⅳ.①F830.91

中国版本图书馆CIP数据核字(2021)第255078号

责任编辑:顾文卓　　责任校对:高 涵　　责任印制:何 建

中国纺织出版社有限公司出版发行
地址:北京市朝阳区百子湾东里A407号楼　邮政编码:100124
销售电话:010—67004422　传真:010—87155801
http://www.c-textilep.com
中国纺织出版社天猫旗舰店
官方微博 http://weibo.com/2119887771
三河市延风印装有限公司印刷　各地新华书店经销
2015年7月第1版　2022年3月第2版第1次印刷
开本:710×1000　1/16　印张:21
字数:243千字　定价:68.00元

凡购本书,如有缺页、倒页、脱页,由本社图书营销中心调换

# 致新股民

时间过得真快，从第 1 版到现在已经过去 6 年多的时间了，承蒙读者朋友的厚爱，使得本书在这 6 年间得以畅销。6 年的时间，个股也从当时的 2000 多只增加到如今的 4000 多只。这期间，证券市场风云变幻，创业板的改革，科创板的问世，都给证券市场带来了积极的变化。为了让广大读者朋友对如今的市场有更好的了解，时隔 6 年，我们对本书进行了改版升级，希望能给读者带来帮助。

当您拿到这本书时，可能正准备进行股票投资，或者已经进入投资者的行列中，准备通过自己的努力在股市中拼搏一番。但不管是哪类朋友，在入市操作之前都要有一定的心理准备，认清投资的风险性，正所谓"投资有风险，入市需谨慎"。

对于不同的投资者，同样是投资股票，有些资产可以实现数倍的增值，有些却在不断地缩水。当然，造成亏损的原因有很多，有的是因为选错股，有的是因为买卖点没有把握好，有的是因为没有看清楚股票的趋势……其实，最终还是因为能力不足。与其怨天尤人，不如潜心研究学习，只有不断提升自己的看盘能力，不断总结经验教训，才能最终在股市中稳定获利，实现资产的倍增。

在众多行业中流行的二八法则，在股市中也同样适用。不管处于牛市还是熊市，都只有 20% 左右的人挣钱，甚至有人说是七赔二平一赚，可见在股市中挣钱并不容易。虽然很多人都会认为自己不会随波逐流，努力做挣钱的那一部分，而往往事与愿违。难道在股市中挣钱真的那么难吗？其实，只要你愿意不断地去学习，养成良好的投资习惯，树立正确的投资价值观，财富自然会源源不断地到来。而如果成天凭空猜测股价走势，操作失误之后又怨

天尤人，注定是无法在股市中稳定获利的。

作为一个新股民，当然要从最基本的股票知识学起，要掌握K线的相关知识，了解成交量与股价的关系，学会一些技术指标的应用，认清主力的操作意图。更主要的是在不断的学习过程中培养盘感，制订出一套适合自己的投资模式。

本书针对新股民朋友，系统讲解股票基础知识、炒股软件的基本操作、K线的形态及走势分析、分时图买卖点的分析、平均线与趋势线的应用、技术指标的应用、量价关系基础与实战技法、主力操盘等内容。

本书是笔者根据多年的投资经验和一些前辈总结出来的投资理念编写而成的，在写作过程中，也参考了不少相关资料，力求能够让读者通过本书掌握股票投资的方法与技巧。当然，本书很多内容或许已经是老生常谈，甚至已经不能够准确反映主力的操作手法。但万变不离其宗，只要投资者把基础打牢，就能够以不变应万变。另外，要说明的是，投资者不应把本书内容完全作为实战依据，因为股市风云变化莫测，强势上涨的股票很可能瞬间改变形态，而看似跌势凶猛的弱势股也可能一夜之间变成"白天鹅"，这一切都需要读者的细心观察。

本书由尼尉圻主编，同时张丽、靖雅婷、张思怡、薛峰、蔡大庆、蒋军军等人也参与了本书的编写与校对工作，在此深表感谢。如果读者朋友在阅读过程中遇到什么问题或者有好的建议和意见，欢迎与笔者联系交流（QQ：1911920129）。最后，祝您投资成功！

尼尉圻<br>
2021年10月

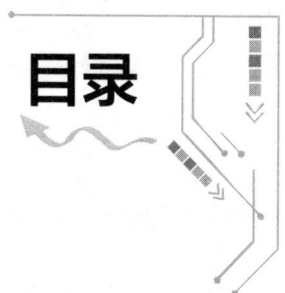

# 目录

## 第 1 章  股票基础知识

> 对于新股民朋友来讲，了解股票的基础知识是非常必要的。通过本章的学习，读者可以了解到股票的基本概念，了解几种大盘指数、股票的分类、股票的交易规则以及股市中常用的术语等内容。当然，这些概念性的东西，读者朋友只需要对其进行简单的了解，并不需要去刻意记忆它们。

第一节　股票的基本概念 / 002

第二节　几种大盘指数 / 006

第三节　股票分类 / 010

第四节　国内的证券交易所 / 014

第五节　股票交易规则 / 016

第六节　股市常用术语 / 021

## 第 2 章  炒股软件的基本操作

> 如今，去交易大厅的人越来越少，绝大多数投资者都是通过电脑、手机进行股票交易。相比交易大厅，使用电脑、手机更加方便、快捷。手机操作与电脑操作大同小异，而电脑操作更为丰富。本章我们就来学习如何在电脑中安装并使用炒股软件。

第一节　安装炒股软件 / 028

第二节　股票交易软件的使用 / 030

第三节　如何进行股票交易 / 043

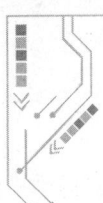

## 第3章　从零开始学K线

> 看懂K线，是每一位投资者要必备的技能。K线是分析股票涨跌的一个重要概念，通过对K线进行有效的分析，可以在很大程度上减少损失、增加获利。那么究竟什么是K线，K线又有哪些形态呢？本章将为您详细讲述K线的这些知识。

第一节　K线基础 / 046

第二节　单K线解读 / 049

第三节　双K线组合 / 055

第四节　经典多K线组合 / 068

第五节　K线缺口 / 083

## 第4章　经典趋势形态分析

> 在股市中，尽管每只个股运行的轨迹都不一样，但总有一些类似的K线形态或者走势会在很多股票中重复出现，如通常所说的双重顶、头肩底等。那么这些图形究竟有着什么样的市场含义，又暗藏着哪些玄机呢？本章我们就针对一些常见的形态进行探讨。

第一节　经典底部K线形态解读 / 090

第二节　经典顶部K线形态解读 / 099

第三节　其他形态解读 / 108

## 第5章　利用分时图把握买点与卖点

> 相对K线图来说，分时图更能体现出当天市场形势以及股价走势。对一些短线投资者来说，分时图更为重要。那么分时图的走势究竟隐藏着什么样的信息，我们又该如何运用这些信息来指导实际操作呢？本章我们就来共同探讨如何利用分时图把握买点和卖点。

第一节　把握分时图中买入点的技巧 / 114

第二节　把握分时图中卖出点的技巧 / 125

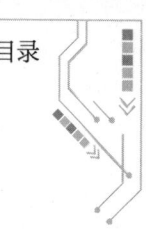

## 第6章 解读移动平均线与趋势线

移动平均线反映的是在过去一段时期内股价的平均成本变化的情况。无论是一根移动平均线还是由多根移动平均线构成的均线系统,都可以为判断市场趋势提供依据。本章我们就来重点学习移动平均线的知识。

第一节　移动平均线的基础 / 138
第二节　利用均线把握买卖点 / 142
第三节　利用趋势线进行短线操作 / 153
第四节　利用通道进行短线操作 / 161

## 第7章 技术指标实战技法

每个交易软件都会提供一些预测股价趋势的技术指标,这些指标对于研究股价的走势有着非常重要的参考作用,要想正确把握交易时机,对指标的研究是必不可少的。每个股票分析软件都有很多技术指标供投资者使用。不过很多指标的用法极为相近,投资者不需要每个指标都掌握,根据自己的喜好,选择其中几个进行研究即可。下面我们就来学习几种较为常用的技术指标。

第一节　指数平滑异同平均线指标——MACD / 166
第二节　随机指标——KDJ / 169
第三节　平均差指标——DMA / 173
第四节　简易波动指标——EMV / 176
第五节　商品路径指标——CCI / 178
第六节　变动率指标——ROC / 180
第七节　相对强弱指标——RSI / 183

## 第8章 量价关系基础

成交量是影响市场的重大要素之一。成交量的大小表明了市场上多空双方对市场某一时刻的认同程度,在量价关系中起主导作用。本章我们就来详细了解一下成交量。

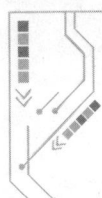

第一节 了解成交量 / 188
第二节 成交量与股价的关系 / 194
第三节 不同市况下的量价特征 / 202
第四节 分时走势中特殊的量价关系 / 204
第五节 巨量的市场意义 / 211

## 第9章 量价关系实战技法

通过前面的介绍，我们对成交量有了一定的认识，本章我们来介绍一下如何在实战中利用量价关系把握买点和卖点，希望通过本章的学习能帮助读者朋友进一步理解好量价关系。

第一节 根据成交量来选股 / 214
第二节 根据成交量把握买点 / 217
第三节 根据成交量把握卖点 / 225
第四节 不要掉进成交量的陷阱 / 231

## 第10章 认识主力

主力是证券市场中一个特殊的群体，他们有着巨额的运作资金、得力的团队、操作上有着周密的计划。从一定程度上讲，正是因为主力的存在，才使得股市充满活力，存在获得暴利的可能性。那么究竟什么是主力，主力又有着什么样的特征，其操盘过程又是怎样的？本章我们就来认识主力。

第一节 认识主力 / 240
第二节 主力的基本常识 / 242

## 第11章 主力的建仓手法

主力要想操控股份，首要任务就是要收集筹码，为了收集到足够的筹码，主力会采用多种手段。有时会采取打压的方式逼迫散户交出筹码，有时则会不惜成本将股价拉高迅速获得大量筹码。本章我们就来了解一些常见的主力建仓手法。

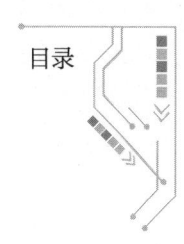

第一节　主力建仓的常用方式 / 252
第二节　主力建仓时的特征 / 259

## 第12章　主力的试盘手法

试盘主要是主力对即将展开的下一步操作计划做一些试探性的操作，以便制订下一步操作计划。在建仓期、拉升前期、出货期等阶段都有可能试盘。那么主力通常都是如何进行试盘操作的，在试盘时又有哪些盘面特征呢？本章我们就来对这些问题做些介绍。

第一节　主力试盘的目的 / 264
第二节　主力试盘的方式及方法 / 265
第三节　试盘时的盘面特征 / 275

## 第13章　主力的洗盘手法

洗盘通常会发生在建仓和拉升期间，特别是在拉升前，主力通常都会有洗盘动作。洗盘是主力操作过程中的一个非常重要且很关键的步骤，它在很大程度上决定操盘的成功与否和盈利的多少。本章我们重点学习主力惯用的一些洗盘手法，掌握必要的应对策略。

第一节　主力洗盘的目的和作用 / 282
第二节　主力洗盘的常用手法 / 283
第三节　洗盘阶段的盘面特征 / 291

## 第14章　主力的拉升手法

主力要想挣钱，仅靠盘中的差价还远远不够，要想获取更大的利益，就要想办法拉升股价。主力前期的建仓、试盘、洗盘等过程，都是为更好地拉升股价做铺垫。因此主力的拉升过程在操作中是一个十分重要的阶段。对于普通投资者来说，如果能够在主力开始拉升股价时及时跟进，就能够在主力的逐步拉升中获取丰厚的利润。

第一节　主力选择拉升的时机 / 296
第二节　主力拉升的常见方式 / 299

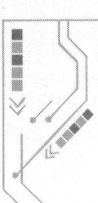

第三节　拉升阶段的技术特征 / 306

## 第15章　主力的出货手法

> 出货是主力整个操盘过程的最后一步，也是最为关键的一步，只有把账面上的盈利数字变成实实在在的银子，才能说明操作完成。当然，由于主力的筹码很多，基本上不可能在一两天内完成全部筹码的抛售，这就需要主力利用各种方法完成出货，同时又可以让既得的利益最大化。本章我们就来认识主力经常采用的出货手法。

第一节　主力出货的时机 / 310
第二节　主力出货的方式 / 312
第三节　主力出货的盘面特征 / 324

# 第 1 章　股票基础知识

　　对于新股民朋友来讲，了解股票的基础知识是非常必要的。通过本章的学习，读者可以了解到股票的基本概念，了解几种大盘指数、股票的分类、股票的交易规则以及股市中常用的术语等内容。当然，这些概念性的东西，读者朋友只需要对其进行简单的了解，并不需要去刻意记忆它们。

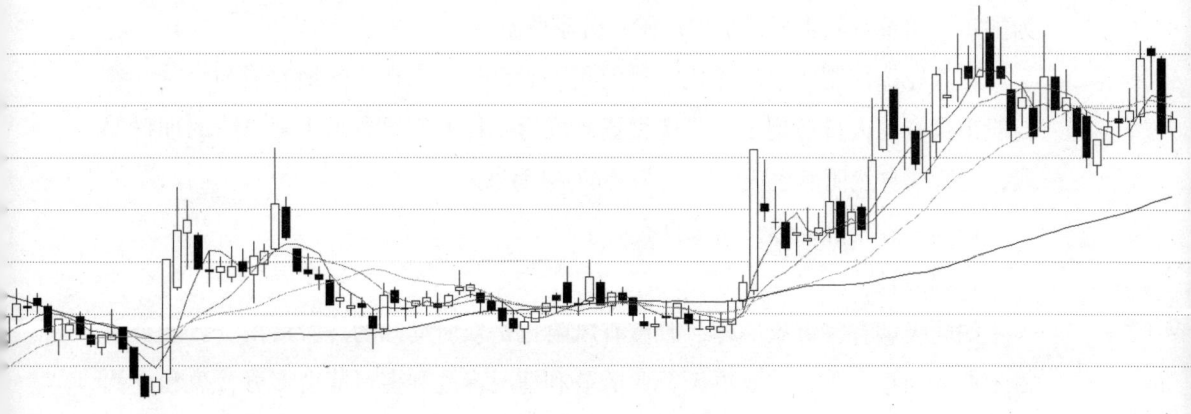

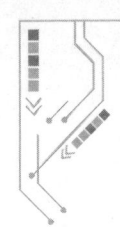

# 第一节 股票的基本概念

## 一、什么是股票

股票是股份证书的简称,是股份公司为筹集资金而发行给股东作为持股凭证并借以取得股息和红利的一种有价证券。每股股票都代表股东对企业拥有一个基本单位的所有权。股票是股份公司资本的构成部分,可以转让、买卖或作价抵押,是资金市场主要的长期信用工具。

股票是股份有限公司在筹集资本时向出资人发行的股份凭证。股票代表着其持有者对股份公司的所有权。这种所有权是一种综合权利,如参加股东大会、投票表决、参与公司的重大决策、收取股息或分享红利等。同一类别的每一份股票所代表的公司所有权是相等的。每个股东所拥有的公司所有权份额的大小,取决于其持有的股票数量占公司总股本的比重。股票一般可以通过买卖方式有偿转让,股东能通过股票转让收回其投资,但不能要求公司返还其出资。股东与公司之间的关系不是债权债务关系。股东是公司的所有者,以其出资额为限对公司负有限责任,承担风险,分享收益。

随着经济体制改革的深化,目前我国股票市场也在不断地发展与完善,参与股市投资的人日益增多,股市投资已成为一种人们愿意承担其风险的理财手段,而股票自然而然也成了人人关心的热门话题。

作为一种有价证券,股票具有如下特征:

**1. 风险性**

如同吸烟有害健康一样,股市有风险也是众所周知的。股票投资者能否获得预期的回报,首先,取决于企业的盈利情况,盈利多可能会多分,盈利少就会少分,如果公司破产则可能血本无归。其次,股票作为交易对象,也有着自己的价格。股票的价格除了受制于企业的经营状况之外,还受经济、政治、社会甚至人为等诸多因素的影响，处于不断变化中，大起大落的现象也时有发生。股票市场上股票价格的波动虽然不会影响上市公司的经营业绩，但股票的贬值还是会使投资者蒙受一定的损失。因此，投资者一定要谨慎。

### 2. 稳定性

股票投资是一种长期投资。一经买入，只要股票发行公司存在，股票持有者就不能退股，即不能向股票发行公司要求抽回本金。同样，股票持有者的股东身份和股东权益就不能改变，但投资可以通过股票交易市场将股票卖出，将股份转让给其他投资者，以收回自己的投资。

### 3. 责权性

股票持有者具有参与股份公司盈利分配和承担有限责任的权利和义务。

根据公司法的规定，股票的持有者就是股份有限公司的股东，有权或通过其代理人出席股东大会、选举董事会并参与公司的经营决策。股东权力的大小，取决于占有股票的多少。

持有股票的股东一般有参加公司股东大会的权利，具有投票权，在某种意义上也可看作是参与经营权。股东也有参与公司的盈利分配的权利，可称之为利益分配权。股东可凭其持有的股份向股份公司领取股息和索偿权和责任权。在公司解散或破产时，股东需向公司承担有限责任，股东要按其所持有的股份比例对债权人承担清偿债务的有限责任。在债权人的债务清偿后，优先股和普通股的股东对剩余资产亦可按其所持有股份的比例向公司请求清偿（即索偿），但优先股股东要优先于普通股，普通股只有在优先股索偿后如仍有剩余资产时，才具有追索清偿的权利。

### 4. 流通性

股票可以在股票市场上随时转让，进行买卖，也可以继承、赠与、抵押，但不能退股。所以，股票也是一种具有较强流通性的流动资产。无记名股票的转让只要把股票交付给受让人，即可达到转让的法律效果；记名股票转让则要在卖出人签章背书后才可转让。正是由于股票具有较强的流通性，才使股票成为一种重要的融资工具而不断发展。

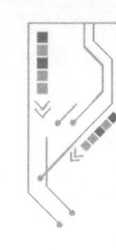

## 二、股票有哪些价值

其实，股票仅仅是一种凭证，它的作用是用来证明持有人的财产权利，而不像普通商品一样包含有使用价值，可以说股票自身并没有价值。但当持有股票成为股东后，不但可参加股东大会，对股份公司的经营决策施加影响，并且还能享受分红和派息的权利，获得相应的经济利益，所以股票又是一种虚拟资本，它可以作为一种特殊的商品进入市场流通进行转让。而股票的价值，就是用货币的形式来衡量股票作为获利手段的价值。在股票的价值中，有面值、净值、清算价值、市场价值和内在价值五种。

### 1. 面值

面值，是股份公司在所发行的股票上标明的票面金额，以元为单位，其作用是用来表明每一张股票所包含的资本数额。股票的面值一般都印在股票的正面且基本都是整数，如百元、拾元、壹元等。在我国上海和深圳证券交易所流通的股票，其面值都统一定为壹元，即每股1元。股票票面价值的最初目的是保证股票持有者在退股之时能够收回票面所标明的资产。随着股票的发展，购买股票后将不能再退股，所以股票面值现在的作用，一是表明股票的认购者在股份公司投资中所占的比例，作为确认股东权利的根据。如某上市公司的总股本为3000万元，持有一股股票就表示在该股份公司所占的股份为三千万分之一。二是在首次发行股票时，将股票的面值作为发行定价的依据。一般来说，股票的发行价都会高于面值。当股票进入二级市场流通后，股票的价格就与股票的面值相分离了，彼此之间并没有什么直接的联系，有些面值只有1元的股票，其价格往往可以炒到几十元。

### 2. 净值

净值，也称为账面价值，指的是用会计方法计算出来的每股股票所包含的资产净值。其计算方法是将公司的注册资本加上各种公积金、累积盈余，也就是通常所说的股东权益，将净资产再除以总股本即是每股净值。股票的净值也就是股份公司的净资产。

净值是财会计算结果，准确程度较高，可信度较强，是股票投资者评估和分析上市公司经营实力的重要依据之一。股份公司的净值高，则股东实际所拥有的财产就多；反之，股东拥有的财产就少。尽管股票的净值只是一个会计概念，但它对于投资者进行投资分析具有较大的参考作用，也是产生股票价格的直接根据。

在股票市场中，股民除了要关注股份公司的经营状况和盈利水平外，还需特别注意股票的净资产含量。净资产含量愈高，公司自己所拥有的资本就越大，抗拒各种风险的能力也就越强。

### 3. 清算价值

清算价值，是指股份公司破产或倒闭后进行清算之时每股股票所代表的实际价值。从理论上讲，股票的每股清算价值应当与股票的净值相一致。不过，企业在破产清算时，其财产价值是以实际的销售价格来计算的，而在进行财产处置时，其售价都低于实际价值。所以股票的清算价值一般都要小于净值。股票的清算价值在股票发行和流通过程中没有什么意义。

### 4. 市场价值

市场价值，又称为股票的市值，是指股票在交易过程中交易双方达成的成交价。股票的市值直接反映着股票市场行情，是股民买卖股票的依据。由于受一些因素的影响，股票的市场价值处于经常性的变化之中。股票的市场价值是与股票价格紧密相连的，股票价格是股票市场价值的集中表现，前者随后者的变化发生相应的波动。在股票市场中，股民是根据股票的市场价值的高低变化来分析判断和确定股票价格的，所以通常所说的股票价格也就是股票的市场价值。

### 5. 内在价值

股票的内在价值，是在某一时刻股票的真正价值，它也是股票的投资价值。计算股票的内在价值需用折现法，由于上市公司的寿命期、每股税后利润及社会平均投资收益率等都是未知数，所以股票的内在价值较难计算，在实际应用中，一般都是取预测值。

## 三、股票名称及代码

股票的命名有一定的原则。到目前为止，沪深两地的股票简称大多数是4个字，很多公司的名称前面也都带上所在地的名称，如"上海能源""安徽水

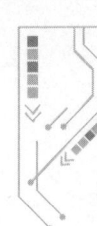

利"等。投资者看股票名称时,一般可以从前两字中了解上市公司所在地,从后两字中了解公司的名称。也有的不在股票名称中体现所在地,而是公司简称,如"维维股份""金丰投资"等。

深交所有时则将地名简化为一个字,公司名称简为两个字,第四个字则是区分A股和B股的。如"万科A""深康佳A"等,在特殊情况下,上交所的股票也简化为3个字,如"连云港""大东方"等。

但随着上市公司数量的增多,要投资者记住所有的公司名称显然力不从心,因此将股票进行编号有助于投资者的记忆。更重要的原因在于随着股票市场规模的日益壮大,对股票进行编号(编码)是为了对越来越多的股票进行分类,特别是为了便于电子化操作和管理。

每一只股票均拥有各自的证券代码,证券与代码一一对应,且证券的代码一旦确定,就不再改变。

在上海证券交易所上市的股票,根据上交所"证券编码实施方案",采用6位数编制方法,前3位数为区别证券品种,如60×××为A股、900×××为B股、688×××为科创板等。在深圳证券交易所代码也是6位:00×××为A股、200×××为B股、300×××为创业板。

# 第二节　几种大盘指数

## 一、国内指数种类

**1. 上证股票指数**

系由上海证券交易所编制的股票指数,1990年12月19日正式发布。该股票指数的样本为所有在上海证券交易所挂牌上市的股票,其中新上市的股票在挂牌的第二天纳入股票指数的计算范围。

该股票指数的权数为上市公司的总股本。由于我国上市公司的股票有流通股和非流通股之分，其流通量与总股本并不一致，所以总股本较大的股票对股票指数的影响就较大。

上海证券交易所股票指数是我国股民和证券从业人员研判股票价格变化趋势必不可少的参考依据。

**2. 深证综合股票指数**

系由深圳证券交易所编制的股票指数，以1991年4月3日为基期。该股票指数的计算方法基本与上证指数相同，其样本为所有在深圳证券交易所挂牌上市的股票，权数为股票的总股本。由于它以所有挂牌的上市公司为样本，其代表性非常广泛，且与深圳股市的行情同步发布，因此是股民和证券从业人员研判深圳股市变化趋势必不可少的参考依据。现深圳证券交易所并存着两个股票指数，一个是老指数——深证综合指数，一个是现在的深证成分指数，但从运行势态来看，两个指数间的区别并不是特别明显。

## 二、几种常见的指数

世界各地的股票市场都有自己的股票指数，其中比较著名并有一定代表性的有以下几种。

**1. 道·琼斯股票指数**

道·琼斯股票指数是世界上历史最为悠久的股票指数，它的全称为股票价格平均数。

它是1884年由道·琼斯公司的创始人查尔斯·道开始编制的。其最初的股票价格平均指数是根据11种具有的代表性的铁路公司的股票，采用算术平均法进行计算编制而成的，发表在查尔斯·道自己编辑出版的《每日通讯》上。其计算公式为：

股票价格平均数 = 入选股票的价格之和 / 入选股票的数量

自1887年起，道·琼斯股票价格平均数开始分成工业与运输业两大类，其中工业股票价格平均指数包括12种股票，运输业平均指数则包括20种股票，并且开始在道·琼斯公司出版的《华尔街日报》上公布。在1929年，道·琼斯股票价格平均指数又增加了公用事业类股票，使其所包含的股票达到65种，并

一直延续至今。

现在的道·琼斯股票价格平均指数是以1928年10月1日为基期，因为这一天收盘时的道·琼斯股票价格平均指数恰好约为100美元，所以就将其定为基准日。而以后股票价格同基期相比计算出的百分数，就成为各期的股票价格指数，所以现在的股票指数普遍用点作为单位，而股票指数每一点的涨跌就是相对于基数日的涨跌百分数。道·琼斯股票价格平均指数是目前世界上影响最大、最有权威性的一种股票价格指数。

### 2. 标准普尔股票价格指数

除了道·琼斯股票价格指数外，标准普尔股票价格指数在美国也很有影响。它是由美国最大的证券研究机构——标准普尔公司编制的股票价格指数。该公司于1923年开始编制发布股票价格指数。最初采选了230种股票，编制两种股票价格指数。到1957年，这一股票价格指数的范围扩大到500种股票，分成95种组合，其中最重要的四种组合是工业股票组、铁路股票组、公用事业股票组和500种股票混合组。从1976年7月1日开始，改为400种工业股票、20种运输业股票、40种公用事业类股票和40种金融业股票。几十年来，虽然有股票更迭，但始终保持为500种。标准普尔公司股票价格指数以1941年至1993年抽样股票的平均市价为基准，以上市股票数为权数，按基期进行加权计算，其基点数为10。以当前的股票市场价格乘以股票市场上发行的股票数量为分子，用基期的股票市场价格乘以基期股票数为分母，相除之数再乘以10就是股票价格指数。

### 3. 纽约证券交易所股票价格指数

纽约证券交易所股票价格指数是由纽约证券交易所编制的股票价格指数。它起自1996年6月，先是普通股股票价格指数，后来改为混合指数，包括在纽约证券交易所上市的1500家公司的1570种股票。具体计算方法是将这些股票按价格高低分开排列，分别计算工业股票、金融业股票、公用事业股票、运输业股票的价格指数，最大和最广泛的是工业股票价格指数，由1093种股票组成；金融业股票价格指数包括投资公司、储蓄贷款协会、分期付款融资公司、商业银行、保险公司和不动产公司的223种股票；运输业股票价格指数包括铁路、航空、轮船、汽车等公司的65种股票；公用事业股票价格指数则有电话电报公司、煤气公司、电力公司和邮电公司的 189 种股票。

纽约股票价格指数是以 1965 年 12 月 31 日确定的 50 点为基数，采用的是综合指数形式。纽约证券交易所每半个小时公布一次指数的变动情况。虽然纽约证券交易所编制股票价格指数的时间不长，但它可以全面及时地反映其股票市场活动的综合状况，因而受到投资者的欢迎。

**4. 日经平均股价**

系由日本经济新闻社编制并公布的反映日本股票市场价格变动的股票价格平均数。该指数从 1950 年 9 月开始编制。最初在根据东京证券交易所第一市场上市的 225 家公司的股票算出修正平均股价，当时称为"东证修正平均股价"。1975 年 5 月 1 日，日本经济新闻社向道·琼斯公司买进商标，采用美国道·琼斯公司的修正法计算，这种股票指数也就改称为"日经道·琼斯平均股价"。1985 年 5 月 1 日在合同期满 10 年时，经两家商议，将名称改为"日经平均股价"。

按计算对象的采样数目不同，该指数分为两种，一种是日经 225 种平均股价。其所选样本均为在东京证券交易所第一市场上市的股票，样本选定后原则上不在更改。1981 年定位制造业 150 家、建筑业 10 家、水产业 3 家、矿业 3 家、商业 12 家、陆运及海运 14 家、金融保险业 15 家、不动产业 3 家、仓库业 2 家、电力和煤气各 4 家、服务业 5 家。由于日经 225 种平均股价从 1950 年一直延续下来，因而其连续性及可比性较好，成为考察和分析日本股票市场长期演变及动态的最常用和最可靠的指标。该指数的另一种是日经 500 种平均股价。这是从 1982 年 1 月 4 日起开始编制的。由于其采样包括有 500 种股票，其代表性就相对更为广泛，但它的样本是不固定的，每年 4 月要根据上市公司的经营状况、成交量和成交金额、市价总值等因素更换样本。

**5.《金融时报》股票价格指数**

《金融时报》股票指数的全称是"伦敦《金融时报》工商业普通股股票价格指数"，是由英国《金融时报》公布发表的。该股票价格指数包括从英国工商业中挑选出来的具有代表性的 30 家公开挂牌的普通股股票。它以 1935 年 7 月 1 日作为基期，其基点为 100 点。该股票价格指数以能够及时显示伦敦股票市场情况而闻名于世。

### 6. 香港恒生指数

香港恒生指数是香港股票市场上历史最悠久、影响最大的股票价格指数，由香港恒生银行于1969年11月24日发布。恒生股票价格指数包括从香港500多家上市公司中挑选出来的33家有代表性且经济实力雄厚的大公司股票作为成分股，分为四大类，即4种金融业股票、6种公用事业股票、9种房地产业股票和14种其他工商业（包括航空和酒店）股票。这些股票涉及香港的各个行业，并占香港股票市值的68.8%，具有较强的代表性。

恒生股票价格指数的编制是以1964年7月31日为基期，基点确为100点。其计算方法是将33种股票按每天的收盘价乘以各自的发行股数为计算日的市值，再与基期的市值相比较，乘以100，就得出当天的股票价格指数。由于恒生股票价格指数所选择的基期适当，因此，不论股票市场狂升或猛跌，还是处于正常交易水平，恒生股票价格指数基本上能反映整个股市的活动情况。

# 第三节　股票分类

## 一、国有股、法人股与社会公众股

我国上市公司的股份按投资主体来分有国有股、法人股和社会公众股。

国有股指有权代表国家投资的部门或机构，以国有资产向公司投资形成的股份。包括以公司现有国有资产折算成的股份。由于我国大部分股份制企业都是由原国有大中型企业改制而来的，因此，国有股在公司股权中占有较大的比重，通过改制，多种经济成份可以并存于同一企业，国家则通过控股方式，用较少的资金控制更多的资源，巩固了公有制的主体地位。

法人股指企业法人或具有法人资格的事业单位和社会团体，以其依法可经营的资产向公司非上市流通股权部分投资所形成的股份。目前，在我国上市公司的股权结构中，法人股平均占20%左右。

社会公众股是指我国境内个人和机构，以其合法财产向公司可上市流通股权部分投资所形成的股份。我国投资者通过在股票市场买卖的股票都是社会公众股。我国《公司法》规定，单个自然人持股数不得超过该公司股份的5%。

我国国有股和法人股目前还不能上市交易。国家股东和法人股东要转让股权，可以在法律许可的范围内，经证券主管部门批准，与合格的机构投资者签订转让协议，一次性完成大宗股权的转移。由于国家股和法人股占总股本的比重平均超过70%，在大多数情况下，要取得一家上市公司的控股权，收购方需要从原国家股东和法人股东手中协议受让大宗股权。除少量公司职工股、内部职工股及转配股上市流通受一定限制外，绝大部分社会公众股都可以上市流通交易。

## 二、A股、B股、H股

依据股票的上市地点和所面对的投资者而定。上市公司的股票有A股、B股、H股等区分。

A股的正式名称是人民币普通股票。它是由我国境内的公司发行，供境内机构、组织或个人(不含台、港、澳投资者)以人民币认购和交易的普通股股票。1990年，我国A股股票一共仅有10只。而今，A股股票增加到4000多只，并且仍在不断增加。

B股的正式名称是人民币特种股票。它是以人民币标明面值，以外币认购和买卖，在境内(上海、深圳)证券交易所上市交易的。它的投资人限于：外国的自然人、法人和其他组织，香港、澳门、台湾地区的自然人、法人和其他组织，定居在国外的中国公民，中国证监会规定的其他投资人。现阶段B股的投资人，主要是上述几类中的机构投资者。B股公司的注册地和上市地都在境内，只不过投资者在境外或在中国香港、澳门及台湾地区。

H股，即注册地在内地、上市地在香港的中资企业股票。

## 三、蓝筹股

在海外股票市场上，投资者把那些在其所属行业内占有重要支配性地位、业绩优良、成交活跃、红利优厚的大公司股票称为蓝筹股。"蓝筹"一词源自西方赌场：在西方赌场中，有两种颜色的筹码，其中蓝色筹码最为值钱，红色筹码次之，白色筹码最差。投资者把这些行话套用到股票中。蓝筹股并非一成不变。随着公司经营状况的改变及经济地位的升降，蓝筹股的排名也会变更。

## 四、普通股与优先股

普通股是享有普通权利、承担普通义务的股份，它构成公司资本的基础，是股票的一种基本形式，也是发行量最大、最为重要的股票。目前在上海和深圳证券交易所上中交易的股票，都是普通股。普通股股票持有者按其所持有股份比例享有以下基本权利：

① 公司决策参与权。普通股股东有权参与股东大会，并有建议权、表决权和选举权，也可以委托他人代表其行使其股东权利。

② 利润分配权。普通股股东有权从公司利润分配中得到股息。普通股的股息是不固定的，由公司赢利状况及其分配政策决定。普通股股东必须在优先股股东取得固定股息之后才有权享受股息分配权。

③ 优先认股权。如果公司需要扩张而增发普通股股票时，现有普通股股东有权按其持股比例，以低于市价的某一特定价格优先购买一定数量的新发行股票，从而保持其对企业所有权的原有比例。

④ 剩余资产分配权。当公司破产或清算时，若公司的资产在偿还欠债后还有剩余，其剩余部分按先优先股股东、后普通股股东的顺序进行分配。

优先股是公司在筹集资金时，给予投资者某些优先权的股票，这种优先权主要表现在两个方面：

一是优先股有固定的股息，不随公司业绩好坏而波动，并已可以先于普通股股东领取股息；二是当公司破产进行财产清算时，优先股股东对公司剩余财产有先于普通股股东的要求权。但优先股一般不参加公司的红利分配，持股人亦无表决权，不能借助表决权参加公司的经营管理。因此，优先股与普通股相比较，虽然收益和决策参与权有限，但风险较小。

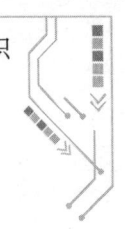

## 五、ST股和PT股

1998年4月22日，沪深证券交易所宣布将对财务状况和其他状况异常的上市公司的股票交易进行特别处理（英文为 special treatment，缩写为"ST"）。其中"异常"主要指两种情况：一是上市公司经审计两个会计年度的净利润均为负值，二是上市公司最近一个会计年度经审计的每股净资产低于股票面值。在上市公司的股票交易被实行特别处理期间，其股票交易应遵循下列规则：

① 股票报价日涨跌幅限制为5%。

② 股票名称改为原股票名前加"ST"，例如"ST国医"。

③ 上市公司的中期报告必须经过审计。

PT股票则是基于为暂停上市流通的股票提供流通渠道的特别转让服务所产生的股票品种，这是根据《公司法》及《证券法》的有关规定，上市公司出现连续三年亏损等情况，其股票将暂停上市。沪深证券交易所从1999年7月9日起，对这类暂停上市的股票实施"特别转让服务"。PT股的交易价格及竞价方式与正常交易股票有所不同：

① 交易时间不同。PT股只在每周五的开市时间内交易，即一周只有一个交易日可以进行买卖。

② 涨跌幅限制不同。据最新规定，PT股只有5%的涨幅限制，没有跌幅限制，风险相应增大。

③ 撮合方式不同。正常股票交易是在每交易日9：15～9：25之间进行集合竞价，集合竞价未成交的申报则进入9：30以后连续竞价排队成交。而PT股是交易所在周五15：00收市后一次性对当天所有有效申报委托以集合竞价方式进行撮合，产生唯一的成交价格，所有符合条件的委托申报均按此价格成交。

④ PT股作为一种特别转让服务，其所交易的股票并不是真正意义上的上市交易股票，因此股票不计入指数计算，转让信息只能在当天收盘行情中看到。

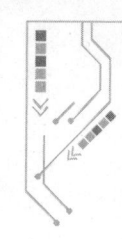

# 第四节 国内的证券交易所

## 一、上海证券交易所

上海证券交易所（简称：上交所）创立于1990年11月26日，位于上海浦东新区。

1990年12月19日上海证券交易所开始正式营业。

上证所市场交易时间为每周一至周五。上海证券交易所是不以营利为目的的法人，归属中国证监会直接管理。其主要职能包括：提供证券交易的场所和设施；制定证券交易所的业务规则；接受上市申请，安排证券上市；组织、监督证券交易；对会员、上市公司进行监管；管理和公布市场信息。上证所市场交易采用电子竞价交易方式，所有上市交易证券的买卖均须通过电脑主机进行公开申报竞价，由主机按照价格优先、时间优先的原则自动撮合成交。

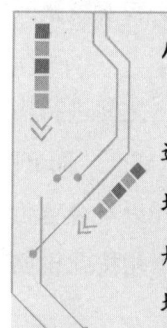

**小知识：什么是科创板**

科创板是由习近平同志于2018年11月5日在首届中国国际进口博览会开幕式上宣布设立、独立于现有主板市场的新设板块。2019年6月13日，科创板正式开板。设立科创板并试点注册制是提升服务科技创新企业能力、增强市场包容性、强化市场功能的一项资本市场重大改革举措。通过发行、交易、退市、投资者适当性、证券公司资本约束等新制度以及引入中长期资金等配套措施，增量试点、循序渐进，新增资金与试点进展同步匹配，力争在科创板实现投融资平衡、一二级市场平衡、公司的新老股东利益平衡，并促进现有市场形成良好预期。科创板实行20%涨跌幅限制。

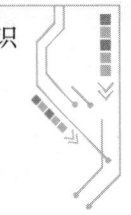

## 二、深圳证券交易所

深圳证券交易所（中文简称"深交所"）于1990年12月1日开始试营业，是经国务院批准设立的全国性证券交易场所，受中国证监会监督管理。深交所履行市场组织、市场监管和市场服务等职责。

2021年2月5日，证监会宣布，批准深圳证券交易所主板和中小板合并。同年4月，经中国证监会批准，深交所主板和中小板合并，合并后总市值超20万亿元。

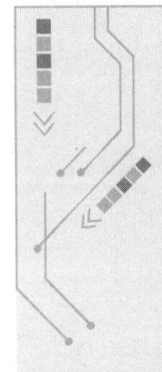

> 小知识：什么是创业板
>
> 创业板又称二板市场，是专为暂时无法在主板市场上市的创业型企业提供融资途径和成长空间的证券交易市场。中国创业板上市公司股票代码以"300"开头。与主板市场相比，在创业板上市要求往往更加宽松，主要体现在对成立时间、资本规模、中长期业绩等的要求上。在创业板市场上市的公司具有较高的成长性，但往往成立时间较短，规模较小，业绩也不突出，但有很大的成长空间。
>
> 2009年10月23日，中国创业板举行开板启动仪式。2009年10月30日，中国创业板正式上市。2020年8月24日，创业板注册制首批企业挂牌上市，同时，这一板块的存量股票和相关基金实行20%涨跌幅限制。

## 三、北京证券交易所

北京证券交易所（简称"北交所"），于2021年9月3日注册成立，是经国务院批准设立的中国第一家公司制证券交易所，受中国证监会监督管理。经营范围为依法为证券集中交易提供场所和设施、组织和监督证券交易以及证券市场管理服务等业务。

2021年9月2日晚，习近平同志在2021年中国国际服务贸易交易会全球服务贸易峰会致辞中宣布，继续支持中小企业创新发展，深化新三板改革，设立北京证券交易所，打造服务创新型中小企业主阵地。9月3日，证监会就北京证券交易所有关基础制度安排向社会公开征求意见。同日，北京证券交易所有限责任公司成立。9月10日，北京证券交易所官方网站上线试运行。

设立北京证券交易所，形成北京证券交易所与沪深交易所、区域性股权市场错位发展和互联互通的格局，中国资本市场的多层次市场结构将进一步完善，中国资本市场将更有活力和韧性。

# 第五节　股票交易规则

## 一、办理开户手续

炒股需要先开户，开户的话可以找证券公司的营业部柜台办理，柜台营业员会帮助办理相关事宜。鉴于目前大多数投资者开户的都是A股，所以我们主要讲一下A股的开户流程。

### 1. 个人开户操作流程

开户需要准备本人身份证和银行卡，目前，几乎所有的证券公司都支持手机开户，通常可以下载相应证券公司的APP，或识别对应的二维码，按照提示一步步完成操作即可。如果去营业厅开户，只需要带上身份证和银行卡，在证券营业部工作人员的指导下填写开户申请表，并进行证件和视频验证即可。

自2015年4月13日，允许个人投资者开多个A股账户。

### 2. 机构法人开户流程

法人客户开户，需提供以下资料，然后到证券营业部办理：

① 开户申请表（加盖机构公章）。

② 工商行政管理机关颁发的法人营业执照副本及复印件（加盖公章）。

③ 法定代表人身份证明书原件、身份证及复印件。

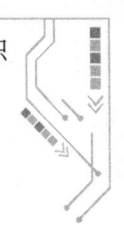

④ 法定代表人授权委托书和依法指定合法的代理人的身份证及复印件。

⑤ 沪深机构证券账户卡、复印件。

⑥ 预留印鉴。

## 二、交易规则

### 1. 交易时间

周一至周五(法定休假日除外)，上午9：30~11：30，下午1：00~3：00。

### 2. 竞价成交

竞价原则：价格优先、时间优先。价格较高的买进委托优先于价格较低的买进委托，价格较低的卖出委托优先于价格较高的卖出委托；同价位委托，则按时间顺序优先。

竞价方式：上午9：15~9：25进行集合竞价(集中一次处理全部有效委托)；上午9：30~11：30、下午1：00~3：00进行连续竞价(对有效委托逐笔处理)。

### 3. 交易单位

① 股票的交易单位为"股"，100股=1手，委托买入数量必须为100股或其整数倍。

② 基金的交易单位为"份"，100份=1手，委托买入数量必须为100份或其整数倍。

③ 国债现券和可转换债券的交易单位为"手"，1000元面额=1手，委托买入数量必须为1手或其整数倍。

④ 当委托数量不能全部成交或分红送股时可能出现零股(不足1手的为零股)，零股只能委托卖出，不能委托买入零股。

### 4. 报价单位

股票以"股"为报价单位；基金以"份"为报价单位；债券以"手"为报价单位。例：行情显示"中国石油"5.20元，即"中国石油"股现价5.20元/股。

交易委托价格最小变动单位：A股、基金、债券为人民币0.01元；深B为港币0.01元；沪B为美元0.001元；上海债券回购为人民币0.005元。

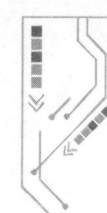

### 5. 涨跌幅限制

在一个交易日内，除首日上市证券外，每只证券的交易价格相对上一个交易日收市价的涨跌幅度不得超过10%，超过涨跌限价的委托为无效委托；"ST"股票交易日涨跌幅限制5%；创业板和科创板涨跌幅限制为20%。

### 6. 委托撤单

在委托未成交之前，投资者可以撤销委托。

### 7. "T+1"交收

"T"表示交易当天，"T+1"表示交易日当天的第二天。"T+1"交易制度指投资者当天买入的证券不能在当天卖出，需待第二天进行自动交割过户后方可卖出（债券允许"T+0"回转交易）。

资金使用上，当天卖出股票的资金回到投资者账户上，可以用来买入股票，但不能当天提取，必须到交收后才能提款。

## 三、竞价成交

目前，我国的上海、深圳证券交易所采用的竞价方式有两种，即集合竞价和连续竞价。

上海、深圳证券交易所的电脑撮合系统在每个交易日的上午9：15～9：25这段时间内，只接受有效委托而不进行撮合处理；在临开盘的一瞬间产生一个开盘参考价，继而以此开盘参考价为成交价对所有有效委托中能成交的委托进行撮合成交，不能成交的委托排队等待成交。这个处理过程，就是我们通常所说的集合竞价。其中，开盘参考价的产生必须符合以下原则：

① 以此价格成交，能够得到最大成交量。
② 高于参考价的买入申报和低于参考价的卖出申报必须全部成交。
③ 与参考价相同价位的申报，其中买入申报和卖出申报必须有一方能全部成交。

集合竞价的成交价即开盘价是按以下步骤确定的：

① 电脑撮合系统对所有的买入有效申报按照委托限价由高到低的顺序排列，限价相同的按进入系统的时间先后排列；所有的卖出申报按照委托限价由

低到高的顺序排列，限价相同的按进入系统的时间先后排列。

② 按照上述三条原则产生开盘参考价。

③ 继而以该参考价为成交价逐步对排在前面的买入申报和卖出申报进行撮合成交，一直到不能成交为止。

④ 未能成交的委托申报排队等待成交。

电脑撮合系统经过集合竞价处理后，即进入连续竞价阶段。在集合竞价这段时间以后进入电脑撮合系统的委托以及在集合竞价中未成交的委托将按以下步骤来确定成交价：

① 对新进入系统的买入申报，若能成交，则与卖出申报队列顺序成交；若不能成交，则进入买入申报队伍等待成交。

② 新进入的卖出申报，若能成交，则与买入申报队列顺序成交；若不能成交，则进入卖出申报队列等待成交。这样循环，直到收市。

从以上我们可以看出，无论是集合竞价，还是连续竞价，竞价成交是遵循着"价格优先、时间优先"的原则来进行的。具体可理解为：高价买入申报优先于低价买入申报，低价卖出申报优先于高价卖出申报；同等价位的买入或卖出申报，以先进入交易所电脑撮合系统的申报优先。

## 四、清算交割

清算交割是指证券买卖双方在证券交易所进行证券买卖成交以后，通过证券交易所将证券商之间的证券买卖数量和金额分别予以轧抵，其差额由证券商确认后，在事先约定的时间内进行证券和价款的收付了结行为。

清算交割实际上包含两种情况：其一为证券商与交易所之间清算交割。证券商一般都必须在证交所所属的清算公司或其委托银行处开设专门清算账户，由清算公司集中清算，并以内部划账、转账等方式交割净余额股票或价额；其二为委托人与证券商之间的清算交割，即买者支付现金而获得股票，卖者交付股票而取得现金。由于委托人已在证券商处开设证券账户与现金账户，故这种清算交割不必由当事人出面进行实物交割，而是由电脑自动完成。

按交割日期不同，交割又分为四种：

当日交割，又称 T+0 交割。即买卖双方在成交当天完成付款交券手续，这种方式可以使买卖双方较快地得到股票或现金。在 T+0 交割方式下，投资者买进股票成交后，可以马上卖出；卖出股票成交后，可以马上买进。目前我国的权证交易采用这种方式进行。

次日交割，也称 T+1 交割。即在成交后的下一个营业日才能办理成交的交割手续。

例行交割，即买卖双方在成交之后，按照证券交易所的规定或惯例履行付款交券。

选择交割，即买卖双方自主选择交割日期，这种交割方式通常在场外交易中使用。

我国目前实行 T+1 的交割制度。股民所查询到的账户上的资金余额及股票余额均为可用数，不包括因委托买入而冻结的现金余额、因委托卖出而冻结的股票数量和当日买入成交的股票数量。股票卖出成交后的资金会及时存入资金所在的余额中，这部分资金可于当日使用。即当日买进不能当日卖出；当日卖出后资金当日到账，可于当日再次买进，从差价中获取利润。

## 五、交易要缴哪些费用

在进行股票交易之前，我们还要了解一下交易所产生的费用，在进行股票交易时要考虑交易成本，减少不必要的损失。目前交易费用主要有印花税、交易佣金、过户费等。

印花税：单向收取，投资者在卖出成交后支付给财税部门的税收。上海股票及深圳股票均按实际成交金额的 0.1% 支付，此税收由券商代扣后由交易所统一代缴。

交易佣金：这是投资者在委托买卖成交后所需支付给券商的费用。每笔最低 5 元，超过的按佣金比例收取，目前大部分在 0.03% 以下。

过户费：这是指股票成交后，更换户名所需支付的费用。上交所收取，交易沪市股票收取，按成交金额的 0.002%。

规费：这个微乎其微，有的证券公司已包含在佣金里面，有的另外收取，具体看券商。

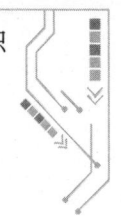

## 第六节 股市常用术语

### 一、股票及发行术语

权重股：权重只在计算股指时有意义，股指是用加权法计算的，谁的股价乘总股本最大谁占的权重就最大，权重是一个相对的概念，是针对某一指标而言。例如中国银行、工商银行权重较大，其涨跌对指数影响也较大，小市值公司一个涨停也许对指数只带来 0.01 点的影响，工商银行涨停，指数可能上涨 15 点，这就是权重股。

大盘股：没有统一的标准，通常是指市值总额达 50 亿元以上的大公司所发行的股票。资本总额的计算为公司现有股数乘以股票的市值。大盘股公司通常为造船、钢铁、石化类公司。

小盘股：没有统一的标准，通常是指发行在外的流通股份数额较小的上市公司的股票。

垃圾股：一般指业绩比较差的股票。

黑马股：黑马股是指价格可能脱离过去的价位区间而在短期内大幅上涨的股票。

热门股：交易量大、换手率高、流通性强的股票，特点是价格变动幅度较大，与冷门股相对。

板块股：同属一个行业、一个概念或同一地区的股票。

股票发行：指符合条件的发行人依照法定程序向投资者募集股份的行为。

路演：指证券发行商发行证券前针对机构投资者的推介活动，是在投、融资双方充分交流的条件下促进股票成功发行的重要推介、宣传手段。

认股权证：股票发行公司增发新股时，发给公司原股东的以优惠价格购买一定数量的证书。认股权证通常都有时间限制，过时无效。在有效期内持有人可以将其卖出或转让。

公开发行：指没有特定的发行对象，面向广大投资者公开推销的发行方式。

发行价格：指股份有限公司将股票公开发售给特定或者非特定投资者所采用的价格，股票不得以低于股票票面金额的价格发行。

溢价发行：指股票或债券发行时以高于其票面金额的价格发行的方式。

私募发行：是指面向少数特定的投资人发行证券的方式。

中间价发行：即以时价和面值的中间价作为发行价格。

分红派息：是指公司以税后利润，在弥补以前年度亏损、提取法定公积金、公益金后，将余下利润以现金或股票的方式，按股东持股比例或按公司章程规定的办法进行分配的行为。

配股：公司发行新股时按股东所持股份数以特价分配认股。

摘牌：指上市公司因长期亏损、扭亏无望或其他原因被停止上市交易资格。

高送配：指上市公司高比例送股或配股。

增发新股：指上市公司再次发行新股的行为。

## 二、股市及参与者用语

牛市：股市前景乐观，股票价格持续上升的行情，又称多头市场。

熊市：股市前途暗淡，股票普遍持续下跌的行情，又称空头市场。

牛皮市：指在所考察的交易日里，证券价格上升、下降的幅度很小，价格变化不大，市价像被钉住了似的，如牛皮之坚韧。在牛皮市上往往成交量也很小，牛皮市是一种买卖双方在力量均衡时的价格行市表现。

市盈率：指在一个考察期（通常为12个月的时间）内，股票的价格和每股收益的比例。投资者通常利用该比例值估量某股票的投资价值，或者用该指标在不同公司的股票之间进行比较。

价位：指股票报价的升降单位。A股价位为0.01元。

交割单：由证券公司出具的每一笔买卖委托的记录。

量比：量比是衡量相对成交量的指标。它是指股市开市后平均每分钟的成交量与过去5个交易日平均每分钟成交量之比。

多头：投资人预期未来价格上涨，以目前价格买入一定数量的股票等价格上涨后，高价卖出，从而赚取差价利润。特点为先买后卖。

空头：预期未来行情下跌，将手中股票按目前价格卖出，待行情下跌后买进，获得差价利润。特点为先卖后买。

死空头：总是认为股市情况不好，不能买入股票，股票会大幅下跌的投资者。

死多头：总是看好股市，总拿着股票，即使是被套得很深，也对股市充满信心的投资者。

实多：指资金实力雄厚、持股时间长、不只图眼前一点小利的投资者。

短多：认为股市短期内看好而买进股票，短期保持后即卖掉，获取少许利益，等下次再出现利多时再买进的投资者。

新多：指新进场的多头投资者。

实空：指以自己手中持有的股票放空，股价反弹时并不需要着急补回的投资者。

浮多：与实多相对，指资金较弱、持股时间短、见涨就卖见跌就买、只图眼前利益的小投资者。

主力：与散户相同的是，主力也是股东，但主力可以控制股票的走势和价格，也就是说散户获利是靠期待股价上涨，而主力则是自己拉动股价上涨。

大户：指大额的证券投资人。

散户：是指投入资金量较少的投资者。

成交数量：指当天成交的股票数量。

成交笔数：指该股成交的次数。

成交额：是指当天每种股票成交的总金额。

周转率：指个股日成交量与其流通盘的比值。

换手率：即某股票成交的股数与其上市流通股总数之比。它说明该股票交易活跃程度，尤其当新股上市时，更应注意这个指标。

## 三、盘口及交易用语

盘口：具体到个股买进、卖出 5 个档位的交易信息。

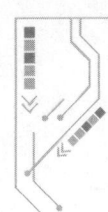

盘体：描述股市行情整体态势的俗称。

盘坚：股价缓慢上涨。

盘软：股价缓慢下跌。

回档：是指股价上升过程中，因上涨过速而暂时回跌的现象。

反弹：是指在下跌的行情中，股价有时由于下跌速度太快，受到买方支撑而暂时回升的现象。

金叉、死叉：金叉，含义是由1条时间短的均线在下方向上穿越时间长一点的均线，然后这2条均线方向均朝上，则此均线组合为"均线金叉"，反之为"均线死叉"。一般金叉为买进信号，死叉为卖出信号。

阴跌：指股价进一步退两步，缓慢下滑的情况，如阴雨连绵，长期不止。

平开：某股票的当日开盘价与前一交易日收盘价持平的情况称为开平盘，或平开。

低开：某股票的当日开盘价低于前一交易日收盘价的情况称为低开。

高开：某股票的当日开盘价高于前一交易日收盘价的情况称为高开。

内盘：以买入价成交的交易，买入成交数量统计加入内盘。

外盘：以卖出价成交的交易，卖出成交数量统计加入外盘。内盘与外盘这两个数据大体可以用来判断买卖力量的强弱。若外盘数量大于内盘，则表现买方力量较强，若内盘数量大于外盘则说明卖方力量较强。

盘整：通常指价格变动幅度较小，比较稳定，最高价与最低价之差不超过2%的行情。

跳水：指股价迅速下滑，幅度很大。

洗盘：是主力操纵股市，故意压低股价的一种手段。具体做法是：为了拉高股价获利出货，先有意制造卖压，迫使低价买进者卖出股票，以减轻拉升压力，通过这种方法可以使股价比较容易拉高。

护盘：股市低落、人气不足时，机构投资大户大量购进股票，防止股市继续下滑的行为。

跳空低开：是股市受利空因素影响，股票开盘价格低于前一交易日的最低价格的现象。

跳空高开：股票开盘价格超过上一交易日的最高价格的现象。

跳空缺口：跳空缺口是指股的开盘价高于前一日的最高价或低于昨天的最低价，使K线图出现空档的现象。

多头排列：所谓多头排列，就是日线在上，以下依次短期线、中期线、长期线，这说明我们过去买进的成本很低，做短线的、中线的、长线的都有赚头，市场一片向上，这便是典型的牛市了。多头排列代表多方力量强大，后市将由多方主导行情，此时是中线进场的机会。

杀跌：在股市下跌的时候，不管当初股票买入的价格是多少，都立刻卖出，以求避免更大的损失，这种行为叫"杀跌"。

试盘：主力吸货完毕，并不是马上进入拉升状态。虽然此时提升的心情十分急切，但还要最后一次对盘口进行全面的试验，称作"试盘"。

探底：寻找股价最低点的过程，探底成功后股价由最低点开始上升。

## 四、股价用语

市价总额（总市值）：指在某特定的时间内，交易所挂牌交易全部证券（以总股本计）按当时价格计算的证券总值。可以反映该证券市场的规模大小，由于它是以各证券的发行量为权数的，所以当发行量大的证券（流通量不一定大）价格变动时对总市值影响就大。这也是股市中主力经常通过拉抬大盘股来影响股指的一个重要原因。

开盘价：指每天成交中最先的一笔股票成交的价格。

收盘价：指每天成交中最后的一笔股票成交的价格。

最高价：指当天股票成交的不同价格中最高的成交价格。

最低价：指当天股票成交的不同价格中最低的成交价格。

均价：指现在时刻买卖股票的平均价格。若当前股价在均价之上，说明在此之前买的股票都处于盈利状态。

除息：指股份公司向投资者以现金股利形式发放红利。除息前股份公司需要事先召开股东会议确定方案、核对股东名册，除息时以在册股东名单为准。

填息：除息完成后，股价往往会下降到低于除息前的股价。二者之差约等于股息。如果除息完成后，股价上涨接近或超过除息前的股价，二者的差额被弥补，就叫填息。

除权：股份公司在向投资者发放股利时，除去交易中股票配股或送股的权利称为除权，除权时以规定日的在册股东名单为准。

填权：股票除权后的除权价不一定等同于除权日的理论开盘价，当股票实际开盘价交易高于这一理论价格时，就是填权。

# 第 2 章  炒股软件的基本操作

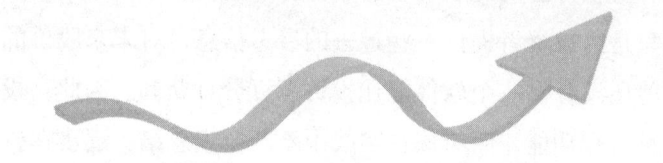

如今，去交易大厅的人越来越少，绝大多数投资者都是通过电脑、手机进行股票交易。相比交易大厅，使用电脑、手机更加方便、快捷。手机操作与电脑操作大同小异，而电脑操作更为丰富。本章我们就来学习如何在电脑中安装并使用炒股软件。

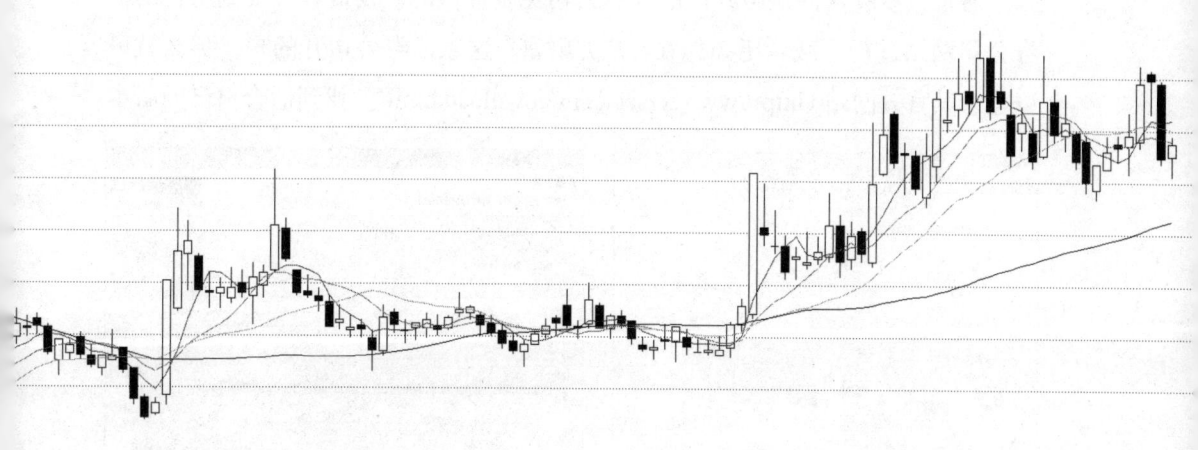

# 第一节　安装炒股软件

## 一、炒股软件简介

所谓的炒股软件，简单地讲就是可以实现股票的相关信息查询、交易的一种软件。目前市面上的炒股软件种类繁多，有证券公司提供给用户免费下载使用的，还有一些软件公司开发的收费软件。不过，这里要说明的是，软件所起到的作用都只是给投资者提供一些过去的参考信息，对未来股价的走势做一定的预测，目前还没有哪一个软件能让投资者百分百获利。因此，投资者不要迷信软件的各种特殊功能，而应该在实战中不断摸索总结，逐步在操作中找到适合自己的方法。

## 二、下载并安装炒股软件

通常，炒股软件是由开户的证券公司免费提供的，投资者只要到所在的证券公司网站进行下载。比如您在"东方财富"这家证券公司开的户，那么就可以登录其官方网站（http://www.xzsec.com/download.html），找到适合自己的版本

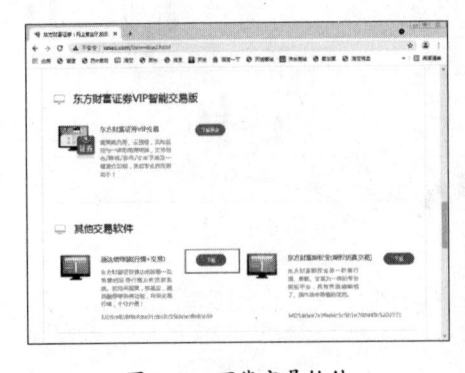

图 2-1　下载交易软件　　　　　　　图 2-2　选择安装目录

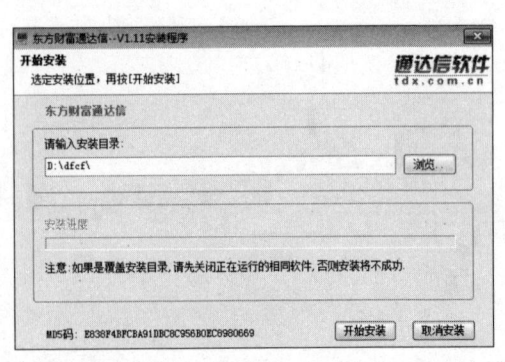

## 第 2 章 炒股软件的基本操作

下载，如图 2-1 所示。

双击下载的文件，进入安装程序界面，单击"开始安装"按钮，如图 2-2 所示。

安装过程非常简单。完成安装后，在桌面上会有一个程序图标，双击后即可进入登录界面，输入自己的"资金账号""交易密码"以及"验证码"后单击登录按钮即可进入交易系统，如图 2-3 所示。

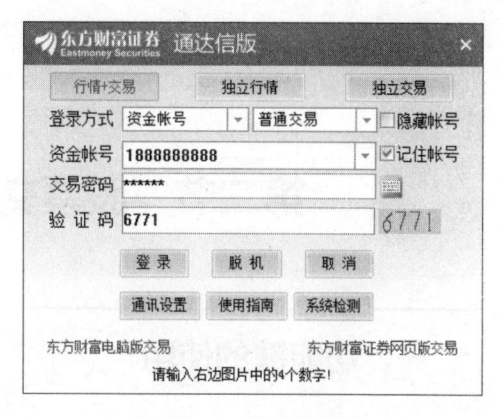

图 2-3 登录界面

打开后可以看到界面中列出了若干股票当天的一些信息，如涨幅、现价、日涨跌、总量等，如图 2-4 所示。在界面的下方有一些可以选择股票板块的标签，如我们想看中小板的股票，则可以单击下方的"中小"标签。

除了这些交易软件，投资者还可以下载一些其他行情软件，如同花顺、大智慧等，对于股票的走势分析，不同软件也各有不同。

图 2-4 交易软件界面

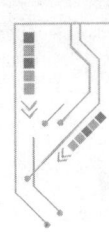

# 第二节　股票交易软件的使用

## 一、功能键的使用

在计算机键盘的最上面有一排功能键区，从 F1 到 F12 都是方便程序开发者自定义功能的。下面以通达信软件为例，就这些功能键在股票分析时的应用做一些说明。

F1 键（或按 01+ 回车键）：在个股分时图上按 F1，可查看股票当日全天的成交明细，在个股 K 线图上按 F1 时，将进入历史日成交报表，通过它可以查看近段时期以来的个股日成交概况。

F2 键（或按 02+ 回车键）：查看股票当日全天的分价表，通过对分价表的分析，投资者可了解个股在当日盘中的成交密集区、阻力区和支撑区。

F3 键（或按 03+ 回车键）：查看上证综合指数（即上证领先指标）即时走势图。

F4 键（或按 04+ 回车键）：查看深圳成分指数（即深证领先指标）即时走势图。

F5 键（或按 05+ 回车键）：切换分时图和 K 线图。

F6 键（或按 06+ 回车键）：查看自选股的情况。

F7 键（或按 07+ 回车键）：进入资讯栏。这个键的功能在不同的软件里有所不同。

F8 键（或按 08+ 回车键）：切换 K 线周期，比如进入周 K 线图、月 K 线图、季 K 线图、5 分钟 K 线图等。

F9 键：进入网上下单交易窗口。这个键的功能在不同的软件里也是不同的。

F10 键（或按 10+ 回车键）：查看个股基本面的详细资料。包括公司最新动态、公司概况、股本结构、相关报道、公司公告、财务分析、机构持股等信息。

此外，还有一些特殊键的功能应该记住：按 61+ 回车键进入沪 A 涨幅排名；按 63+ 回车键进入深 A 涨幅排名；按 67+ 回车键进入沪、深 A 涨幅排名（有的软件上是按 60+ 回车键）；按 81+ 回车键进入沪 A 综合排名；按 83+ 回车键进入深 A 综合排名；按 87+ 回车键进入沪、深 A 综合排名（有的软件上是按 80+ 回车键）。

## 二、熟悉 K 线走势界面

### 1. 大盘 K 线

大部分行情分析软件都提供了几十个沪深市场的各类指数，这其中，投资者最常用到的是上证综合指数和深证成分指数的分时走势图及其 K 线图。下面以上证综合指数的图形来进行讲解，打开任何一款通用的行情分析软件，按 F3 键或按 "03+ 回车键"，然后按 F5 键，即可切换到 K 线界面。这里以通达信软件为例，其界面如图 2-5 所示。

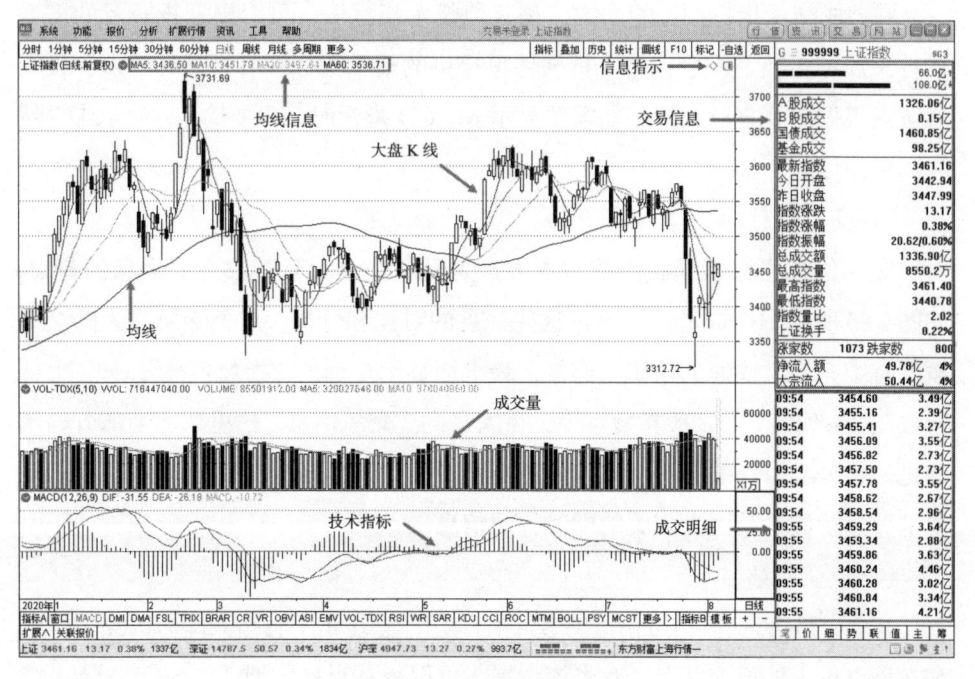

图 2-5　大盘 K 线图

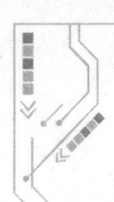

(1) 主窗口

主窗口在系统画面的正中心，最上面显示的是"均线周期的说明"，它说明了当前画面上所使用的各类均线的周期是多少天，其对应的均线是什么颜色；再往下面就是"K线图"，它占据了系统画面的最大位置，是我们主要的研究对象；围绕着K线图的各色曲线就是"均线系统"，一般软件系统默认的是4个不同周期的均线，投资者也可以自行调整均线参数。

(2) 辅助窗口

在主窗口的下面，即是辅助窗口。主要是用来显示各类技术指标图的，其中最为常见的就是"成交量指标图"。成交量指标图包括成交量柱状图和均量线图。在成交量柱状图中，每一根柱状线代表某一周期的累计成交量（单位为手），如果投资者看的是日K线图，那么这里的每根柱状线显示的是当日的成交量。成交量柱状图的颜色是随指数的涨跌而改变的，如果指数当时收的是阳线，则成交量柱状图的颜色为红色；如果指数当时收的是阴线，则成交量柱状图的颜色为绿色。均量线是分析成交量变化的辅助工具，一般有两根，分别用黄色和白色表示。

在"成交量指标图"的下方，是其他技术指标图，可以根据投资者的需要自行添加和更换。一般行情分析软件里提供的技术指标图有百余种之多，投资者可以根据需要自己设置。如需要显示MACD指标时，只要输入"MACD"然后回车即可。

(3) 交易信息栏

交易信息栏在系统画面的右上方，是显示当天大盘指数主要信息的窗口，如图2-5所示。投资者可以通过这些信息的对比和分析，对上交所当天的交易概况有个全面、快速的认识。通常，最上面显示当前的"指数名称"，如"上证指数""地产指数""B股指数"等。在大盘的"交易信息"栏里，上半部分显示的是一些分类市场的成交情况，如"A股成交""国债成交""基金成交"等；下半部分显示的是与大盘相关的即时行情信息。

(4) 成交明细栏

在"交易信息"栏下面是"成交明细"栏，它显示了各指数即时的点位状况和在该点位上的成交状况。双击该位置，可以查看当日明细。

(5) 子功能窗口

这里的子功能窗口主要显示了"笔、价、细、势、联、值、主、筹"这几个数据，通过用鼠标切换的方式，投资者可以得到以下信息：

笔：是指分笔成交明细，即在什么时间、什么指数点位成交了多少手股票（大盘图上）；或在什么时间、什么价格成交了多少手股票（个股图上）。"笔"通常作为这块区域的默认显示图。

价：是指当日的分价表，即在什么指数点位上成交了多少手股票（大盘图上），或在什么价位成交了多少手股票（个股图上）。

细：是指逐笔成交明细，即在每分钟内的所有成交记录，只要是在交易所有成交记录的，在这里都会逐秒显示出来（个股图上）。

势：是指大盘现在的分时走势图（大盘图上），或个股的分时走势图（个股图上）。

联：与之关联品种的走势。

值：是指相关的数据值，如总股本、总流通股本、总市值、流通市值、平均市盈率等数据（大盘图上）；或多空力度分析中的多头平衡、多头获利、多头止损等数据（个股图上）。

主：可以打开主力监控精灵。

筹：可以显示筹码情况。

**2. 个股 K 线**

在软件中直接输入个股代码就可以打开个股的 K 线图，如果打开的是分时图，则按下 F5 键可以进行切换。个股 K 线图界面包括个股日 K 线、周 K 线和月 K 线图界面等，其中最常用的是个股日 K 线图界面。如图 2-6，以日 K 线为例，个股 K 线图界面主要由三部分组成：最上面部分是由 K 线和均线构成的股价走势图，中间部分是由成交量构成的成交量指标图，最下面部分是由各类其他指标构成的技术指标分析图。这些同大盘的 K 线图没有什么不同，区别在于 K 线图的右边部分。个股 K 线界面右边部分是股票交易信息栏，由股票名称、报价栏、个股信息栏、成交明细栏、子功能窗口等部分构成。下面我们主要介绍一下报价栏、个股信息栏和成交明细栏。

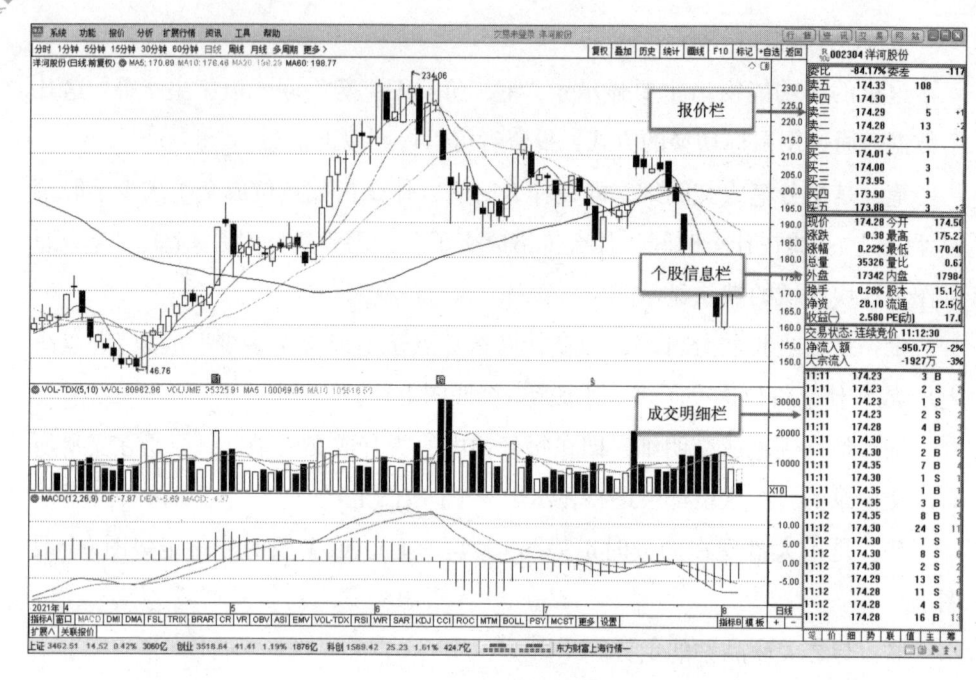

图 2-6　个股 K 线图

(1) 报价栏

在"股票名称"的下面是个股的"报价栏"区域，上面是"委托卖盘"，下面是"委托买盘"。

"报价栏"是研究个股盘口数据的重要区域，有时还会有很多虚假的委托买单或卖单会在这里出现。从这里可以看到主力机构的动作及意图，也能使投资者获得读懂盘面信息的第一手资料。这里的数据变化具有重要的参考价值。

(2) 个股信息栏

该栏目显示当前个股的综合性资料，包括：

现价：表示该股目前最后一笔的成交价格。

涨跌：是该股当前最新价格－昨日收盘价的结果。

涨幅：是（涨跌价格÷昨日收盘价）×100% 的结果。

总量：表示从今日开盘到最近一笔为止，该股所有成交手数的总和，1手为 100 股。

今开：表示该股当日的第一笔成交价格。

最高：表示从今日开盘到最近一笔为止，该股成交的最高价格。

最低：表示从今日开盘到最近一笔为止，该股成交的最低价格。

量比：是开盘后成交总量 ÷ 当日已开市时间（分）÷ 过去5日平均每分钟成交量的结果。它反映的是现在的成交量和过去某一段时间内的一个平均成交量的比值。从理论上来说，量比可以反映出现在成交量是否异常的问题。但事实上，这个数据也没有太大的意义。首先，涨幅排在前列的股票，其成交量和量比都比较大，根据量比来搜索目标股无意义；其次，股价要涨，成交量可大可小，不能只按量比大小来搜索目标股；再加上成交量可以做假，量比自然就不会真实，量比数据也就失去了特定的含义。

内盘：表示从今日开盘到最近一笔为止，该股所有以委托买入价成交的手数总和。

外盘：表示从今日开盘到最近一笔为止，该股所有以委托卖出价成交的手数总和。

内盘和外盘的大小对于判断股票的走势没有太大的意义，做假的成分比较多。看当日的个股走势图时，主要是看盘口买卖挂单和真实成交的数据变化，它们才是第一手资料；而对于个股多日K线图而言，主要是看其阶段性的量价配合情况。

换手：即"换手率"，是阶段性成交量 ÷ 流通股总数 × 100% 的结果。

净资：即"每股净资本"，是用该股票所属公司的净资产 ÷ 总股本之后的结果。

股本：即"总股本"，是该股票所属公司全部股东所持普通股股票的总数之和，含流通的和未流通的股票，也含A股和B股。

流通：即"流通A股"，是该股票所属公司当前实际上市流通的A股总数。

收益：即"每股收益"，是该股票所属公司当年前几季度的净利润之和 ÷ 总股本之后的结果。

PE(动)：即"动态市盈率"，通常，股票市盈率的高低与其投资价值成反比，高的市盈率意味着股票的市场价格偏高或公司利润偏低，但也可能意味着个股具有长期看好的内在价值和预期回报，也属于正常现象；反之，过低的市盈率也并不见得可以凸显股票的价值，因为过低的市盈率也可能是因为该股票本身就存在着某些问题，使股价难以提高。所以，看市盈率指标的关键是要看股价是否高得离谱或低得离谱。

(3) 成交明细栏

"成交明细"里显示的是个股每个时刻在不同价格上成交的手数。

## 三、熟悉分时走势界面

### 1. 大盘分时走势

在行情软件中按下 F3 键，就可以显示大盘分时图界面，如图 2-7 所示。

图 2-7　大盘分时图

(1) 红色柱状线和绿色柱状线

红色柱状线和绿色柱状线是用来反映指数上涨或下跌的强弱程度的。大盘向上运行时，在横线上方会出现红色柱状线，红色柱状线出现越多、越高，表示上涨力度越强，若渐渐减少、缩短，表示上涨力度渐渐减弱。大盘向下运行时，在横线下方会出现绿色柱状线，绿色柱状线出现越多、越长，表示下跌力度越强，若绿色柱状线渐渐减少、缩短，表示下跌力度渐渐减弱。

(2) 粗横线

粗横线表示上一个交易日指数的收盘位置。它是当日大盘上涨与下跌的分界线，上方是大盘的上涨区域，下方是大盘的下跌区域。

(3) 白色曲线和黄色曲线

白色曲线，表示上证交易所对外公布的通常意义下的大盘指数，也就是加权数。黄色曲线，是不考虑上市股票发行数量的多少，将所有股票对上证指数的影响等同对待的不含加权数的大盘指数。

参考白色曲线和黄色曲线的相对位置关系，可以得到以下信：

当指数上涨，黄色曲线在白色曲线走势之上时，表示发行数量少(盘小)的股票涨幅较大；而当黄色曲线在白色曲线走势之下，则表示发行数量多的股票(权重股)涨幅较大。

当指数下跌时，如果黄色曲线仍然在白色曲线之上，这表示小盘股的跌幅小于大盘股的跌幅；如果白色曲线在黄色曲线之上，则说明小盘股的跌幅大于权重股的跌幅。

(4) 成交量柱状线

成交量柱状线表示每分钟的成交量，单位为手。最左边一根特长的线是集合竞价时的交易量，后面是每分钟出现一根。

成交量大时，柱状线就拉长；成交量小时，柱状线就缩短。

**2. 个股分时走势**

如果要查看个股的分时图以及K线，只要输入个股的代码，或者股票名称简称每个字的第一个字母，如要打开"中国铝业"的走势图，输入其代码"601600"或者"ZGLY"按回车键都可以，如图2-8所示。如果打开的是K线界面，按下F5键即可切换至分时图。

(1) 股价线

股价线(白色曲线)表示该只股票的即时成交价格。

(2) 均价线

均价线(黄色曲线)表示该种股票的平均价格。它是从当日开盘到现在平均交易价格画成的曲线，其作用类似移动平均线。

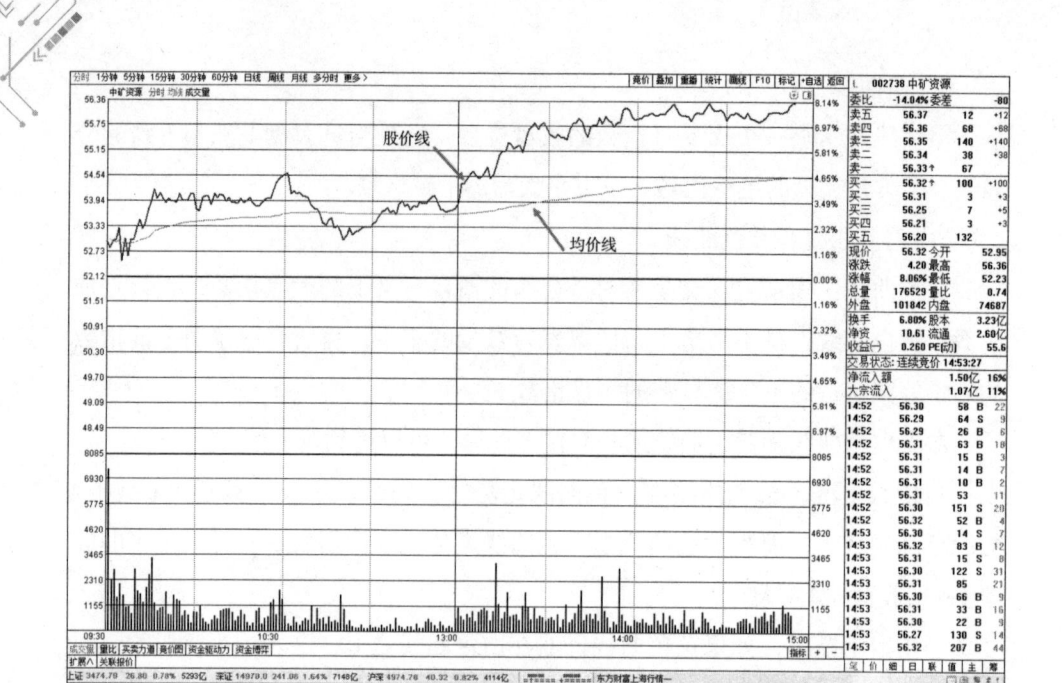

图 2-8 个股分时图

## 四、如何查询股票

**1. 通过输入代码查询**

如果知道某一只股票的代码或者股票简称的话，可以很方便地直接输入股票代码或者股票名称每个字的首个英文字母，或者直接输入汉字，都可以打开其分时图或者 K 线图 (在分时图模式输入将显示分时图，在 K 线图模式输入将显示 K 线图)。

**2. 通过板块查找股票**

如果不清楚具体的代码，但知道股票的所在地区，或者所属行业等信息，也可以通过界面下方的"板块"标签来查找股票。比如知道某只股票属于电力行业，就可以通过单击"板块"—"行业板块"—"电力"，打开电力板块来查找股票，如图 2-9 所示。

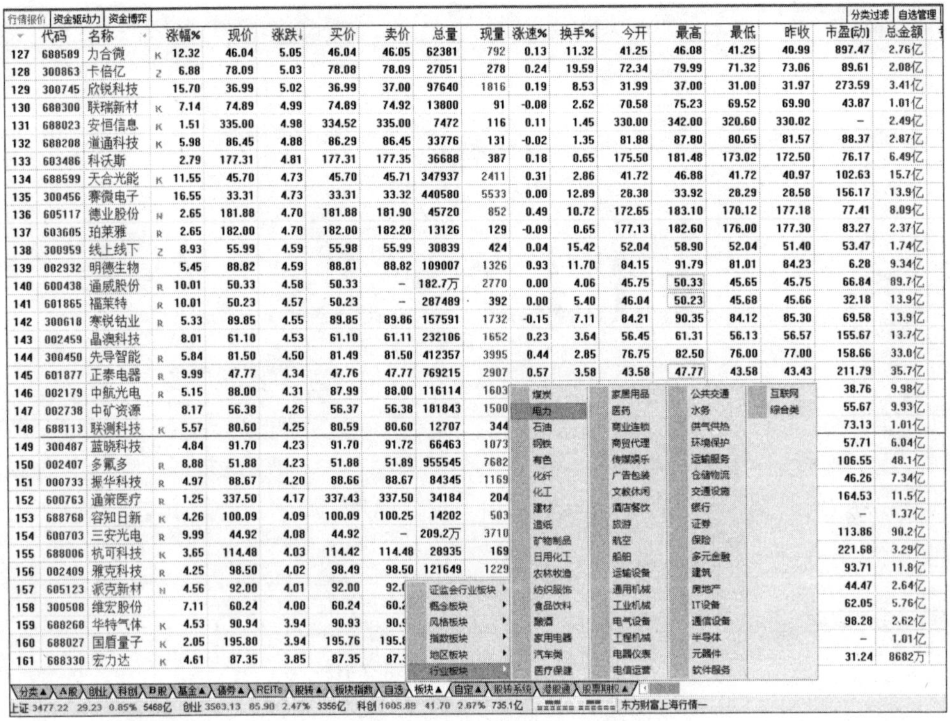

图2-9 选择板块

## 五、查看公司资料

如果要查看某个上市公司的详细信息，则可以按下F11键，可以看到界面上方的一些标签，如最新提示、公司概况、财务分析等，如图2-10所示。通过这些标签，我们可以对该公司的一些经营状况、资本运作情况以及发展规划等做进一步的了解。另外，也可以通过菜单选择相应的资讯，如图2-11所示。

## 六、利用主力精灵查看主力动向

基本上主力的每一次动作都会影响着股价的起落，如果能有效跟着主力的步伐进行操作，对盈利是很有帮助的，那么我们如果查看主力的动向呢？通常

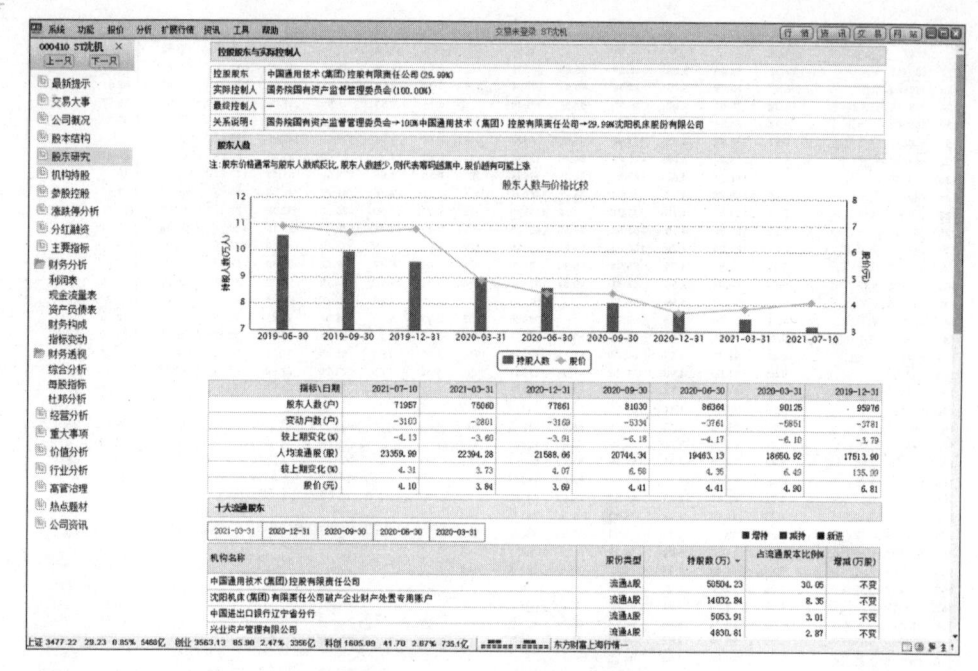

图 2-10　查看上市公司资料

图 2-11　资讯菜单

交易软件中都会提供一个监控主力的工具。我们只要把它调出就可以看到相关股票的主力动向,有助于我们及时进行买卖操作。在软件中选择"分析"—"主力监控精灵"菜单,即可以打开主力监控功能,如图2-12所示。

## 七、多股同列与多窗口看盘

多股同列是指行情分析软件可以自行将K线图的主窗口划分为4个或9个或16个小窗口,以同时显示4只或9只或16只股票的K线图,如图2-13所示。在通达信软件上,选择菜单"分析"—"多股同列"命令,或者按下快捷键Ctrl+M即可。

图2-12 主力监控精灵

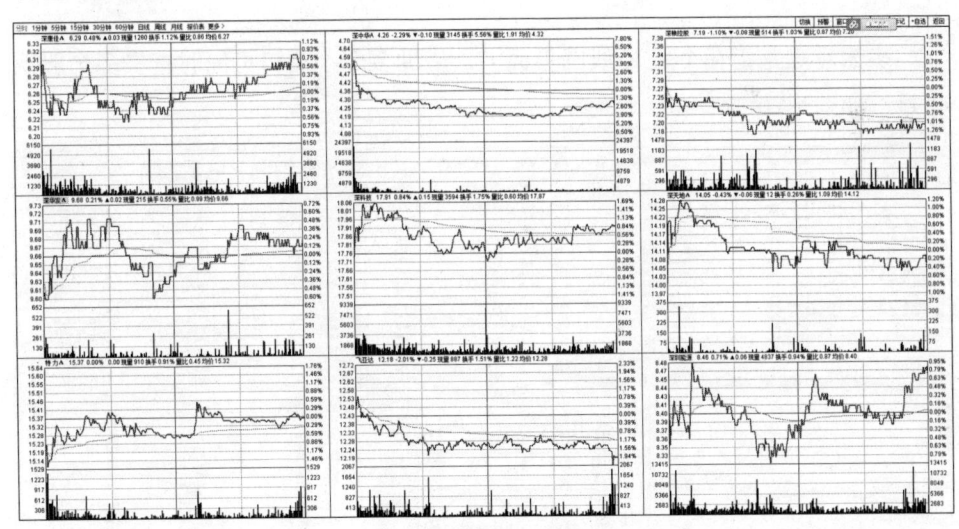

图2-13 多股同列

投资者也可以根据自己的需要,更改"系统设置"来自定义股票的多股同列数量。选择"工具"—"系统设置"命令,即可进行列数的选择。如图2-14所示。

图 2-14　设置多股同列数

多窗看盘是指在个股 K 线图界面上，借助多个小窗口可同时查看多个股票信息，如图 2-15 所示。

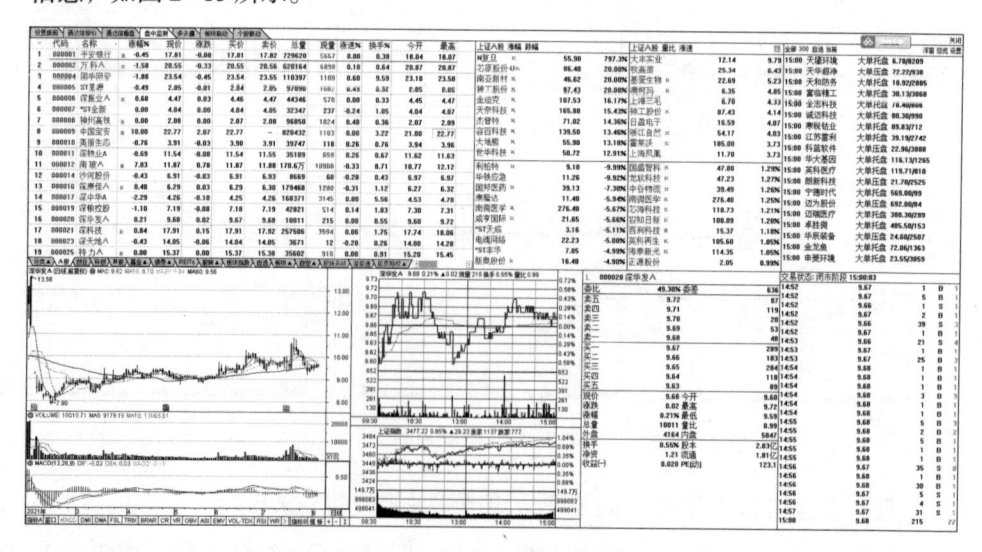

图 2-15　多窗看盘

此举能够最大化地利用屏幕空间，且不需要来回切换画面即可以实现同时监测各行情的功能。在通达信软件上,选择菜单"功能"—"定制版面"—"盘中监测"命令即可实现。除此之外,还可以选择"多头鹰""版块联动"等方式。

## 第三节　如何进行股票交易

### 一、资金的转入与转出

在炒股软件的交易界面都有一个银证转账的功能,利用该功能可以将资金由银行转入到证券账户,或者由证券账户转到银行卡。如图 2-16,选择银证业务下方的银证转账功能就可以显示转账界面。转账方式一栏中可以选择银行转证券还是证券转银行,然后输入银行密码、资金密码以及转账金额,单击"转账"按钮即可。不过转账需要在交易日指定时间段进行。通常交易日的早上 9 点至下午 3 点可以进行转账操作。

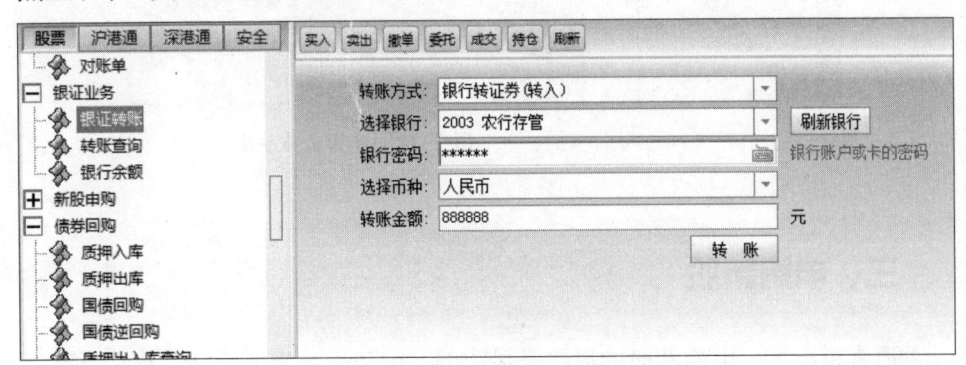

图 2-16　银证转账

### 二、如何买卖股票

在进行股票交易时,通常有闪电买入/卖出、普通买入/卖出两种,区别是普通买入卖出是你进行委托时输入的交易价格,委托可能不会成交。闪电买入和卖出是按当时的市价进行，成交的可能性大些。一般是在行情比较好追涨时或是突然大幅跳水急于脱手时用闪电买入或卖出。

购买股票的方式为：首先进入其分时界面，然后在分时界面中右击鼠标，在弹出的菜单中选择买入方式，如普通买入，如图 2-17 所示。接下来会显示交易界面，如图 2-18 所示。输入买入价格以及买入的数量，单击买入下单后，再进行一次确认即可。这里的买入价格和数量都是由自己设定，当然买入价格不能低于跌停价，也不能高于涨停价。如果想快速进行交易，在买入时可以设置价格高于现价，如果你认为股价有可能继续下探，则可以设置一个低于现价的价格。这样，当达到这个价格之后，系统会自动成交。普通卖出、闪电买入、闪电卖出的方式与之类似，不再赘述。

另外，也可以不打开要购买的股票界面，直接在交易界面下输入要买入或卖出的股票代码、价格以及数量进行下单。

图 2-17　选择买入方式　　　　图 2-18　设置交易参数

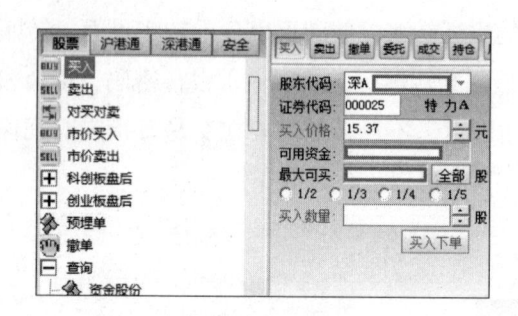

## 三、申购新股

通常情况下，申购新股的风险是最小的，因为一旦申购成功，往往意味着会大赚一笔。新股上市首日不受 10% 的涨幅限制，往往会有很高的涨幅，当然也有首日破发的，但这个概率是非常小的。所以，如果您手里有闲钱，不妨加入新股申购的行列。即使不成功，也不会造成任何损失。

申购新股与一般的买入操作基本相同，只要在买入界面输入新股的代码，并设置买入的数量下单即可。不同的是我们不能修改股价，数量也有最低和最高数限制，而且一旦成交，便不允许撤单。

# 第3章　从零开始学K线

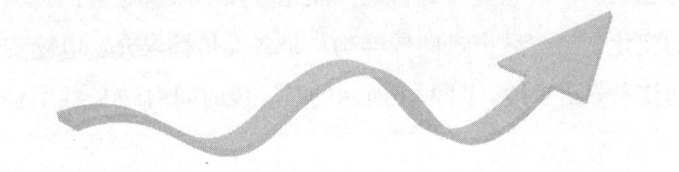

看懂K线，是每一位投资者要必备的技能。K线是分析股票涨跌的一个重要概念，通过对K线进行有效的分析，可以在很大程度上减少损失、增加获利。那么究竟什么是K线，K线又有哪些形态呢？本章将为您详细讲述K线的这些知识。

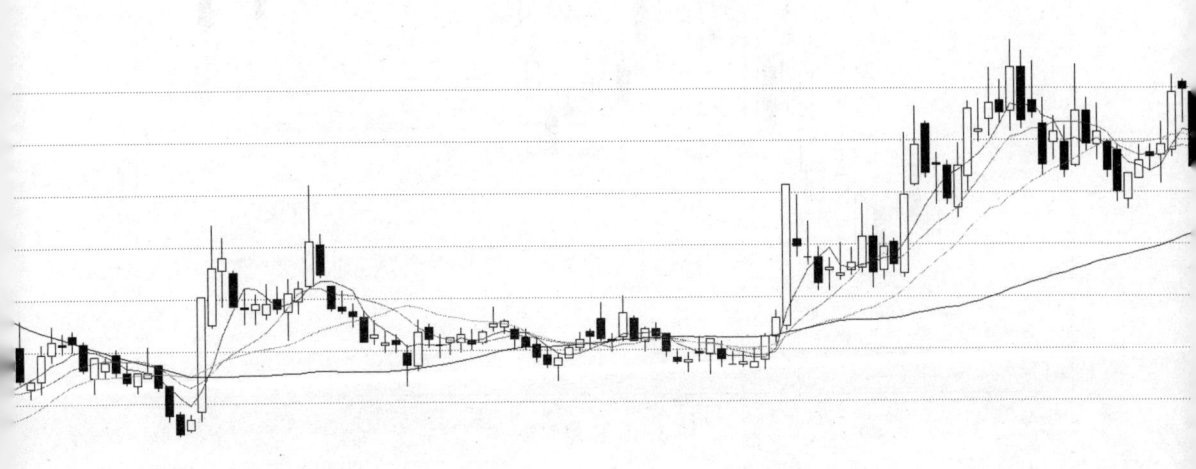

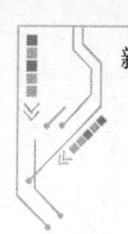

# 第一节　K 线基础

## 一、K 线图的定义

K 线图起源于日本，也叫蜡烛图，是日本德川幕府时代大阪的米商用来记录当时一天、一周或一月中米价涨跌行情的图示法，后被引入股市。它有着直观、立体感强、携带信息量大等特点，能充分显示股价趋势的强弱、买卖双方力量平衡的变化，预测后市走向较准确，是各类传播媒介、电脑实时分析系统应用较多的技术分析手段。图 3-1 所示的是一段时间内的 K 线组合。

图 3-1　K 线组合

## 二、K线图的绘制方法

以日K线为例，日K线是根据股价（指数）一天的走势中形成的四个价位即：开盘价、收盘价、最高价、最低价绘制而成的。

收盘价高于开盘价时，则开盘价在下收盘价在上，二者之间的长方柱用红色或空心绘出，称为阳线。其上影线的最高点为最高价，下影线的最低点为最低价，如图3-2所示。

收盘价低于开盘价时，则开盘价在上收盘价在下，二者之间的长方柱用黑色或实心绘出，称为阴线，其上影线的最高点为最高价，下影线的最低点为最低价，如图3-3所示。

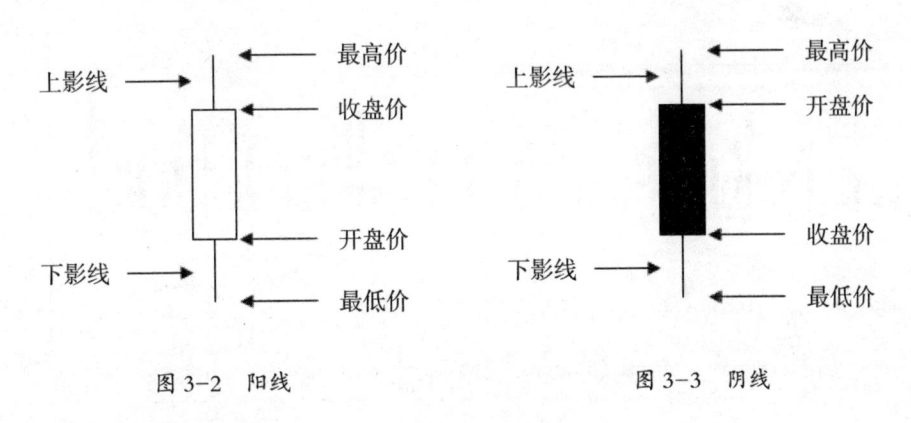

图 3-2 阳线

图 3-3 阴线

此外，若收盘价等于开盘价，则会出现十字星线，如图3-4所示。

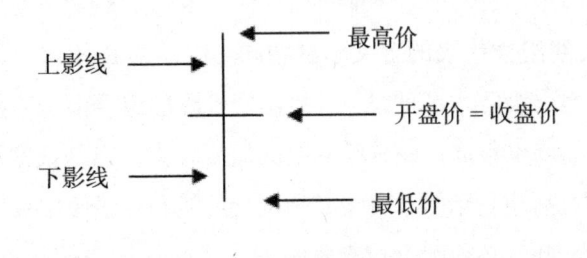

图 3-4 十字星线

周K线是指以周一的开盘价、周五的收盘价、全周最高价和全周最低价来画的K线图，每一根K线代表一周。如图3-5所示的为周K线走势图。同理可以推得月K线、年K线定义。周K线、月K线、年K线常用于研判中长期行情。对于短线操作者来说，众多分析软件提供的 5 分钟 K 线、15 分钟 K 线、30 分钟 K 线和 60 分钟 K 线也具有重要的参考价值。

图 3-5 周 K 线图

需要注意的是，我们绝对不能机械地使用 K 线，趋势运行的不同阶段出现的 K 线或者 K 线组合代表的含义不尽相同。同样的 K 线组合，月线的可信度最大，周线次之，然后才是日线。月线出现看涨的组合上涨的概率最大，周线上涨的组合可信度也很高，而日线骗线的概率较大，但是很常用。因此，在运用 K 线组合预测后市行情时，日线必须配合周线和月线使用效果才能更佳。

另外，K 线组合必须配合成交量来看。成交量代表的是资金力量的消耗，是多空双方博弈的激烈程度，而 K 线是博弈的结果。只看 K 线组合，不看成交量，其效果要减半。所以成交量是动因，K 线形态是结果。

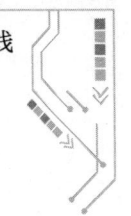

## 三、K线图分析要素

**1. 看阴阳**

阴阳代表趋势方向，阳线表示将继续上涨，阴线表示将继续下跌。以阳线为例，在经过一段时间的多空博弈，收盘高于开盘表明多头占据上风，根据牛顿力学定理，在没有外力作用下价格仍将按原有方向与速度运行，因此阳线预示下一阶段仍将继续上涨，最起码能保证下一阶段初期能惯性上冲。因此，阳线往往预示着继续上涨。而这种顺势而为也是技术分析最核心的思想。同理，可以明白阴线继续下跌的道理。

**2. 看实体大小**

实体大小代表内在动力，实体越大，上涨或下跌的趋势越是明显，反之趋势则不明显。以阳线为例，其实体就是收盘高于开盘的那部分，阳线实体越大说明了上涨的动力越足，就如质量越大与速度越快的物体其惯性也越大的物理学原理一样，阳线实体越大代表其内在上涨动力也越大，其上涨的动力将大于实体小的阳线。同理，可以明白阴线实体越大，其下跌动力也越足的道理。

**3. 看影线长短**

影线代表转折信号，向一个方向的影线越长，越不利于股价向这个方向变动，即上影线越长，越不利于股价上涨，下影线越长，越不利于股价下跌。以上影线为例，在经过一段时间的多空博弈之后，多头终于败下阵来，影线部分已构成下一阶段的上涨阻力，股价向下调整的概率较大。同理，可以明白下影线预示着股价向上攻击的概率较大。

# 第二节　单 K 线解读

本节我们来认识一下单根 K 线所表现的意义。

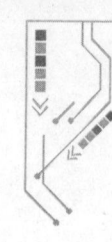

## 一、阳线

阳线可以分为很多种,有大阳线、中阳线、小阳线、极阳线等,如果按股价当天的整体运行情况来分,又可以细分为无影阳线、上影阳线、下影阳线以及带上下影线的阳线,如图3-6和图3-7所示。

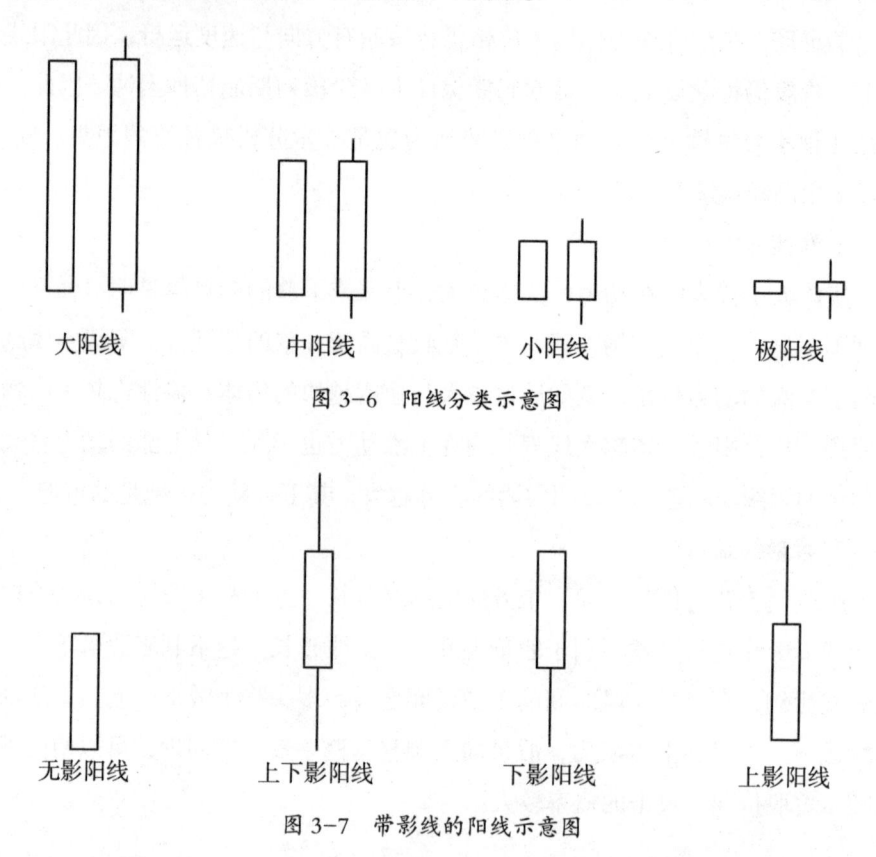

大阳线　　　　中阳线　　　　小阳线　　　　极阳线

图3-6　阳线分类示意图

无影阳线　　　上下影阳线　　　下影阳线　　　上影阳线

图3-7　带影线的阳线示意图

大阳线、中阳线、小阳线、极阳线是以当天股价的涨幅来区分的,大阳线是指股价涨幅在5%以上的阳线,中阳线一般是指涨幅在3%～5%的阳线,而小阳线则是指股价涨幅在3%以下的阳线,极阳线通常是指在1%以下的阳线。它们预示着股价上涨的强度是不一样的,其强弱程度依次为大阳线、中阳线、小阳线、极阳线。但是需要指出的是,阳线并不一定代表当天的股价是上涨的。

### 1. 大阳线

这里所说的大阳线通常是指上下没有影线或影线很短的K线。表示最高价与收盘价相同（或略高于收盘价），最低价与开盘价一样（或略低于开盘价），股价的波动范围不低于5%。该图形的出现表示涨势强烈。特别是在刚开始上涨时出现大阳线，后市上涨的可能性更大，如果在很高的价位区域出现这种大阳线，则要警惕风险。

### 2. 小阳线

小阳线的收盘价略高于开盘价，股价波动范围通常为1%～3%，行情把握不准，通常表示多空两方的小型对抗，消化获利盘和解套盘，趋势一般仍会持续。

当连续出现小阳线或次日出现成交量放大的阳线，即可以跟进买入股票，股价通常会有一段上涨行情。

### 3. 小阳星

开盘价与收盘价极其接近，收盘价略高于开盘价。小阳星的出现，表明行情正处于混乱不明的阶段，后市的涨跌无法预测，此时要根据其前期K线组合的形状以及当时所处的价位区域综合判断。

若该形态出现在低位区，往往预示着有可能要反转上升，投资者可适当介入，如果出现在高位整理区，则有可能要转为跌势，建议获利了结，离场观望。

### 4. 下影阳线

下影阳线是指下影线较长上影线较短或者没有的阳线，表明多空交战中多方的攻击沉稳有力，股价先跌后涨，最终以高于开盘价收盘。说明行情有进一步上涨的潜力。

实体部分越长，说明多方越占优，特别是在低位区，表明行情将继续上涨或者反转上涨。持有者可持股待涨，未进场者可低吸。

### 5. 上影阳线

上影阳线是带有上影线而没有下影线或者下影线较短的阳线，说明上方抛压盘比较重。这种阳线的出现往往预示着股价下跌。这种图形常见于主力的试盘动作，说明此时浮动筹码较多，显示行情看跌，或涨势不强。

若股价已经连续上涨一段时间，出现该K线应该获利了结，如果出现在低价位区，往往是主力在试盘造成的形态。有可能隔几日会出现一波上涨行情。投资者可持股待涨。

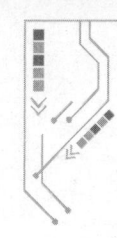

## 二、阴线

阴线是指股价收盘时的价格低于当天的开盘价格。当股价收出阴线时，表明卖方力量要强于买方力量，后市股价有下跌的可能。同样需要指出的是，阴线并不一定代表着当天股价是下跌的。

与阳线一样，阴线也可以细分为好几种，按股价当天收盘价与开盘价之间的波动幅度来分的话，阴线可以分为大阴线、中阴线、小阴线、极阴线等，其中大阴线是指波动幅度在 5% 以上的阴线（包含 5%），中阴线是指波动幅度在 3%～5%（包含 3%）的阴线，而小阴线是指波动幅度在 3% 以下的阴线。波动幅度越大，说明当天做空的动力就越大，后市股价下跌的可能性就越大。其强弱程度依次为：大阴线、中阴线、小阴线、极阴线等，如图 3-8 所示。

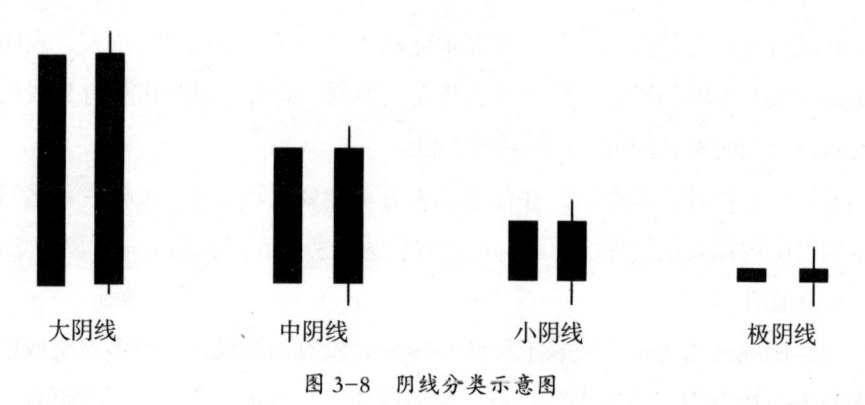

图 3-8　阴线分类示意图

如果按股价当天的整体运行情况来看，阴线又可以细分为无影阴线、上影阴线、下影阴线及带上下影线的阴线，如图 3-9 所示。

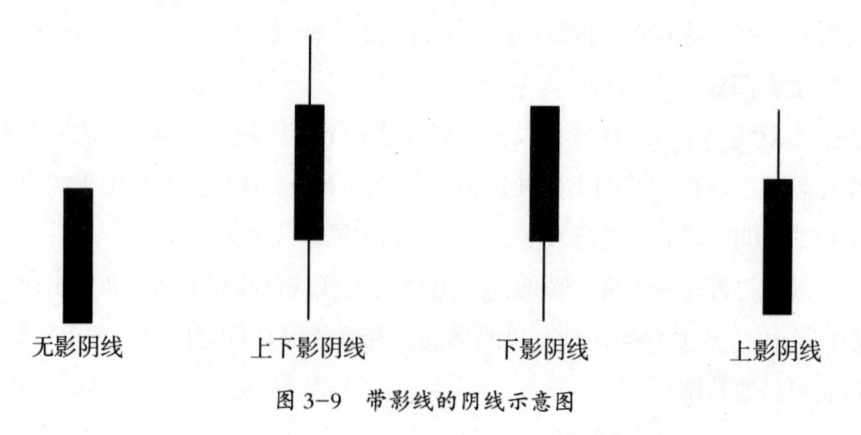

图 3-9　带影线的阴线示意图

### 1. 大阴线

大阴线表示最高价与开盘价相同（或略高于开盘价），最低价与收盘价一样（或略低于收盘价），跌幅超过5%，上下没有影线（或上下影线短）。大阴线表明从一开始卖方就占优势。持股者疯狂抛出，造成恐慌心理。市场呈一面倒，直到收盘，价格始终下跌，表示强烈的跌势。投资者应特别注意出现在高位区域的大阴线。

### 2. 小阴星

与小阳星类似，出现小阴星，后市的涨跌无法预测，此时要根据其前期K线组合的形状以及当时所处的价位区域综合判断。

### 3. 下影阴线

下影阴线是带有较长的下影线，而阴线实体较短的K线，下影线表示开盘后，卖方力量大于买方力量，股价大幅下跌，当跌幅较深时，部分投资者不愿意抛售，低位抛压逐渐减轻，于是股价反弹。通常该线的出现预示股价趋涨。若下影线较长，说明遇到了买方的顽强抵抗和反击，虽然最终收阴，但买方随时可能会全力反攻。投资者可放心买入。如果下影线没有实体部分长，说明卖压还是比较大，空方仍占优，可暂时观望，待市场进一步明确再参与操作。

### 4. 上影阴线

上影阴线形态上表现为有较长的上影线没有下影线或者下影线较短，表示开盘后买方力量较强，股价上涨，当涨幅较大后，卖方力量越来越大，股价下跌，并以最低价或者稍高于最低价收盘，后市看跌，特别是出现在高价位区域。若出现在连续上涨多日之后或者高价区域，建议先出局观望，若出现在低价位区，往往是主力的骗线手法，可以继续持有。

## 三、特殊形态的K线

### 1. 十字星

"十字星"也叫十字线，是一种特殊的K线形态，也是一种非常重要的K线形态，它对股价的后期走势具有相当高的研究价值。

十

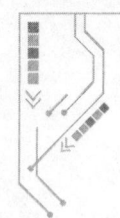

图 3-10 十字线示意图

十字线表示开盘价与收盘价相同。股价经过一天的上下震荡，截至收盘时，股价以当天的开盘价收盘结束了一天的行情，如图 3-10 所示。又可以细分为"长上影十字线"和"长下影十字线"。

十字线标志着股价从开盘起，多空双方经过一天的争夺后，谁也没有获胜，但如果上影线较长，则说明卖方的力度比较大，后市股价出现回落的可能性就比较大一些；同样，如果下影线较长时，说明买方的力度比较大，后市股价出现上涨的可能性就比较大一些。

"十字线"出现在股价运行的不同位置时，所代表的市场意义也是有所不同的：

① 如果"十字线"出现在股价经过长期下跌之后的低位，标志着卖盘出现了减弱，后市股价企稳反弹或者是反转的可能性比较大。

② 当"十字线"出现在股价上涨中途时，股价一般不会改变原有的运行方式，但也不排除股价会出现一定幅度的回落。

③ 如果在股价经过长时期大幅度上涨的高位区域出现了"十字线"的话，那就预示着后市股价出现下跌的可能性极大。

### 2."⊥"形线

"⊥"形线表示开盘价与收盘价相同。当日交易都在开盘价以上的价位成交，并以当日最低价（即开盘价）收盘，表示买方虽强，但卖方更强，买方无力将股价拉升，总体看卖方稍占优势，如在高价区，行情可能会下跌。

若在连续上涨的高位区域出现"⊥"图形，则表示买方的优势已经减弱，行情随时可以转为下跌，投资者应果断斩仓。

### 3."T"形线

"T"图形又称多胜线，开盘价与收盘价相同，当日交易以开盘价以下的价位成交，又以当日最高价（即开盘价）收盘。卖方虽强，但买方实力更大，局势对买方有利，如在低价区，行情将会回升。

如果在低位整理区出现 T 图形，则表明行情随时有反转的可能，投资者可积极参与。

需要指出的是，以上分析仅是建立在正常情况的理论基础上的。在实战中，要预测后市的发展，仅凭一两根 K 线是远远不够的，还需要结合具体的位置、成交量以及相应的技术指标等综合分析。

## 第三节　双 K 线组合

相对于单根 K 线，双 K 线组合的形态在短线判断上往往更加有可信度，下面我们就来学习一些常见的双 K 线组合形态。

### 一、覆盖线组合

覆盖线是常见的一种 K 线形态，是股价运行趋势的一个很重要的转折信号。可分为"阳覆盖线"和"阴覆盖线"，其具体含义也因其所处的位置不同而不同。

#### 1. 阳覆盖线

股价在运行过程中收出一根阴线，第二天收一根大阳线，这根大阳线的实体部分将昨日收出来的阴线实体部分全部覆盖住，出现这种走势形态的 K 线，我们称之为"阳覆盖线"，如图 3-11 所示。股价在运行过程中出现"阳覆盖线"的走势时，说明当天买方的力量占据了主动，且大大强于前一天的买方力量。如果买方能够继续保持这种强势的话，那么后市股价出现继续上涨的可能性极大。

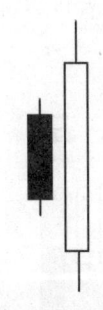

图 3-11　阳覆盖线

其所处的位置与对应的市场意义如下：

① 当这种阳覆盖线出现在股价经过长期下跌之后的低位区域时，则标志着

买盘明显转强，这预示着后市股价出现反转走强的可能性相当大。

② 如果这种阳覆盖线出现在股价上涨的中途，则表明买盘依然强大，后市股价仍将维持上涨趋势。

如图 3-12 所示的 *ST 天润，连续下跌之后，在底部开始出现这种 K 线组合，说明多方在试图维持股价，极有可能展开一轮上涨行情。

图 3-12  *ST 天润 K 线图

实战中，如果在出现这种阳覆盖线之前，股价已经经过了较大的下跌行情，投资者可以适当买入。一旦强势确立，可以重仓参与。

## 2. 阴覆盖线

股价在运行过程中收出一根阳线的走势，第二天收出一根大阴线，而且收盘价要低于昨日的开盘价，收出来的这根阴线的实体部分将昨日收出来的阳线的实体部分全部覆盖掉，出现这种走势现象的 K 线，我们称为"阴覆盖线"，如图 3-13 所示。

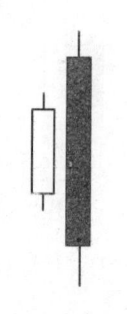

图 3-13  阴覆盖线

阴覆盖线一般是出现在股价上涨的高位区域，或者是出现在股价下跌的中途。这种走势通常表明当天卖方的力量要明显强于昨日卖方的力量，这至少也说明了当天卖方占据了主动,如果买方不能发起反击的话,后市出现下跌的可能性很大。

其所处的位置与对应的市场意义如下:

① 如果出现在股价上涨的中途时,可认为是主力洗盘所导致的,股价可能会出现回落整理的走势,但一般不会改变股价原有的运行趋势。

② 如果出现在股价经过长期上涨之后的高位区域,则标志着买盘出现了明显的衰退,这往往是主力出货的信号,后市股价出现下跌的可能性相当大。

如图 3-14 所示的普利特,在出现这种现象之后便开始了连续阴跌的行情。

总的来说,阴覆盖线是一种看跌的形态,需要投资者密切关注后期股价的走势变化。一旦后市走弱,即使有所亏损,也应该止损出局。

图 3-14　普利特 K 线图

## 二、孕线组合

孕线一般分为三种形态:一是前一根 K 线是一条长阳线,第二根 K 线是一条短小的阴线,称为阳孕阴孕线,简称阴孕线;二是前一根 K 线是一条长阴线,第二根 K 线是一条短小的阳线,称为阴孕阳孕线,简称阳孕线;三是前一根 K 线是一条长大的阳线(或阴线),第二根 K 线是一条十字星线,为十字星孕线,

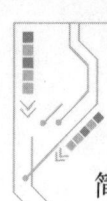

简称星孕线。下面我们分别来看。

### 1. 阳孕线组合

阳孕线形态如图 3-15 所示，是一种反转组合形态。由一根阴线和一根阳线组成，阳线的实体在阴线的实体范围内。通常出现在长期下跌的低位区域，出现这种形态，说明第二天的卖盘在减弱。意在提醒投资者，继续下跌的空间已经很小，市场正积蓄能量，后市随时都可能出现反转行情。

如图 3-16 所示的华测检测，经过连续的下跌之后，出现这种组合，随后股价开始反弹，走出一波反弹行情。

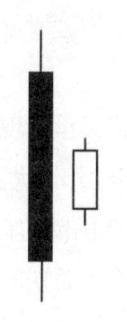

图 3-15 阳孕线示意图

图 3-16 华测检测 K 线图

### 2. 阴孕线组合

这种形态正好与我们前面所讲到的"阳孕线"相反，如图 3-17 所示，它一般是出现在股价运行的高位区域，当然偶尔也会出现在股价上涨的中途以及其他位置，我们这里主要来了解其在高位区域的情况。

从形态中可以看出股价在第二天的走势出现了明显的滞涨现象，在第二天买盘出现了严重的衰退，要不然的话股价理应承接前一天的强势继续向上走高才对。当这种组合出现在股价长期上涨的高位区域时，投资者就要引起高度注意了，这往往是股价出现大幅下跌的前兆。

如图 3-18 所示的中元股份，在短线快速上涨之后出现了这种阴孕线的形态，之后股价很快就出现了一波下跌行情。

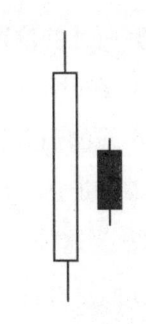

图 3-17　阴孕线示意图

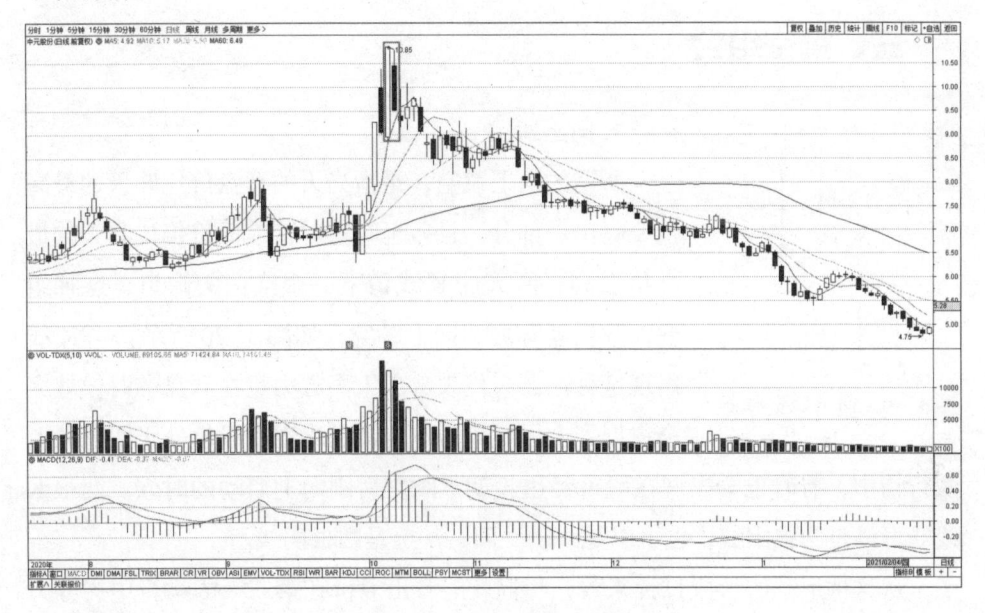

图 3-18　中元股份 K 线图

### 3. 十字星孕线

这是一种特殊的市场形态，是从前面我们讲到的"阳孕线"和"阴孕线"演变过来的，其中，十字线的最高价可以高于前一天的收盘价，最低价也可以低于前一天的开盘价，只要当天的收盘价等于当天的开盘价，都称为十字星孕线。它往往出现在股价长期下跌的低位或者在股价长期上涨的高位区域，它具有预测市场反转的意义，但是当它出现在股价上涨的中途或者是下跌的中途时，一般不会改变股价原有的运行趋势，其形态如图 3-19 所示。

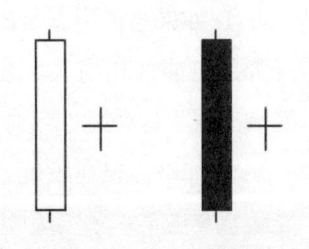

图 3-19　十字星孕线

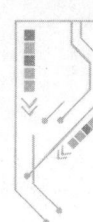

其所处的位置与对应的市场意义如下：

① 在股价长期下跌的低位时出现这种组合，标志着买盘在转强，虽然在出现十字线的当天买方的力量较前一天有所减弱，但如果在接下来的第二天股价能够继续走强的话，那么后市股价出现上涨的可能性相当大。

② 当这种十字星孕线出现在股价上涨的高位区域时，投资者就要引起高度注意了，这往往是股价下跌的前兆。

## 三、跳空组合

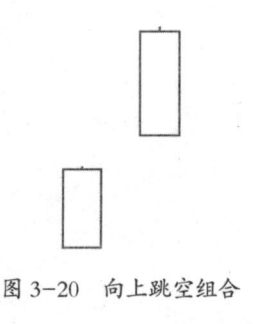

### 1. 向上跳空

所谓的向上跳空，是指当天的开盘价比昨天的最高价要高出一部分，且截至收盘时，最低价仍比昨天的最高价要高，两天的K线留下一个空白的缺口。这种组合，我们就称之为向上跳空，如图3-20所示。当K线出现这种形态时代表着当天买方力量在开盘的时候就完全占据了上风。该形态经常是出现在股价处于明显的上涨行情中，有时也会出现在股价经过长期下跌之后刚向上启动的时候。两根K线既可以是两根阳线，也可以是一阴一阳，甚至是两根阴线。

图 3-20　向上跳空组合

从这种形态的形成过程来看，我们就能看出股价在第二天的运行中买方力量明显要强于卖方力量，特别是出现两根阳线的跳空组合。

其所处的位置与对应的市场意义如下：

① 如果这种形态是出现在股价长期下跌的底部区域，标志着后市股价出现反弹的可能性相当大。如图3-21所示的中水渔业，就是在连续下跌后的底部区域出现了这种跳空组合，后市走出了一波上涨行情。

② 如果出现在股价上涨的中途，往往是股价进入加速拉升的前兆。特别是能跳空突破某一重要阻力位，如60日线、半年线等，后市通常会迎来一波不小的涨幅。

③ 如果出现在股价长期上涨的高位区域，则往往是主力故意拉高股价来引诱投资者接盘，从而达到出货的目的。

操作上，在股价运行的高位区域时出现"向上跳空"的形态后，一旦后市股价跌破 5 日均线时，投资者就要果断卖出；当股价跌破 10 日均线时要无条件卖出，哪怕是追高被套了也要止损出局。

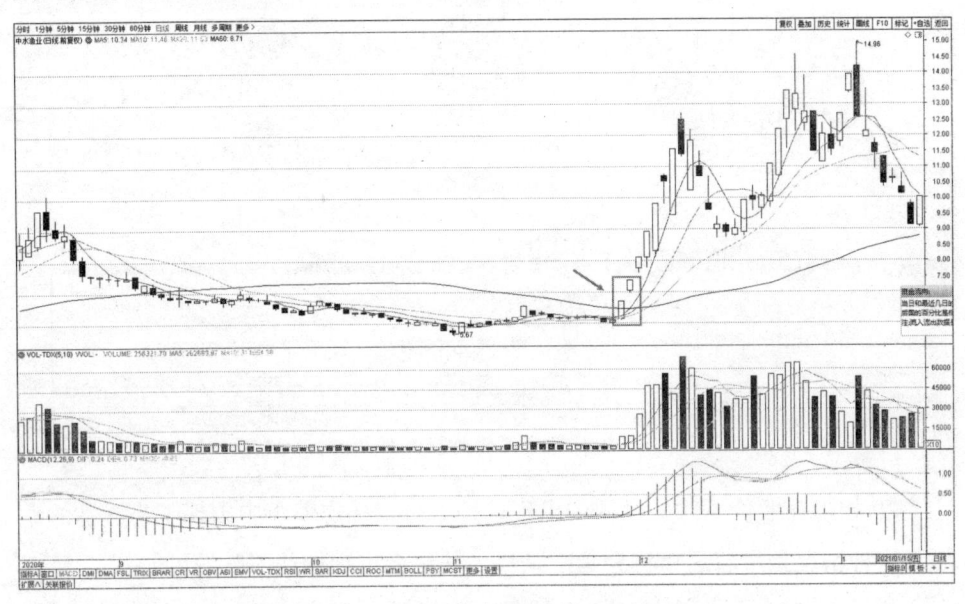

图 3-21 中水渔业 K 线图

## 2. 向下跳空

向下跳空形态如图 3-22 所示，是指当天股价开盘价即低于前日最低价，截至收盘时，其最高价仍未达到前日最低价水平，两日 K 线中间留有一段空白交易区。与"向上跳空"相反，它是一种看空的信号，"向下跳空"形态经常会出现在股价长期上涨的高位区或者是股价下跌的中途。同样，向下跳空的两根 K 线也可以是一阴一阳，甚至是两根阳线。

图 3-22 向下跳空组合

其所处的位置与对应的市场意义如下：

① 如果出现在股价长期上涨的高位区域，标志着买盘明显衰退，而卖盘却在明显转强，预示着后市股价出现下跌的可能性极大。

如图 3-23 所示的芯能科技，就是在高位区域出现了这种"向下跳空"的走势，出现这种现象后，股价很快就进入了下跌行情。

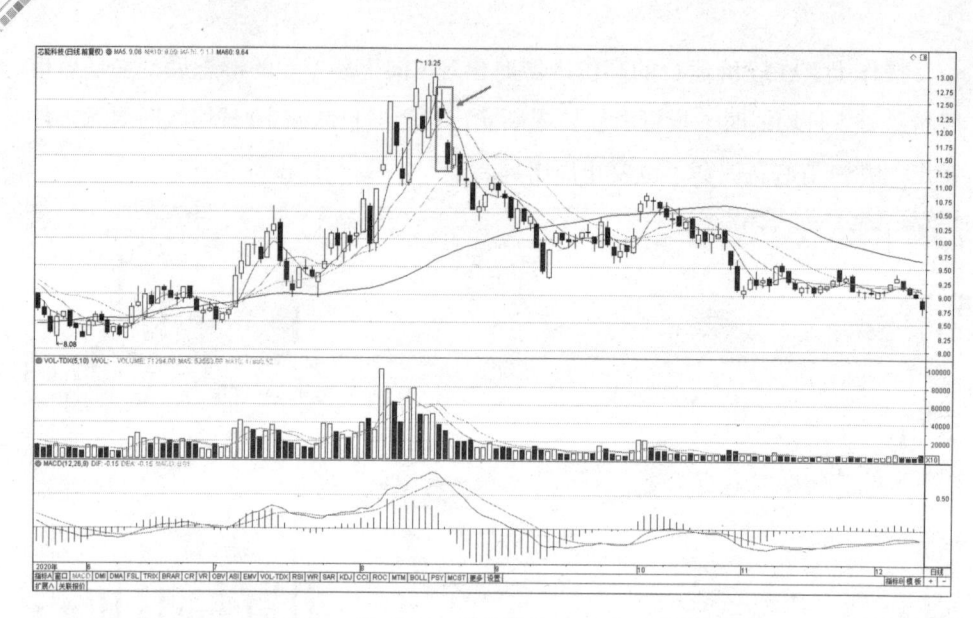

图 3-23　芯能科技 K 线图

② 如果在股价下跌的过程中出现这种组合，标志着盘中出现了恐慌性的抛压，这种情况预示着后市将会延续跌势，甚至会出现加速下跌的可能。

如图 3-24 所示的安道麦 A，就是在下跌的过程中出现这种跳空组合，随后股价继续下跌走势。

图 3-24　安道麦 A K 线图

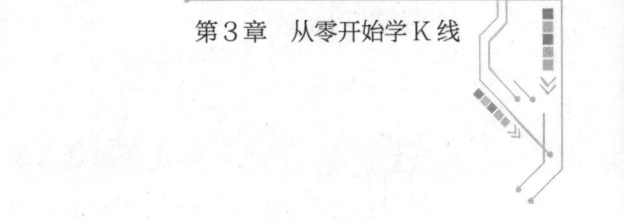

## 四、插入线组合

插入线具体可分为"上涨插入线"和"下跌插入线",从命名上就可以看出"上涨插入线"是一种看涨的信号,而"下跌插入线"则是一种看跌的信号。

### 1. 上涨插入线

股价在前日收出一根下跌的阴线,紧跟着第二天股价以低于昨天的收盘价开出,盘中股价却出现高走,并逐步向上攀升,截至收盘时收出一根上涨的阳线,并且这根阳线的实体深深地插入昨天收出来的阴线之中,这种形态我们称为"上涨插入线",如图3-25所示。

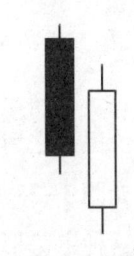

图3-25 上涨插入线

其所处的位置与对应的市场意义如下:

① 在长期下跌后的低位或上涨的中途出现,预示着后市股价将会出现反弹和继续上涨的行情。

② 如果是在股价经过长期上涨的高位出现这种走势,则往往是主力出货时的最后挣扎。

如图3-26所示远大控股,就是在一段下跌行情之后出现这种组合,随后股价走出一波反弹行情。

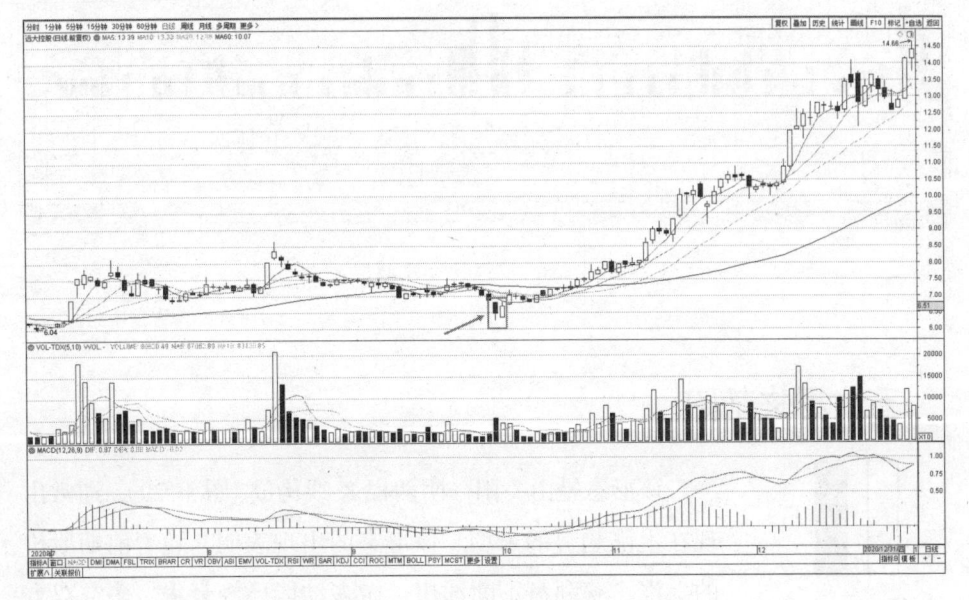

图3-26 远大控股K线图

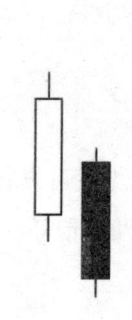

## 2. 下跌插入线

股价先是收出一根上涨的阳线，第二天则出现低开，但是开盘价要高于昨天的开盘价，盘中股价出现下跌。最终收出一根长长的阴线，且收盘价低于昨日开盘价（图3-27）。这种形态的K线组合称为"下跌插入线"，预示着股价即将会出现下跌的走势。

图3-27　下跌插入线

下跌插入线一般出现在股价上涨的高位区域或者是在股价反弹之后的阶段性高位。

如图3-28所示的沙钢股份就是一个典型的例子，在股价运行到高位时出现了这种走势形态，股价也随之出现较长时间的下跌行情。

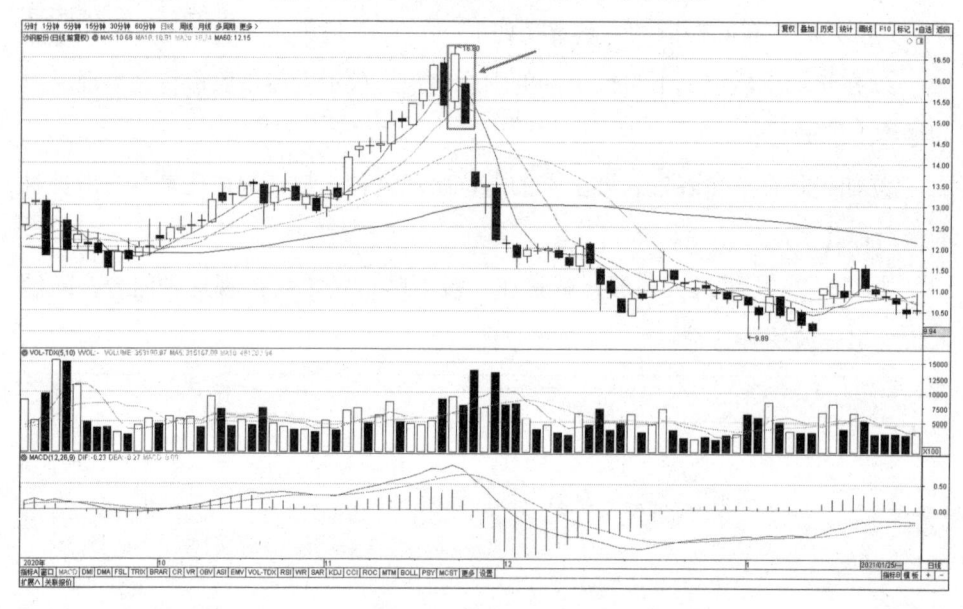

图3-28　沙钢股份K线图

## 五、尽失前阳

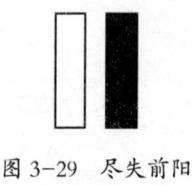

图3-29　尽失前阳

该形态是由一阳一阴两根K线构成（图3-29），通常出现在上涨趋势的末期。该形态的出现表明，随着前期股价的上涨，获利盘不断涌出，做多动能已经衰竭，多空双方的力量正在发生转变,是一种看跌的形态。如果收出第二根阴线的同时成交量突然放大,就要逢高减仓;如果接下来股价持续走弱,就要止损离场,以避免更大的损失。

如图3-30所示的罗莱生活,在一波上涨行情之后,第一日收出一根大阳线,接着第二天收出与前一日相同的阴线,股价随之开始下跌,说明空方势力已经大于多方,后市看空。从图中也可以看到,股价随后出现了一波下跌行情。

图 3-30 罗莱生活 K 线图

## 六、尽收前阴

该形态为一阴一阳,先是一根大阴线或者中阴线加速下跌,但第二天收出的阳线却将前一天下跌的价格全部收回(图3-31)。该形态说明多方力量即将发起反攻,股价极有可能走出反弹上升的行情。

图 3-31 尽收前阴

如图3-32所示的普利制药,经过一波下跌行情之后创下新低,但第二天却将前日下跌的部分全部收复,形成一个尽收前阴的组合。随后股价横盘几日后开始拉升,中短线持股者在出现该组合之后买入,便可以获利颇丰。

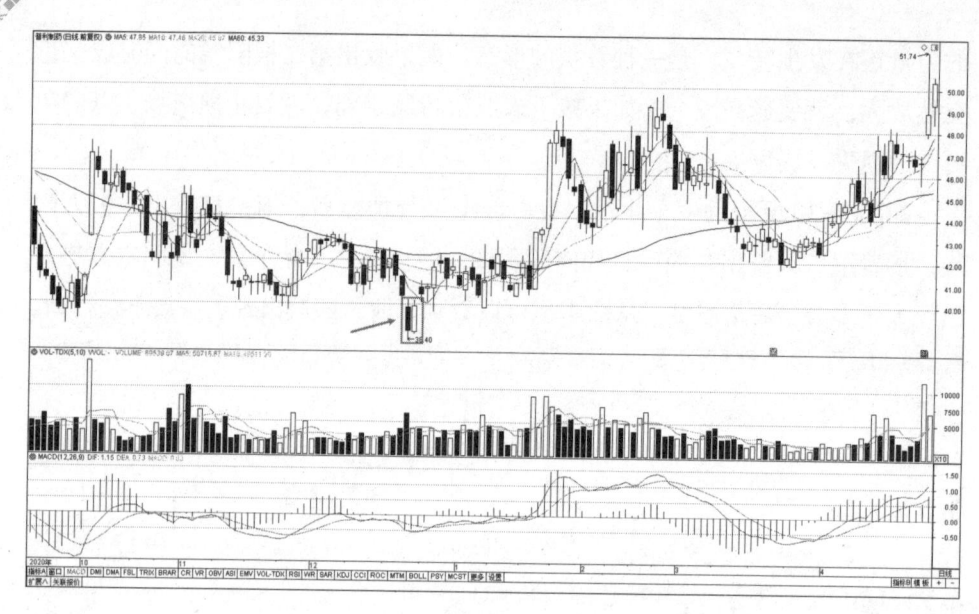

图 3-32　普利制药 K 线图

## 七、乌云压顶

该组合是由一根中阳线或大阳线和一根中阴线或大阴线组成，阴线要深入到阳线实体二分之一以下处（图 3-33）。通常出现在上涨行情末期，是一种见顶信号，后市看跌。阴线深入阳线实体部分越多，转势信号越强。

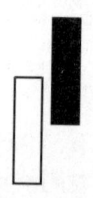

图 3-33　乌云压顶

如图 3-34 所示的华神科技，股价在快速拉升创下新高后，在顶部形成了乌云压顶的组合，说明多方和空方力量开始逆转，空方力量增强，随后进入了回调下降通道。

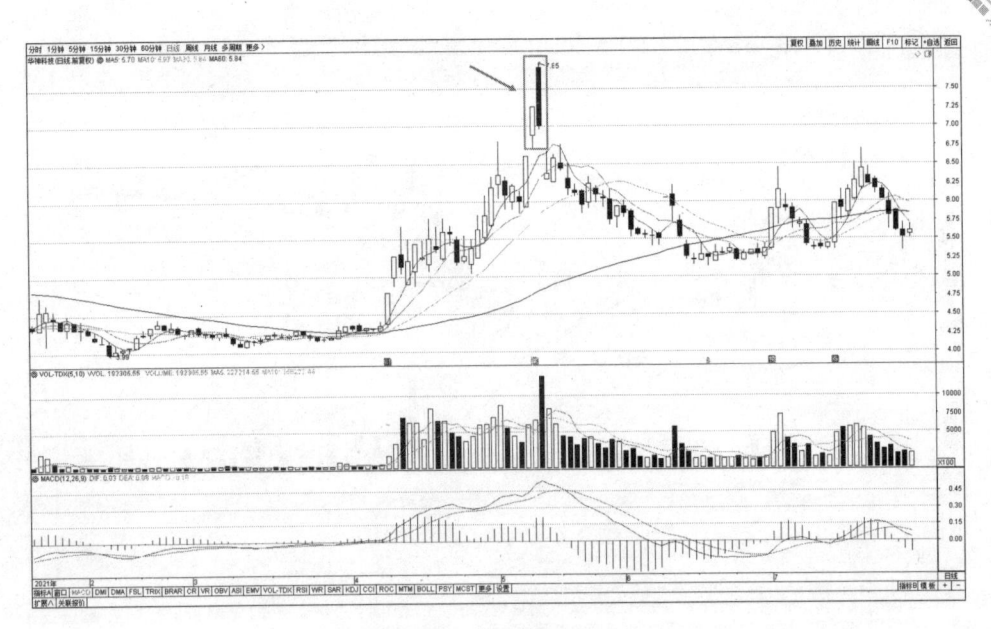

图 3-34  华神科技 K 线图

## 八、旭日东升

该形态由一阴一阳两根 K 线组成，通常出现在下跌趋势中。先是一根大阴线或中阴线，接着出现一根高开的大阳线或中阳线，阳线的收盘价高于前一根阴线的开盘价，如图 3-35 所示。出现该图形组合，也是一种见底信号，后市看涨。其中，阳线实体高出阴线实体部分越多，转势信号越强，投资者可以适当参与。

图 3-35  旭日东升组合

如图 3-36 所示的 ST 高升，就是在大幅下跌的底部区域出现了这种旭日东升的组合，随后股价开始了上涨行情。

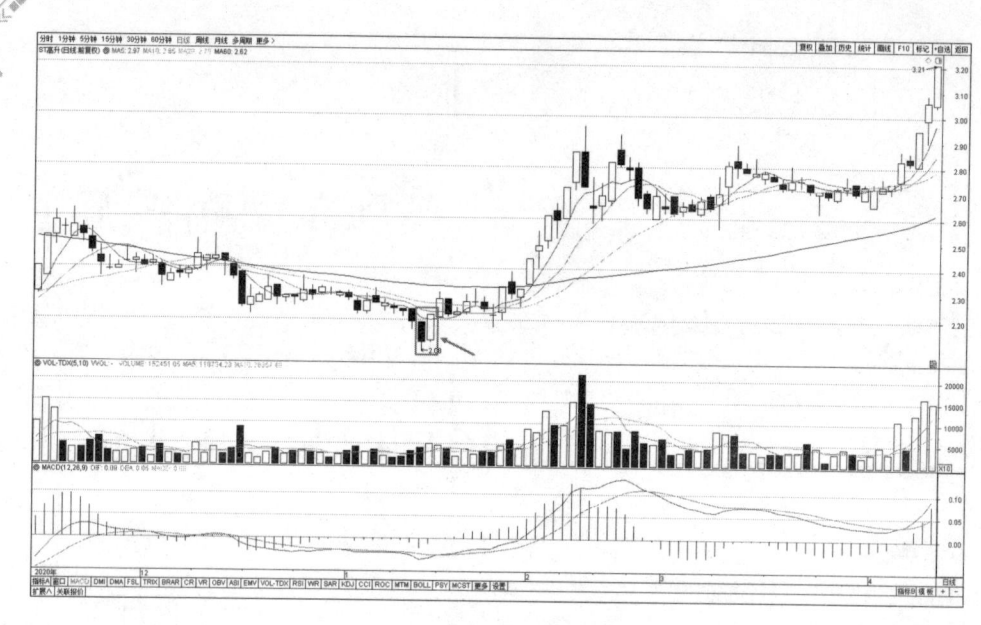

图 3-36　ST 高升 K 线图

## 第四节　经典多 K 线组合

所谓多 K 线组合，就是由两根以上的 K 线组合的一些形态，这些形态的出现，从一定程度上可以反映出股价短期内的趋势。因此，对于后市的判断更有参考价值。下面我们就来学习一些常见的多 K 线组合形态。

### 一、早晨之星组合

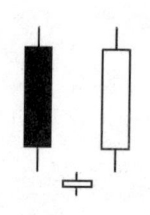

图 3-37　早晨之星组合

　　早晨之星由三根 K 线构成，也叫希望之星。第一根是顺势的长阴线，第二根是实体向下跳空的小阳线、小阴线或十字星线，第三根是实体向上跳空的长阳线，如图 3-37 所示。该组合通常出现在下跌过程中，预示着新一轮的涨势即将开始。第三根阳线的收盘价越深入第一根阴线实体,则涨势越强。

如图 3-38 所示的先进数通,经过前期的大幅下跌之后,出现了早晨之星组合,股价随后开始止跌反弹。

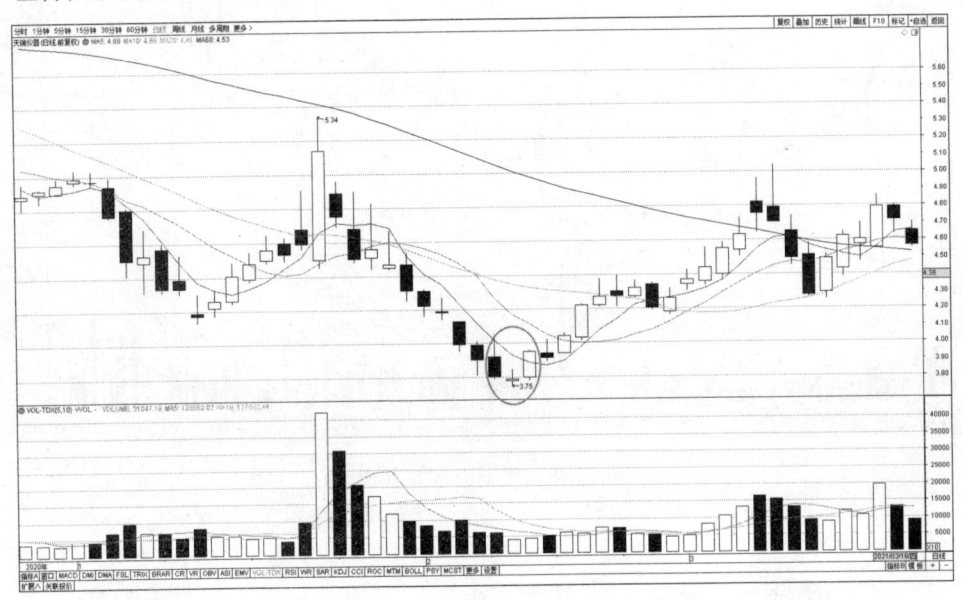

图 3-38  先进数通 K 线图

## 二、塔形底

塔形底,是出现在底部的 K 线形态。该形态先是走一根大阴线或中阴线,紧接着出现一连串的小阴小阳线,最后拉出一根大阳线或中阳线,如图 3-39 所示。因其形状像个倒扣的塔顶,故命名为塔形。一般来说,股价在低位形成塔形底后,如果有大成交量的配合,通常后市的涨幅都较大。投资者在遇到这种组合时,可以积极买入。

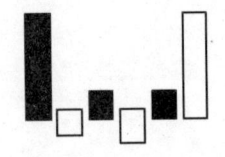

图 3-39  塔形底

如图 3-40 所示的瑞丰高材,就是在一段时间的下跌之后的底部区域出现了这种塔形底的走势。在出现这种 K 线组合形态后,股价随后出现了一轮震荡上升走势。

图 3-40　瑞丰高材 K 线图

## 三、低位多阳线

低位多阳线，顾名思义是由多根小阳线组成，如图 3-41 所示。这些小阳线虽然涨幅不大，但却是一种明显的转势信号。一旦出现放量上涨，投资者就可以积极介入，后市往往会有不小的收获。

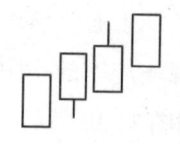

图 3-41　低位多阳线

如图 3-42 所示的皖能电力，经过一波下跌行情之后，在底部以小阳线的方式缓慢爬升，说明多空双方的力量正在发生变化，多方正在逐步控制市场。投资者可以在此时适当建仓，持股待涨。

图 3-42 皖能电力 K 线图

## 四、低位跳空三连阴

跳空三连阴，是指股价在运行的过程中，连续出现三根向下跳空的阴线，如图 3-43 所示。该形态如果出现在上涨后的高位，是一种强烈的看跌形态；如果出现在下跌行情中，特别是长期下跌趋势中，往往是空方力量的最后释放，预示着股价将见底回升，后市看涨。

图 3-43 低位跳空三连阴

如图 3-44 所示的内蒙华电，就是在低位出现了这种跳空三连阴的走势，随后股价开始企稳反弹，走出一波上涨的行情。

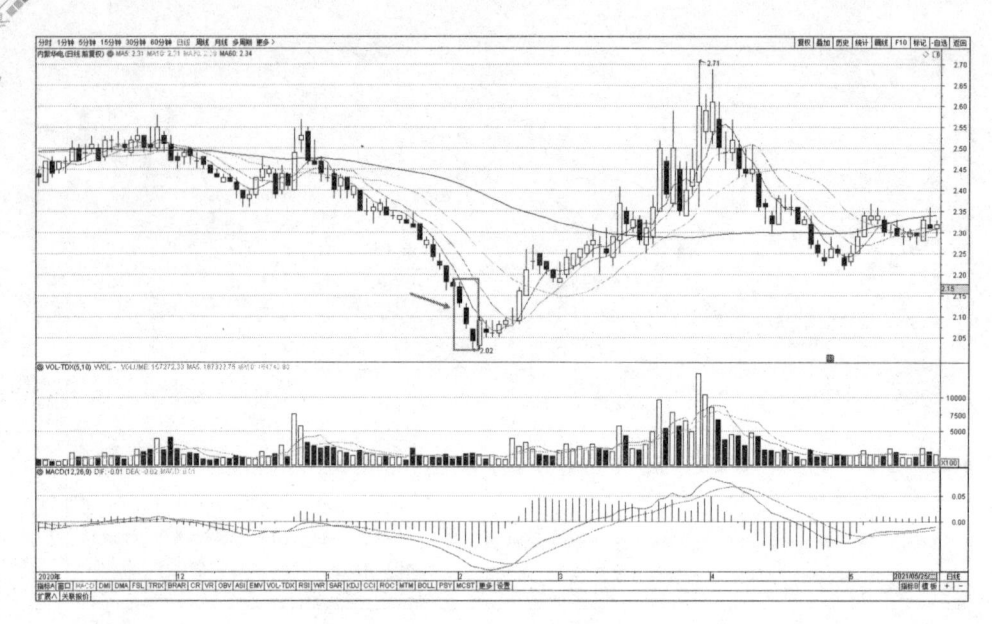

图 3-44　内蒙华电 K 线图

## 五、两阳夹一阴

两阳夹一阴是由两根较长的阳线和一根较短的阴线组成，如图 3-45 所示。股价在运行中走出一根放量阳线，但是次日股价出现下跌，收出一根阴线。第三日再次走出一根阳线，且该阳线完全覆盖住前日阴线。这种形态可以出现于上涨途中、股价整理期间，也可以出现在下跌途中。如果出现在上涨途中，则后市继续看涨；如果出现在整理期间，则可能会结束整理，开始上涨行情；如果出现在下跌途中，则很有可能是见底反弹的信号。

图 3-45　两阳夹一阴

如图 3-46 所示的欣旺达，就是在股价整理期间出现了这种组合形态，随后股价开始上涨。

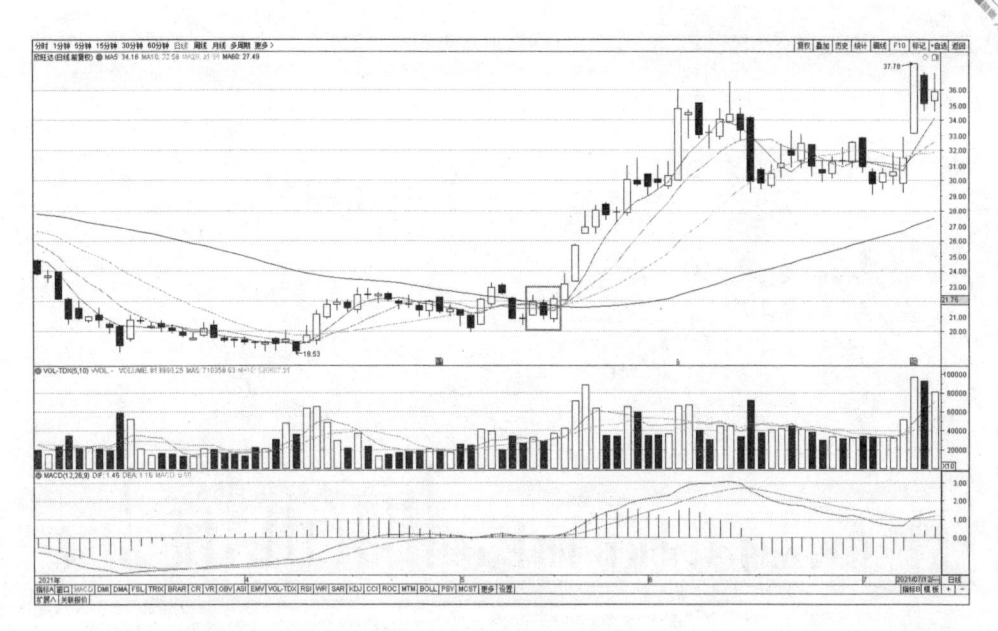

图 3-46　欣旺达 K 线图

## 六、红三兵

"红三兵"是由三根中小阳线构成。这三根阳线每天的开盘价都在前一天的实体之内，每天的收盘价均高于前一天的收盘价，如图 3-47 所示。该种组合形态通常出现在止跌反弹行情的初期，或者是盘整之后。如果出现时有大成交量的配合，则是一种强烈的看涨信号，投资者可放心建仓。

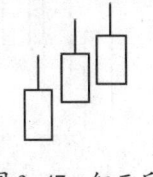

图 3-47　红三兵

如图 3-48 所示的普瑞生物就是在低位区域出现了红三兵组合，股价随后就开始了拉升的行情。

图 3-48　普瑞生物 K 线图

## 七、三阳开泰

三阳开泰与红三兵组合形式相似，不同的是，三阳开泰组合是由三根中阳线或大阳线构成，如图 3-49 所示。该形态一般在底部出现的几率较大，其看涨信号更加强烈。

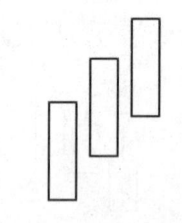

图 3-49　三阳开泰

如图 3-50 所示的福瑞股份，股价在企稳反弹之后，一直小幅震荡走高，随后走出了三阳开泰的形态，尽管随后进行了一段时间的整理，但整理过后又走出一波上升行情。

图 3-50　福瑞股份 K 线图

## 八、上涨两颗星

上涨两颗星是由一大两小 3 根 K 线组成。在上涨趋势中，先走出一根大阳线或者中阳线，紧接着就在这根阳线的上方出现两根小 K 线，如图 3-51 所示。这两根小 K 线既可以是小十字线，也可以是实体很小的小阴线或小阳线。这种形态通常出现在上涨初期和上涨的途中，预示着后市继续看涨。投资者可以逢低买入，后市持股待涨。

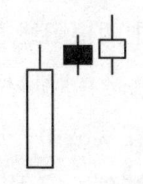

图 3-51　上涨两颗星

如图 3-52 所示的徐工机械，一波短暂的整理之后，开始出现一根大阳线反弹，随后出现了两颗星的走势，股价继续向上震荡攀升。

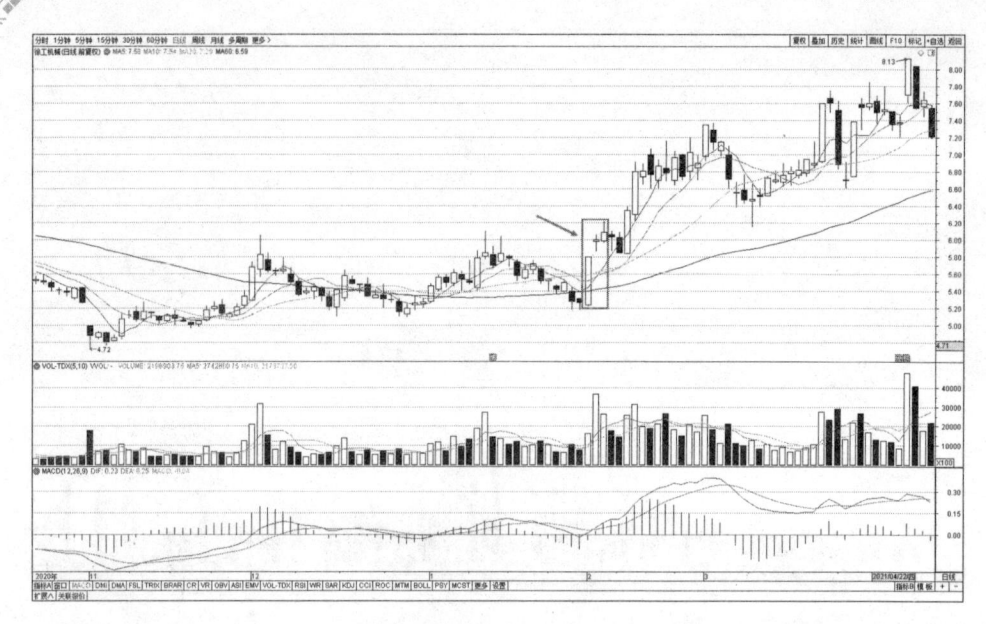

图 3-52　徐工机械 K 线图

## 九、上升三部曲

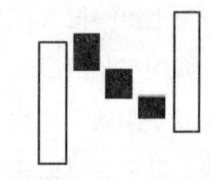

图 3-53　上升三部曲

上升三部曲一般出现在上涨通道中。股价在走出一根长阳线之后，出现几根实体短小的阴线，之后，又走出一根开盘价高于第一根阳线开盘价的长阳线，如图 3-53 所示。出现这种组合形态的 K 线走势，后市一般不会改变原来的运行趋势，将会继续上涨。需要指出的是，标准的三部曲并不多见，其中两根阳线之间可以有三根以上小阴小阳线。

如图 3-54 所示的深赛格，就是在股价反弹初期出现了这种上升三部曲的走势，股价后期继续震荡上行。在实战中，遇到这种走势，若前期股价跌幅较深，可以中线持股，若在股价上涨到一定程度后出现这种形态，则可以短线买入，获利即出。

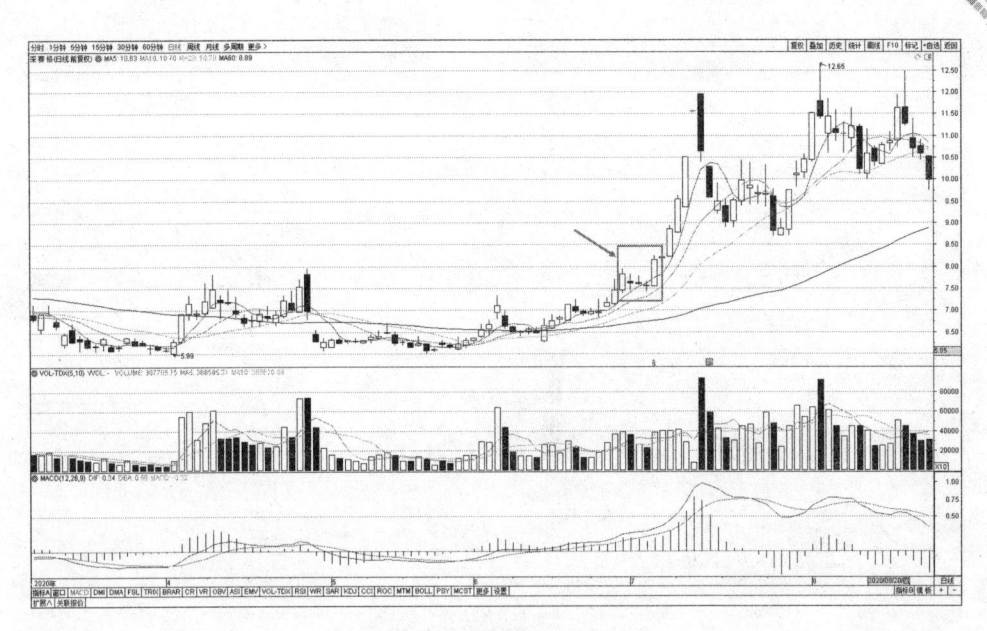

图 3-54　深赛格 K 线图

## 十、黄昏之星

黄昏之星是由三根 K 线构成。第一根为顺势上涨的长阳线；第二根是向上跳空实体部分很小的阴线或小阳线，也可以是小十字星线；第三根是向下跳空的阴线。如图 3-55 所示。该形态通常出现在上升趋势末期，预示着股价可能见顶，上涨动力衰竭，即将出现大幅下跌。特别是第三根阴线出现时，如果成交量呈现放大形态，投资者就应该立即卖出股票。

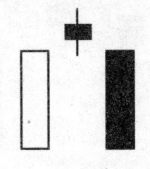

图 3-55　黄昏之星组合

如图 3-56 所示的崇达技术，经过一波上涨之后，在高位区域出现了这种黄昏之星的走势，股价随后便一蹶不振，走出下跌的行情。

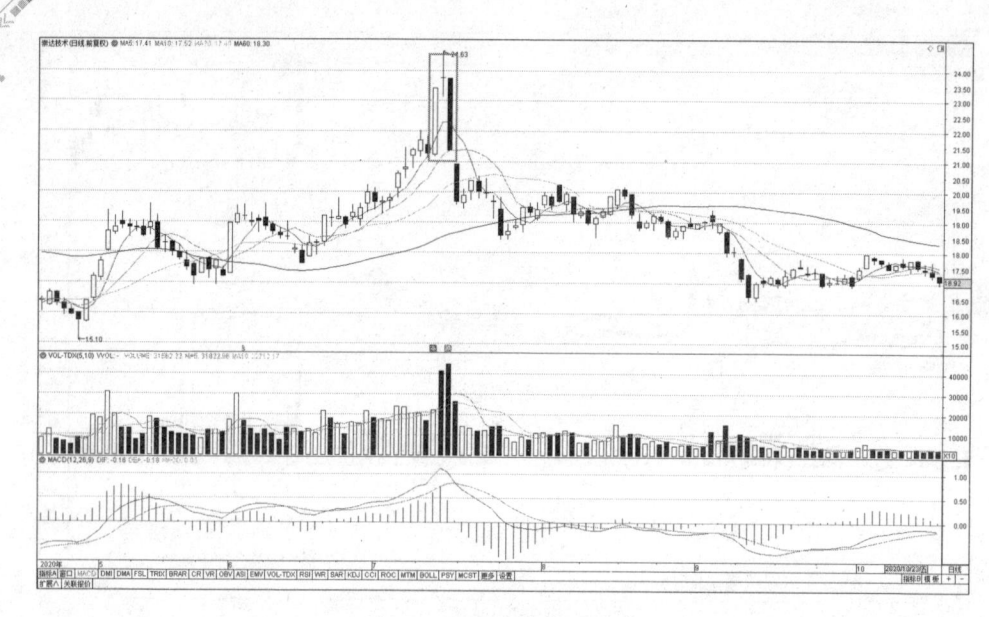

图 3-56　崇达技术 K 线图

## 十一、塔形顶

塔形顶和塔形底的组合方式相反。该形态先是出现一根大阳线或中阳线，之后会出现一连串小阳线小阴线，最后出现一根大阴线或中阴线，如图 3-57 所示，因为其组合形状像塔顶，故命名为塔形顶。这种组合形态一般出现在上涨趋势中，是一种见顶信号。投资者在遇到这种走势的 K 线时，应该尽快离场。

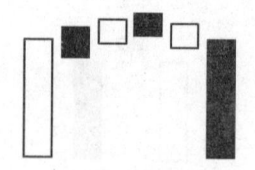

图 3-57　塔形顶

如图 3-58 所示的银江股份，股价在创近期新高之后，在顶部出现了这种塔形顶的走势。多空双方在经过较量之后，最终空方胜出，股价随后进入下跌的行情中。

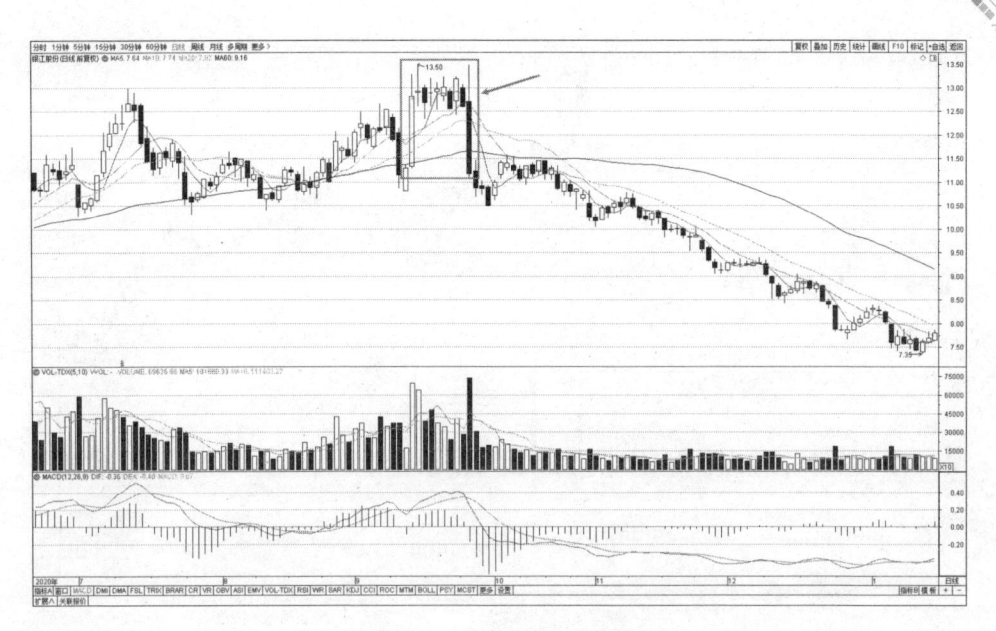

图 3-58　银江股份 K 线图

## 十二、三只乌鸦

该图形是由三根阴线组成，阴线多为大阴线或中阴线，每次的开盘价都比前日收盘价要高，但却以下跌收盘，如图 3-59 所示。在经过大幅上涨后的高位出现这种形态，后市下跌的可能性较大。投资者即使亏损，也应该止损出局。

图 3-59　三只乌鸦

如图 3-60 所示的豆神教育，就是在股价的高价区域出现了"三只乌鸦"的形态，随后股价走出了一波大幅下跌的行情，投资者如果不及时止损，代价将非常惨重。

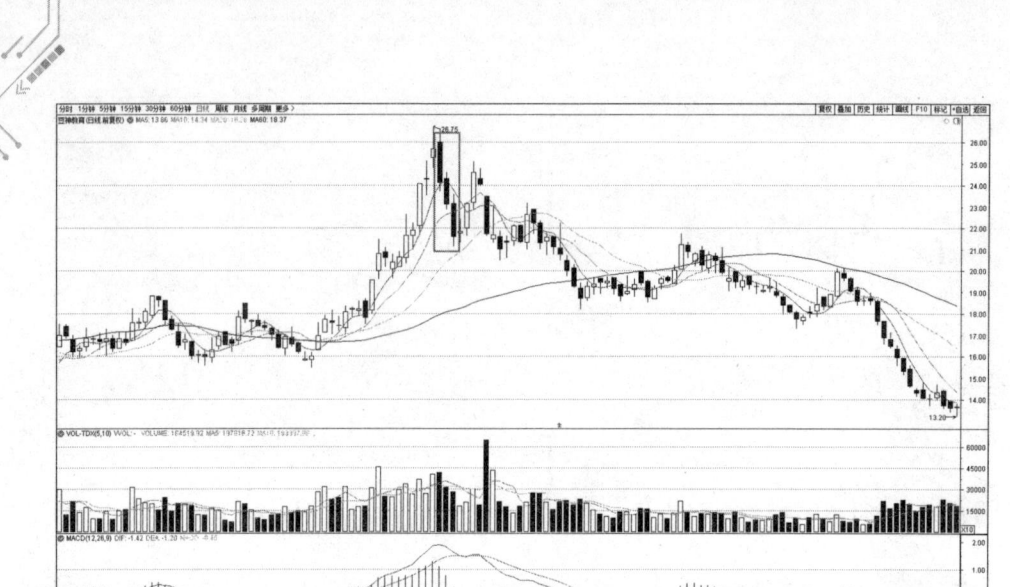

图 3-60　豆神教育 K 线图

## 十三、黑三兵

黑三兵与红三兵相反，是由三根小阴线组成。这三根小阴线每天的开盘价都高于前一天的收盘价，但收盘价创出新低，如图 3-61 所示。该组合有可能出现在上涨行情中，也有可能出现在下跌行情中。这种形态的出现，一般预示着股价即将下跌。尤其是在股价高位区域出现这种形态的 K 线组合时，投资者就应该暂时退出观望。

图 3-61　黑三兵

如图 3-62 所示的民生控股，在经过一段时间的震荡上涨之后，出现了这种黑三兵组合，股价也随之反转下跌。

图 3-62　民生控股 K 线图

## 十四、下降三部曲

下降三部曲与上升三部曲相反。该形态先出现一根大阴线或中阴线，接着连续三天走出小阳线，但是都没有冲破第一根阴线开盘价，最后出现一根大阴线或中阴线，完全覆盖了之前出现的三根小阳线，如图 3-63 所示。该组合一般出现在股价下跌的过程中，是一种强烈的卖出信号。投资者遇到这种 K 线组合时，应该及时出局。

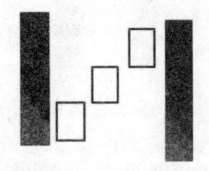

图 3-63　下降三部曲

如图 3-64 所示的光环新网，股价处于下跌通道中，就出现了这种形态，对于这样的股票，投资者应该尽量远离，不要轻易买入操作。

图 3-64　光环新网 K 线图

## 十五、两阴夹一阳

两阴夹一阳是由两根较长的阴线和一根较短的阳线组成。阳线夹在两根阴线之间,如图 3-65 所示。这种组合形态出现在高位或者是阶段性顶部时,是见顶信号；如果出现在下跌途中,后市则继续看跌。

图 3-65　两阴夹一阳

如图 3-66 所示的慈文传媒,股价运行到高位整理区间,出现两阴夹一阳的走势,说明空方力量开始占据主动,多方已经无力反击,后市将由空方主导行情。

图 3-66 慈文传媒 K 线图

## 第五节　K 线缺口

缺口是股价运行过程中经常出现的一种现象，缺口的位置以及大小和方向对股价未来的走势产生着非常重要的影响，下面我们就来探讨有关缺口的相关知识。

### 一、缺口的定义

缺口是指股价在连续的波动中有一段价格没有任何成交，在股价的走势图中留下空白区域，所以也称为跳空。分为向上跳空缺口和向下跳空缺口。在 K 线图中缺口反映出某天股价最高价比前一天最低价还低或者最低价比前一天最高价还高，如图 3-67 所示。

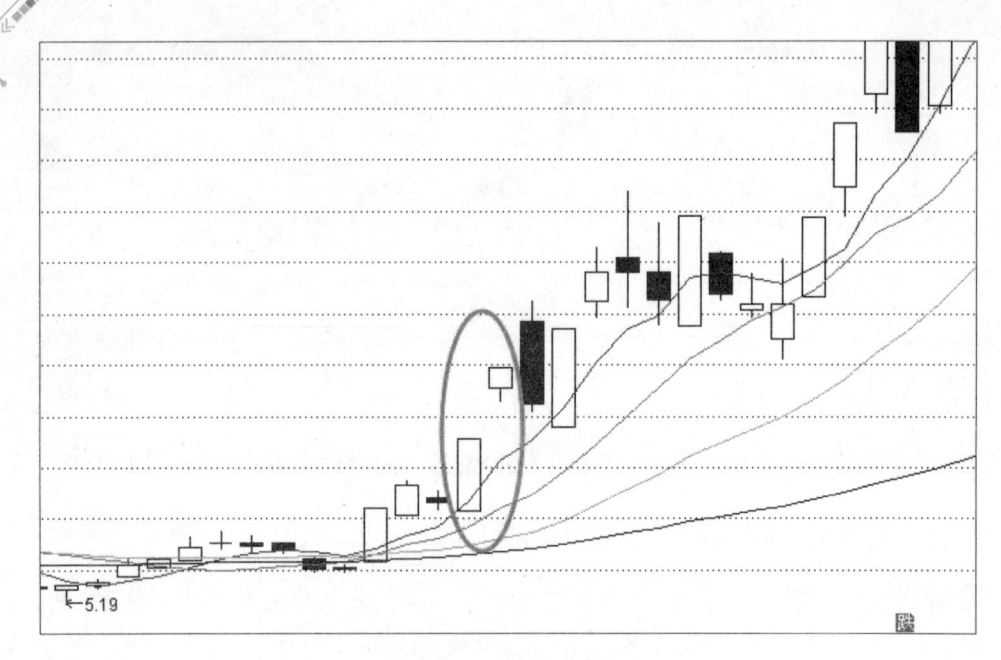

图 3-67　缺口图形

通常一般缺口都会回补，因为缺口是一段没有成交的真空区域，反映出投资者当时的冲动行为，当情绪平复下来时，投资者反省过去行为有些过分，于是缺口便告补回。但并非所有类型的缺口都会填补，其中突破缺口、持续性缺口未必会填补，或不会马上填补；只有消耗性缺口和普通缺口才可能在短期内补回，所以缺口填补与否对分析者观察后市的帮助不大。

## 二、K 线缺口的类型及其意义

缺口一般分为：普通缺口、突破缺口、持续性缺口、消耗性缺口、除权缺口五种。

### 1. 普通缺口

在股价变化不大的成交密集区域内出现的缺口，称为普通缺口，一般缺口不大，这种缺口通常发生在耗时较长的整理形态或者反转形态中，出现后很快就会在几天内回补。普通缺口的确认可以帮助投资者判断出当前处于盘势。如图 3-68 所示的缺口即为一个普通缺口。

第 3 章 从零开始学 K 线

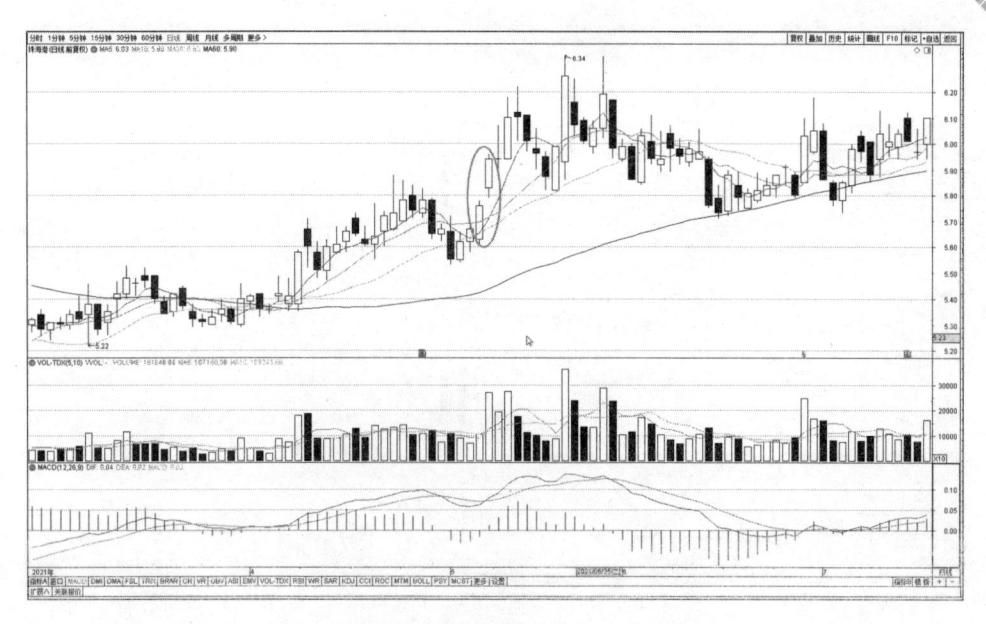

图 3-68 普通缺口

普通缺口并无特别的意义，一般在几个交易日内便会完全填补，它只能帮助我们辨认清楚某种形态的形成。普通缺口在整理形态要比在反转形态时出现的机会大得多，所以当发现发展中的三角形和矩形有许多缺口，就应该增强它是整理形态的信念。

**2. 突破缺口**

在成交密集的反转或整理形态完成之后，股价突破阻力或跌破支撑时出现大幅度上涨或下跌所形成的缺口，称为突破缺口。这种缺口的出现一般视为股价正式突破的标志。在股价向上突破时，必带有大成交量的配合。缺口越大，股价未来的变动越剧烈。

如图 3-69 所示的佛山照明，是在突破盘整区时出现了一个跳空缺口，突破了整理区的最高点，展开一轮拉升行情。

突破缺口经常在重要的转向形态如头肩式的突破时出现，这缺口可帮助我们辨认突破讯号的真伪。如果股价突破支持线或阻力线后以一个很大的缺口跳离形态，可见突破十分强而有力，很少有错误发生。形成突破缺口的原因是其水平的阻力经过时间的争持后，供给的力量完全被吸收，短暂时间缺乏货源，买进的投资者被迫要以更高价求货。又或是其水平的支持经过一段时间的供给

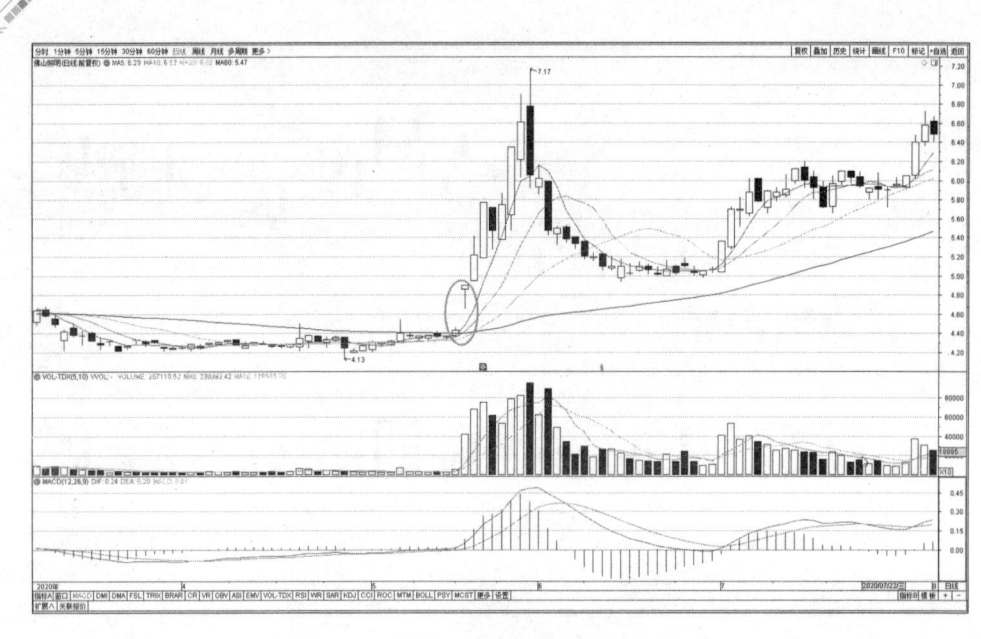

图 3-69　突破缺口

后，购买力完全被消耗，沽出的须以更低价才能找到买家，因此便形成缺口。

假如缺口发生前有大的交易量，而缺口发生后成交量却相对缩小，则有一半的可能不久缺口将被封闭，若缺口发生后成交量并未随着股价的远离缺口而减少，反而加大，则短期内缺口将不会被封闭。

### 3. 持续性缺口

指涨升或下跌过程中出现的缺口，通常在密集交易区域后的急速上升或下跌所出现的缺口大多是持续性缺口。这种缺口不会和突破缺口混淆，它常在股价剧烈波动的开始与结束之间的一段时间内形成。这种缺口又称为量度缺口，即股价到达缺口后，可能继续变动的幅度一般等于股价从开始移动到这一缺口的幅度，如图 3-70 所示。

持续性缺口的技术性分析意义最大，它通常是在股价突破后远离形态至下一个反转或整理形态的中途出现，因此持续缺口能大约预测股价未来可能移动的距离，所以又称为量度缺口。其量度的方法是从突破点开始，到持续性缺口始点的垂直距离，就是未来股价将会达到的幅度。或者我们可以说：股价未来所走的距离，和过去已走的距离一样长。

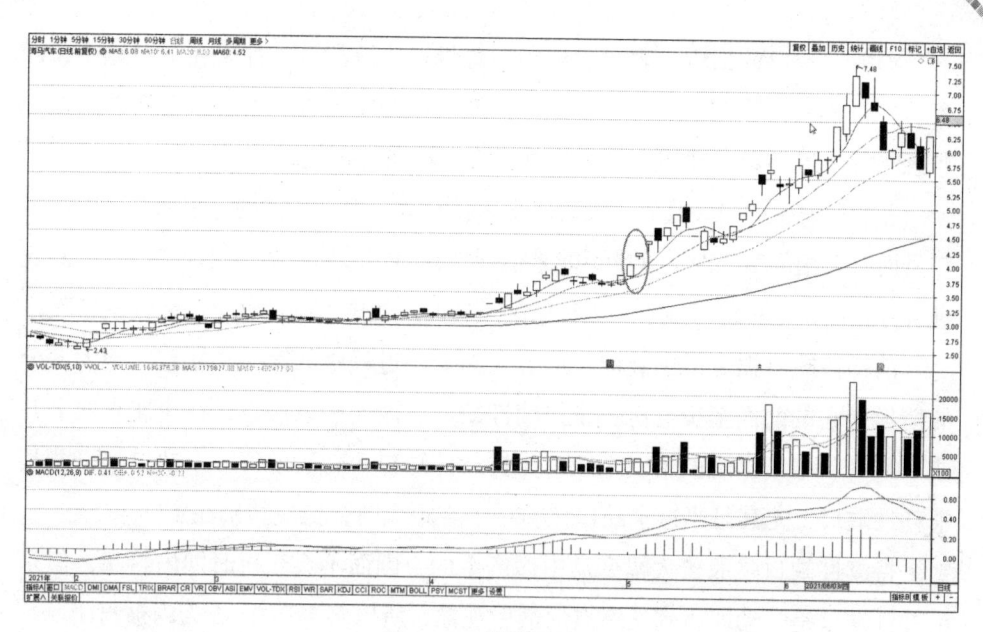

图 3-70　持续性缺口

## 4. 消耗性缺口

股价在大幅度波动过程中做最后一次跳跃，使股价大幅度变动形成的缺口称为消耗性缺口。这种缺口的分析意义是能够说明维持原有变动趋势的力量已经减弱，股价即将进入整理或反转形态，如图 3-71 所示。

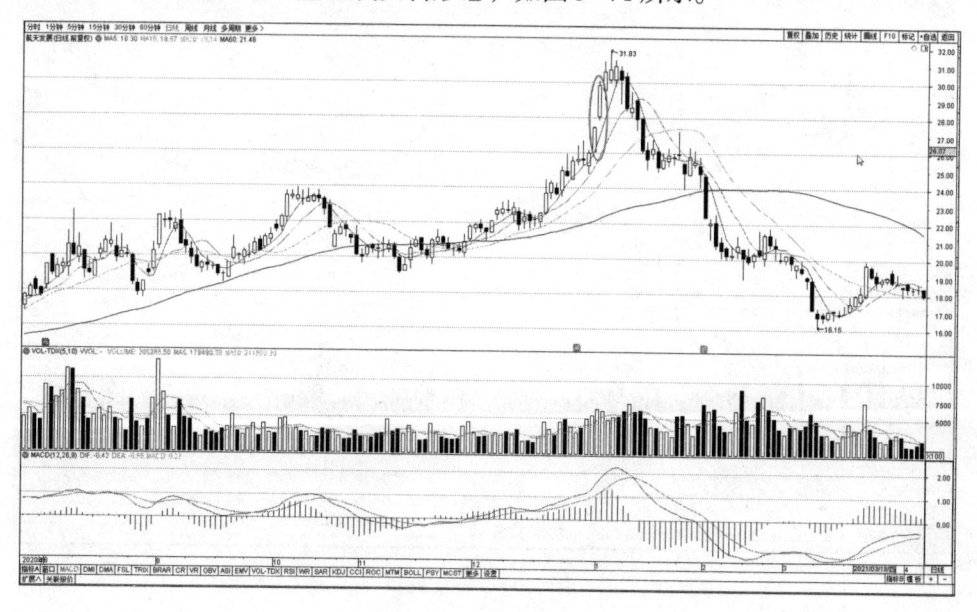

图 3-71　消耗性缺口

消耗性缺口的出现，表示股价的趋势将暂告一段落。如果在上升途中，即表示即将下跌；若在下跌趋势中出现，就表示即将回升。不过，消耗性缺口并非意味着市道必定出现转向，尽管意味着有转向的可能。

在缺口发生的当天或后一天若成交量特别大，而且趋势的未来似乎无法随成交量而有大幅的变动时，这就可能是消耗性缺口，假如在缺口出现的后一天其收盘价停在缺口之边缘形成了一天行情的反转时，就更可确定这是消耗性缺口了。

消耗性缺口很少是突破前一形态大幅变动过程中的第一个缺口，绝大部分的情形是它的前面至少会有一个持续性缺口。因此可以假设，在快速直线上升或下跌变动中期出现的第一个缺口为持续性缺口，随后的每一个缺口都可能是消耗性缺口，尤其是当这个缺口比前一个空距大时，更应特别注意。

持续性缺口是股价大幅变动中途产生的，因而不会于短时期内封闭，但是消耗性缺口是变动即将到达终点的最后现象，所以多半在2～5天内被封闭。

### 5. 除权缺口

由于制度的原因，股价在上市公司送配后，股价会出现除权、除息缺口，表现在除权价与股权登记日的收盘价之间的跳空。这种缺口的出现为股价在新的一轮波动中提供了上升空间，诱发填权行情，如图3-72所示。

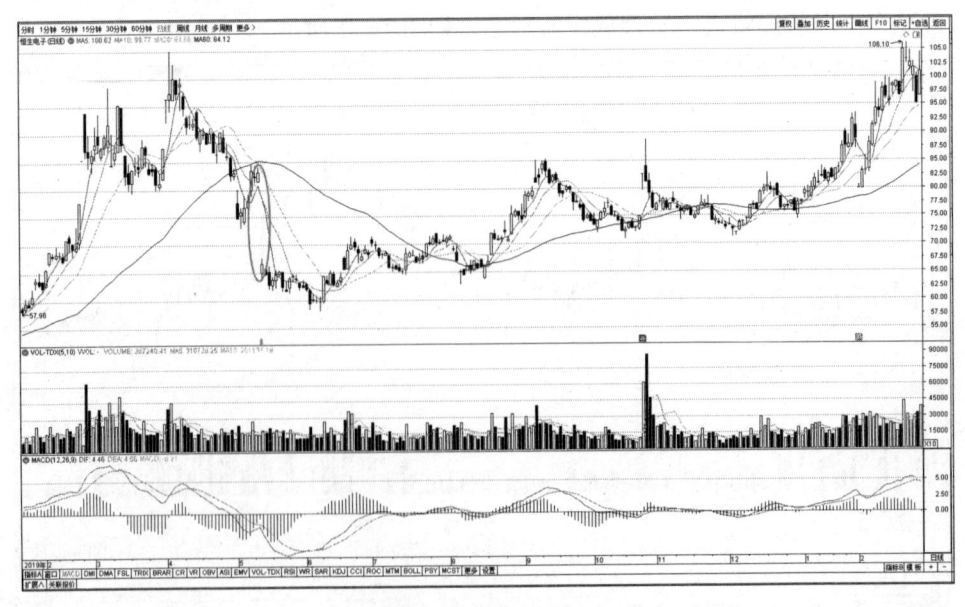

图3-72 除权缺口

# 第4章 经典趋势形态分析

在股市中，尽管每只个股运行的轨迹都不一样，但总有一些类似的K线形态或者走势会在很多股票中重复出现，如通常所说的双重顶、头肩底等。那么这些图形究竟有着什么样的市场含义，又暗藏着哪些玄机呢？本章我们就针对一些常见的形态进行探讨。

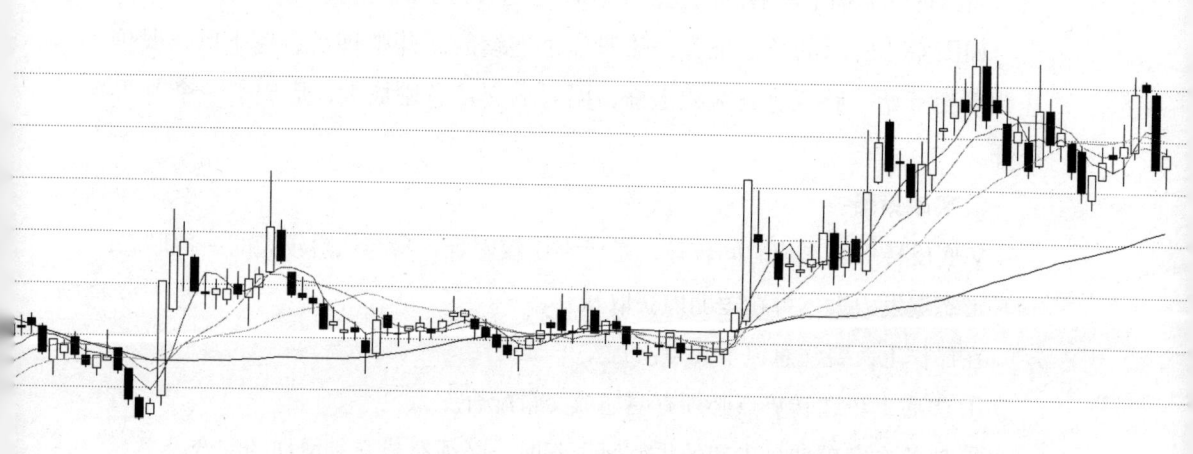

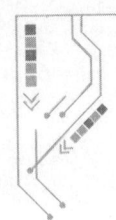

# 第一节 经典底部 K 线形态解读

首先，我们来看一些常见的经典底部 K 线形态，当这些形态出现时，通常可认为是较为可靠的买入信号。

## 一、V 形底

**1. 形态解读**

这是市场中经常见到的一种形态，是指股价连续加速下跌，但有可能受到突如其来的某个因素扭转了整个趋势，在底部伴随大成交量形成十分尖锐的转势点，出现了快速反弹。成交量也跟着快速放大，从而形成 V 形走势。

这种形态既可以出现在长期下跌之后的低位区域，也可以出现在上涨的中途甚至是大幅上涨后的高位。在不同的位置出现这种形态，其所代表的意义也有所不同。比如出现在长期下跌的低位区域，则预示着后市股价出现反弹的行情，而出现在大幅上涨后的高位，则往往是主力为了出货制造的假象。

如图 4-1 所示的长江证券，该股经过连续的震荡整理后急速下跌，股价止跌后便开始一路反弹，大幅上涨，同时成交量急剧放大，形成了一个 V 形底部。

**2. 实战策略**

V 底反转形态形成时间较短，是研判比较困难、参与风险较大的一种形态，这种形态爆发力大，可在短期内获取暴利。

在操作上，要注意以下几点：

① 尖底走势在转势点必须有明显成交量配合。

② 股价在突破伸延尖底的徘徊区顶部时，必须有成交量增加的配合。

③ 尖底形态没有明确的量度升幅，关键是要分析是否有增量资金的介入，

在成交量放大前提下，行情会回到原来的起点区域，并且能够创出新高。

图 4-1 长江证券 K 线图

④ V 形底没有明确的买卖点，最佳买点就是在低位放量跌不下去的回升初期，或是放量大阳转势时。

## 二、圆弧底

### 1. 形态解读

股价经过一波长期的下跌之后，跌势逐渐缓和，开始以小阴线或小阳线的方式缓慢下移，成交量也同步萎缩，并最终停止下跌进入筑底过程。在整个筑底过程中，每天的涨跌幅度相当小，但是在底部整理一段时间后重心就会开始上移，并形成向上发展的过程。股价在这段时间的走势轨迹呈现出圆弧形状，即我们所说的圆弧底。

这种形态可以出现在长期下跌的底部，也可以出现在上涨的途中，或者是重要的技术压力位置，但无论出现在哪个区域，都是一个看涨的形态。

如图 4-2 所示的道氏技术，其股价在下跌的低位区域就出现了圆弧底形态。

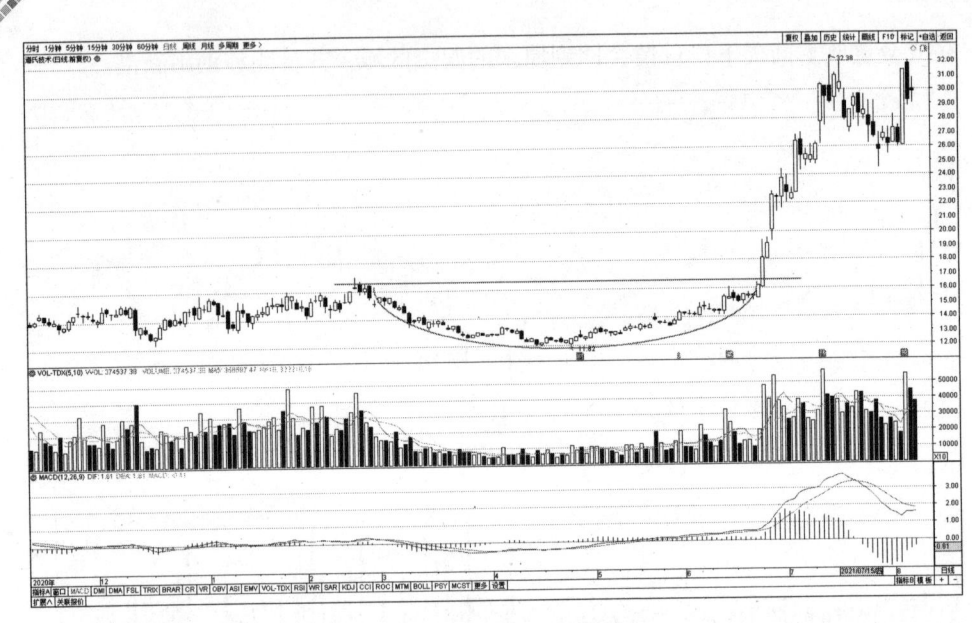

图 4-2 道氏技术 K 线图

### 2. 实战策略

圆弧底的最佳买入时机是在圆弧底右边往上微微翘起的时候。在圆弧底筑成之后，其股价一般都沿着翘涨的惯性不断地往上冲，直至出现快涨。在其右边往上翘涨的过程中，一般有好几个交易日，每天的 K 线保持着小阴小阳，涨跌幅度都很小，整体呈现温和上涨、温和放量态势。在此期间，适宜买进。另外，要尽量寻找构筑圆弧底时间相对较长的个股，因为时间越长，底部基础越扎实，日后下跌的可能性越小，因为主力不会花太长的时间去做一个完整的形态陷阱。

## 三、头肩底

### 1. 形态解读

这是一种常见的底部形态，具有很强的预测功能，它告诉我们过去的长期性趋势已扭转过来。

其形成过程是：股价处于明显的下跌途中，突然会走出一波加速下跌的走势，下跌到一定程度之后出现了反弹的行情，从而形成了底部的第一个低点，即左肩。当股价反弹至一定高度之后遇阻回落,且跌破了前面的低点,然后再次出现反弹,这次创出的低点形成了一个头部。股价反弹到前次反弹的高点附近再次遇阻回落,但这次股价并没有创出新低,而是前次低点之前涌出了大量的买盘,将股价再次托起。形成右肩,然而,这次的反弹直接突破了前次的高点位置,不再出现回落,而是继续向上运行。头肩底就此形成。头肩底的最少升幅为从头部最低点到颈线的垂直距离。

从成交量的角度来看,右肩形成后,成交量会有明显放大。如图 4-3 所示的勘设股份,股价在低位区域就走出了一个头肩底形态,股价突破颈线位时,头肩底形态确立,这时投资者就可以买入股票,持股待涨。

图 4-3 勘设股份 K 线图

**2. 实战策略**

在具体操作时,投资者可以在股价向上突破颈线位时买入,或者等待回抽确认后买进。如果遇到走势较强的股票,并不会出现回抽确认,这时,只要股价收在颈线以外 3% 或以上时,就认为形态已经完成,此时投资者就可以买进。

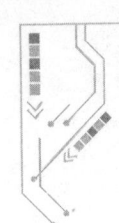

## 四、W 底(双重底)

**1. 形态解读**

W 底又叫双底或者双重底,它是一个反转形态,表示跌势告一段落,即将出现上涨行情。

其形成过程大致如下:当股价经过一波下跌行情之后开始筑底,股价随后开始逐步回升,甚至是快速拉升,形成第一个底部,但在股价经过一定幅度的回升之后再次遇到了阻力出现回落,在回落的过程中开成了第二个底部,随后股价再次向上反弹。于是形成双底。整个走势类似于字母 W,所以叫 W 底。W 底形态通常出现在长期下跌之后的底部,所以当双底形成时,投资者可以积极把握买进机会。

如图 4-4 所示的粤高速 A 就走出了一个典型的双重底形态,放量突破颈线后开始向上拉升。如图 4-5 所示的西安旅游,则在突破颈线后,并没有急于拉升,而是通过回调对颈线做了进一步的确认。

图 4-4 粤高速 A K 线图

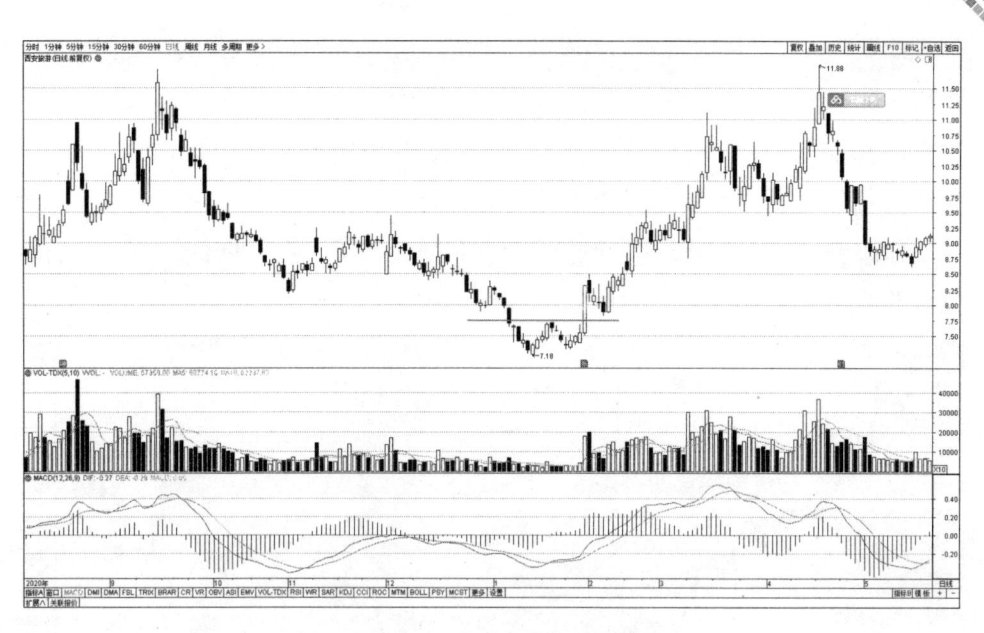

图 4-5　西安旅游 K 线图

### 2. 实战策略

当股价突破双底的颈线位时，是一个明显的买入信号。需要注意的是，上破颈线时成交量必须及时放大，强势股往往是以长阳线完成突破。

注意：很多朋友不清楚什么叫有效突破颈线，通常，股价在颈线之上能够站稳 2~3 天，或者突破颈线之后，股价回抽没有跌穿颈线位，就可以认为是有效突破。

## 五、三重底

### 1. 形态解读

三重底与双重底类似，只是多一个底，可以看作是头肩底的变形，三重底的三个低点位置相差不大。

其形成过程大致如下：股价下跌一段时间后，一些大胆的投资者开始逢低吸纳，加上一些在高位获利抛出的投资者也在此回补，于是股价出现第一次回升，形成第一个底；当升至某一水平时，前期的短线投机者出现解套盘开始抛出，股价出现再一次下跌；当股价落至前一低点附近时，一些短线投资者高抛后开始回补，股价再次回弹，形成第二个底；当回弹至前次回升的交点附近时，前次未能获利而出的投资者则会在此处获利抛出，令股价重新回落，但这次在前两次反弹的起点处买盘活跃，越来越多的投资者跟进买入，股价突破两次转折回调的高点（即颈线），三重底形态成立。

如图 4-6 所示的新开源，股价在低位区域走出了三重底的形态，随着股价突破并站稳 60 日均线后，股价进入了上升通道。

图 4-6　新开源 K 线图

**2. 实战策略**

三重底突破颈线位后的理论涨幅，将大于或等于低点到颈线位的距离。所以，投资者即使在形态确立后介入，仍有较大的获利空间。

激进型的投资者，可以在股价即将突破颈线位且成交量明显放大时买入；稳健型的投资者，可以在股价已经成功突破颈线位时买入。

## 六、突破矩形

**1. 形态解读**

这种形态，股价好像被关在一个箱子里面，股价在这个箱体里面来回运行，具有一定的规律性，成交量也随着股价的涨跌而呈现出量增价涨和量缩价跌的走势。一旦矩形向上突破时，其最少涨幅是这个矩形本身的高度。另外，大的矩形形态比小的可靠得多。股价在箱体中来回振动的次数可多可少，这决定于市场的需要。振动的次数越多说明市场清洗越彻底。通常，振动的尾声都会伴随着成交量的萎缩。

如图4-7所示的中信特钢，股价在上升途中进入横盘整理状态，在一个箱体内上下运行。在这个过程中，成交量也随着股价的上下波动变化，即股价上升时，成交量放大，股价回落时，成交量减少。在盘整的末期，成交量出现明显的萎缩。此时主力洗盘结束，持股不坚定的投资者被清理出场。主力开始再次拉升股价，股价向上放量突破该箱体，即整理平台，投资者可在该突破点适当介入。

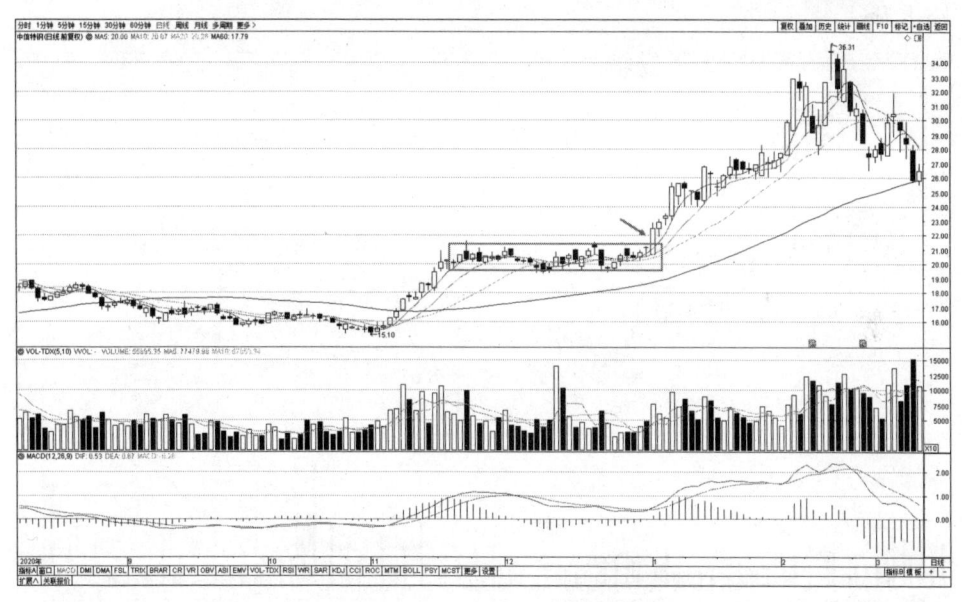

图4-7　中信特钢K线图

### 2. 实战策略

在实践中，完全标准的矩形并不常见到，股价走势常常在整理的末段发生变化，不再具有大的波幅，这种变形形态比标准的矩形更为可信，因为在形态的末端，市场已经明确地表达了它的意愿，即说明调整已到末端，即将选择方向。因此，不一定发生在颈线上才买入。当然，稳健型的投资者最好选择在突破颈线位置处买入。

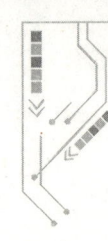

## 七、底部岛形

### 1. 形态解读

这种形态通常是股价已有了一定的跌幅后，某日却突然跳空低开，留一缺口，随后股价继续下探，但到某低点后又开始急速回升，并留下一个向上跳空的缺口，该缺口的位置基本处于同一价位区域。这样两个缺口就把K线形态分成了两个部分，底部的就像是一个孤岛，如图4-8所示。底部岛形是一个转势形态，表明股价已见底回升，将从跌势化为升势。出现此图形后，股价有时会发生震荡，但多数情况下回抽到缺口处会止跌，后再次发力上攻。

如图4-8所示的万邦达，就是在底部出现了岛形反转的形态，随后股价一路上升。

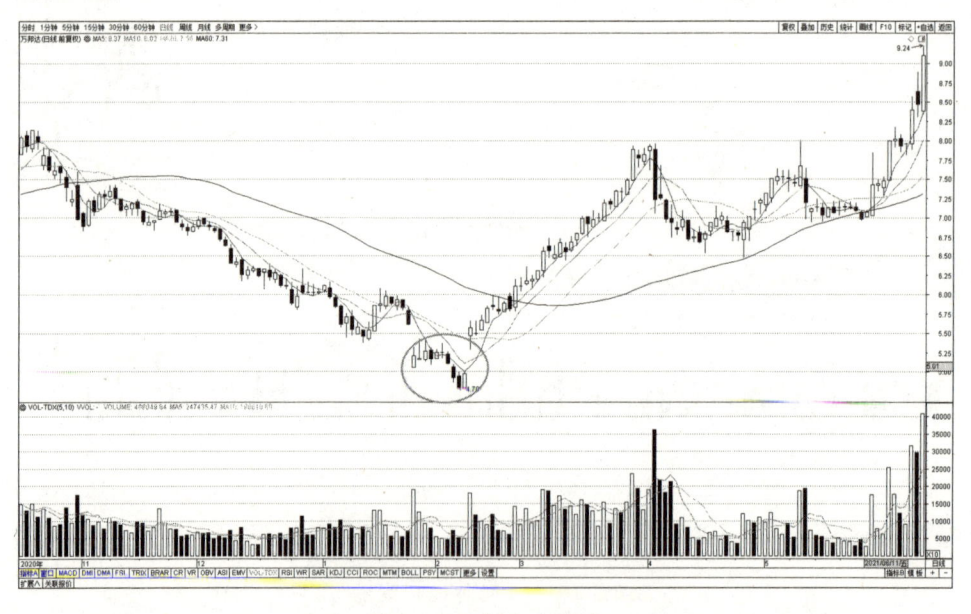

图4-8 万邦达K线图

### 2. 实战策略

实战中，激进型的投资者可在"向上跳空缺口"上方处买进，稳健型的投资者可在股价回探"向上跳空缺口"处获得支撑后再买进。如果回探封闭了"向上跳空缺口"，则不要买进，继续密切观望。

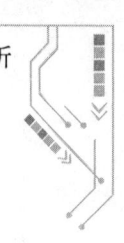

# 第二节　经典顶部K线形态解读

当股价运行到顶部时，主力就会想方设法出货。而在这个过程中，同样会形成一些常见的形态。而这些形态的出现往往预示着股价即将下跌，投资者要注意避开此类股票。

## 一、倒V尖顶

### 1. 形态解读

该图形与V形底相反，通常在上涨的时候，出现连续的大阳线拉升。然后在顶部突然下跌，在下跌时也时出现连续的阴线，而且基本没有反弹行情出现。该图像犹如倒置的"V"，所以称为倒V顶，也叫作尖顶。

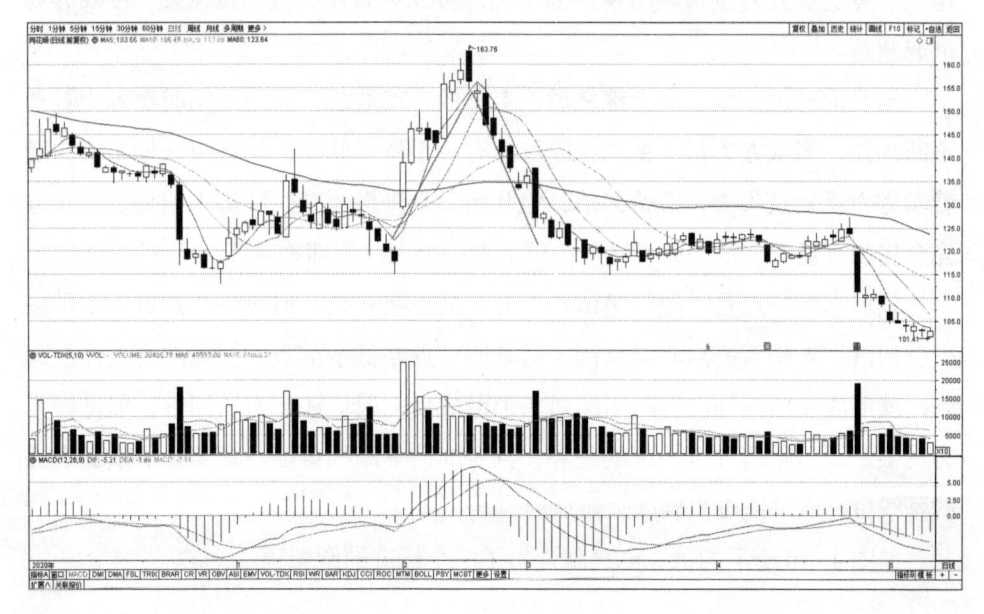

图4-9　同花顺K线图

从该图形形成的过程可以看出，盘中多空双方角色转换得很快。之所以走出这样的走势，大多是因为该股受到了突如其来的利好消息刺激，但是该利好并没有太长的时效，从而导致股价快速下跌。另外一种原因，就是主力在进行最后的拉高出货。

如图4-9所示的同花顺，经过一波凌厉的上涨之后，连续阴线下跌，跌完其上涨幅度后，开始横盘整理，其后没有再站上60日线。

**2. 实战策略**

操作上，若是在连续上涨的高位区域出现放量且难以继续上涨时，投资者应该立即卖出，或者在高位出现放量大阴线的明显转势信号时卖出。

## 二、圆弧顶

**1. 形态解读**

圆弧顶出现的频率并不大，但预测功能相当强。通常出现在长期上涨的高位区域，有时也出现在下跌过程中。经常出现在大蓝筹股中。由于持股者心态稳定，多空双方力量很难出现急剧变化，所以主力在高位慢慢派发，K线容易形成圆弧。

当股价经过一波长期上涨之后，上涨的步伐放缓，而与此同时卖方力量却不断加强。当双方力量均衡时，股价会有一个持平状态，均线也开始走平。随着卖方力量超过买方，股价回落，但开始只是慢慢改变，跌势不明显，当卖方完全控制市场时，跌势便告转急，预示着一个大跌市即将来临。

该形态的特点是：股份呈弧形上升，虽不断升高，但每一个高点上不了多少就回落，先是新高点较前点高，后是回升点略低于前点，把短期高点连接起来，就形成一圆弧顶。有时当圆弧头部形成后，股价还会有所回升，但已经无力突破颈线。随后继续原来的跌势，且有加速下跌的可能。只要股价跌破圆弧的颈线位，通常就可以确认圆弧顶形成。

如图4-10所示的莱克电气就走出了一个标准的圆弧顶。

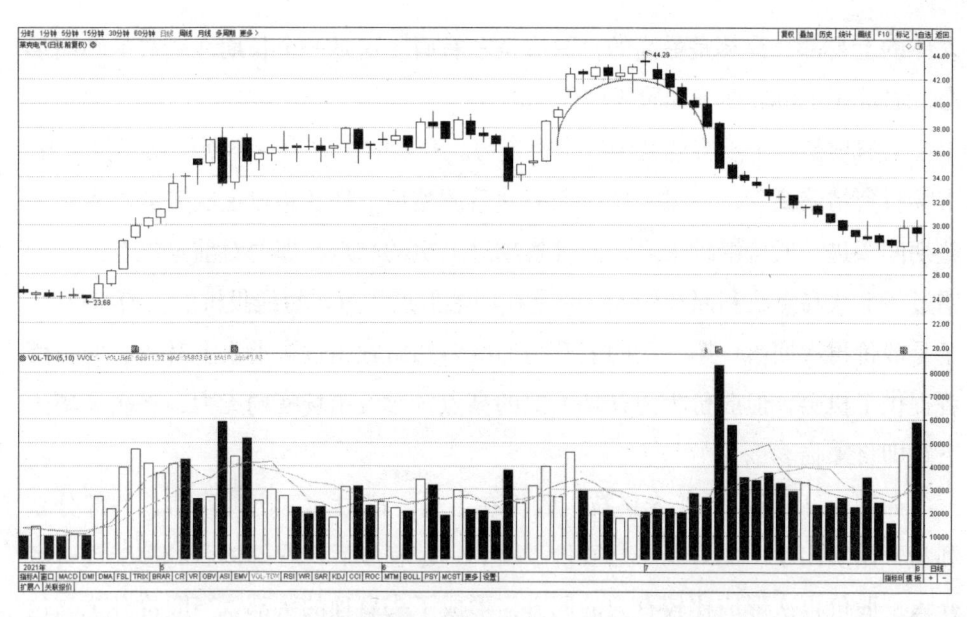

图 4-10　莱克电气 K 线图

### 2. 投资策略

圆弧顶的杀伤力一般较大，投资者应及时离场。实战中要注意以下几点：

① 圆弧顶没有像其他图形有着明显的卖出点，但其一般形态耗时较长，有足够的时间让投资者依照趋势线、重要均线及均线系统卖出。

② 在圆弧顶末期，股价缓慢盘跌到一定程度，引起持股者恐慌，会使跌幅加剧，常出现跳空缺口或大阴线，此时是一个强烈的出货信号。由于圆弧顶反转的跌幅往往是不可测的，因此需要果断卖出，在操作上投资者应在股价破位的当日离场，当股价回抽后再次破位时，为最后的止损机会。

③ 有时当圆弧头部形成后，股价并不会马上出现下跌，反复向横发展形成徘徊区域，这个徘徊区称作"碗柄"。一般来说，"碗柄"很快会被突破，股价继续朝着预期中的下跌趋势发展，因此这也是投资者逃命的一个重要时期。

## 三、头肩顶

### 1. 形态解读

头肩顶是最常见也是比较可靠的反转形态。顾名思义，头肩顶的形态就像人体的上半部，头部是最高的，两边是左右肩。这是一个长期性趋势的转向形态，通常在牛市的尽头和阶段性顶部出现。

头肩顶是一个不容忽视的技术性走势。开始时买方力量不断推动股价上升，市场投资情绪高涨，经过一次短期的回落调整后，那些错过上次升势的人在调整期间买进，股价继续上升，而且攀越过上次的高点，那些对前景没有信心和错过了上次高点获利回吐的人，或是在回落低点买进作短线投机的人纷纷抛售，于是股价再次回落。第三次的上升为那些后知后觉错过了上次上升机会的投资者提供了机会，但股价无力升越上次的高点，导致市场疲弱无力，一次大幅的下跌即将来临。

如图4-11所示的亚光科技，股价在上升一段时间后出现回落，一部分获利盘开始卖出手中的筹码。当股价下跌到一定程度后，看好该股的短线投资者介入，股价再次形成比较有力的回升，形成了头肩顶的头部。当股价升至高位时，短线获利盘以及对该股信心不足的投资者一起抛售，导致股价再次下跌。当股价下跌至前次低点时，多方企图再次抬高股价，但是此次明显上涨动能不足，上升幅度非常小，随后股价再次下跌，跌破颈线后，图形成立。

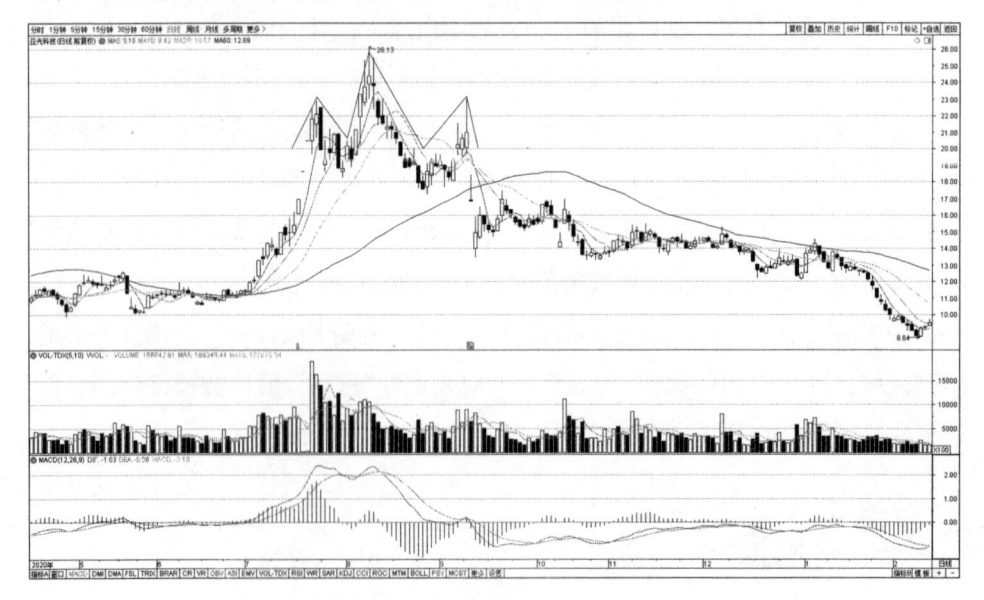

图4-11 亚光科技K线图

### 2. 实战策略

实战中，股价从头部下落跌破本轮上升趋势线为第一卖点。当头肩顶颈线被击穿时，就是另一个极重要的卖出信号。虽然此时股价与最高点比较，已有相当幅度的回落，但跌势只是刚刚开始，未出货的投资者应继续卖出。如果有效跌破颈线后，股价有机会出现反弹，回抽确认颈线时为最后的卖出机会。

## 四、M顶

### 1. 形态解读

M顶又称为双顶或双重顶，是一种常见的顶部形态，它通常出现在长期上涨后的高位，有时也会出现在阶段性高点的附近，或者重要的压力线位置。但其市场意义是基本相同的。它的出现预示着股价将结束上涨行情而演变为下跌行情。

其形成过程大致如下：股价上升到某一格水平时，部分获利投资者开始抛出，出现大成交量，这一股力量使上升的行情转为下跌。形成第一个顶部。当股价回落到某水平，吸引了部分短线投资者的兴趣，另外前期获利的投资者也有可能在低点再次买入，于是行情开始回复上升。接着股价又涨至与前一个高点几乎相同的位置，而这时，一些错过了在第一次高点出货机会的投资者信心产生了动摇，开始出货，加上在低水平获利回补的投资者亦同样在这水平再度卖出，强大的抛售压力令股价再次下跌，形成第二个顶部。由于高点两次受阻而回，给投资者带来了一定的消极影响，若越来越多的投资者加入抛售的行列，令到股价跌破前次回落的低点（即颈线），于是整个M形态形成。股价的移动轨迹就像M字，故称M顶。M顶的两个顶点不一定要在同一水平线上，二者相差少于3%是可接受的。

如图4-12所示的腾信股份就是一个典型的M顶走势，走势形成后虽有反弹，但最终没能突破颈线。

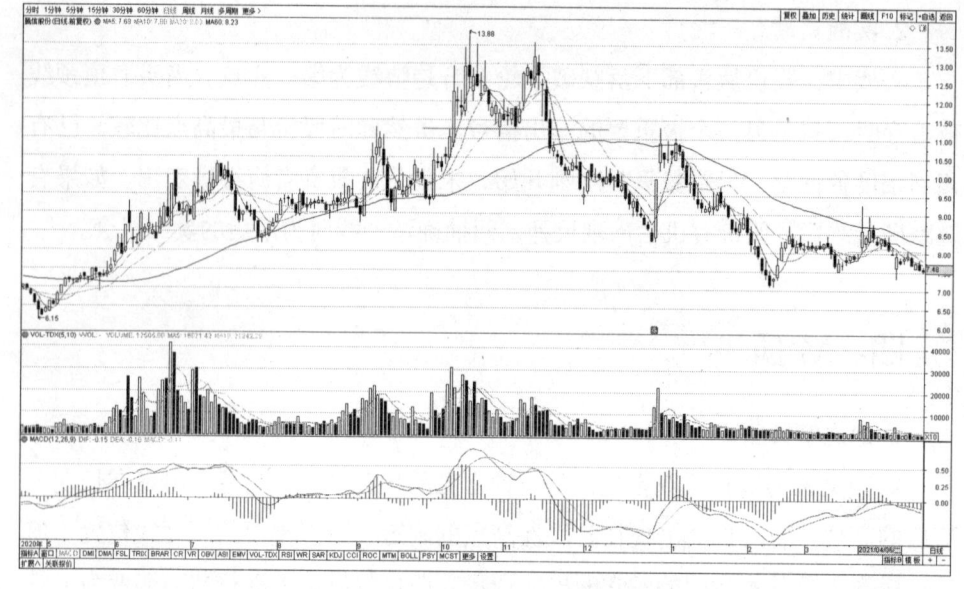

图 4-12　腾信股份 K 线图

### 2. 实战策略

当出现 M 顶时，即表示股价的升势已经告一段落，投资者可以考虑暂时卖出该股，最可靠卖点是股价跌破颈线之时。而在此之前，在走向第二个顶部时，如果出现技术指标的明显顶背离，有经验的投资者就要把握这次卖出机会。如果前两次都没把握住的话，那么，若股价出现回抽，短暂反弹至颈线附近时，就是 M 形态的最后卖出机会。

## 五、三重顶

### 1. 形态解读

三重顶可以看作是头肩顶的变形形态，它也有三个顶点，不同之处在于三个顶点的高度不一定是中间一个最高。任何头肩形都是三重顶。它和双重顶十分相似，只是多一个顶。三重顶也是一种看跌形态。

其形成过程大致如下：通常是股价上涨一段时间后投资者开始获利回吐，形成第一个顶部，在跌至某一价位后又吸引了部分场外观望的投资者，前期获利抛出的投资者有可能再次选择低吸，于是行情再度回暖，在股价回升至前一高位附近时，错过前期高点的获利盘以及短线获利者开始抛售，股价再度走软，形成第二个顶部。但是在前一次回档的低点，被错过前一低点买进机会的投资者及短线客的买盘再度拉起，但由于高点二次都受阻而回，投资者在股价接近前两次高点时都会纷纷减仓，股价逐步跌至前两次低点时，一些短线买盘开始止损，此时若越来越多的投资者意识到大势已去而将股票抛出，就会令股价跌破上两次回落的低点即颈线，于是整个三重顶形态便告形成。

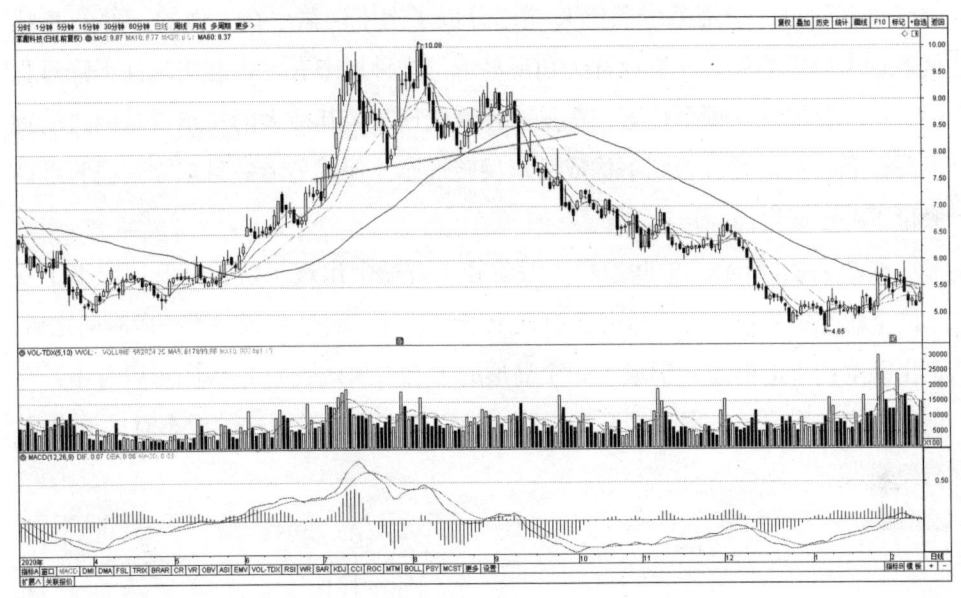

如图4-13所示的掌趣科技就走出了一个三重顶的形态。

图4-13 掌趣科技K线图

## 2.实战策略

一般来讲，三重顶的最小跌幅是最高点的顶部到颈线的位置，且顶部越宽，跌幅越大。

实战中，当第二个波峰形成时成交量出现顶背离现象，投资者要适当减仓；一旦第三个波峰形成，成交量出现双重顶背离的时候，则需要考虑离场，特别是在三重顶形成之前股价已经大幅炒高的时候；而当股价跌破颈线位时，是最后一个重要的卖出信号，投资者应该坚决卖出。

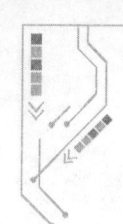

## 六、顶部岛形

### 1. 形态解读

与底部岛形相反，这种形态通常出现在一轮上涨行情的末期。股价在拉升过程中出现缺口，这个缺口可以理解为我们前面讲的衰竭缺口。出现该缺口之后，股价接着会出现滞涨现象，多空双方在此缺口之上展开争夺，此时也恰恰是主力出货的好时机。当然最终结果是以空方的胜利而告终。随后在下跌过程中也出现缺口，于是整个股价K线图分成了上下两截。在上面的一部分K线就像远离海岸的孤岛。所以称为顶部岛形。这种形态有时也会出现在下降过程中。但不管出现在哪个位置，都是一种看跌形态。其最大的特点就是两边的跳空高开和跳空低开，否则不构成岛形反转形态。顶部岛形一旦成立，说明近期股价下跌已成定局。

如图4-14所示的中联重科，股价在上升途中出现了跳空高开，留下了一个向上跳空的缺口。但股价并没有向上继续拉升，而是在调整了一段时间之后，走出跳空向下的形态，形成了一个岛形的形态。从该股的K线图可以看出，在顶部形成岛形之后，股价即开始下跌。投资者应该在识别这种形态时尽早出手，避免损失。

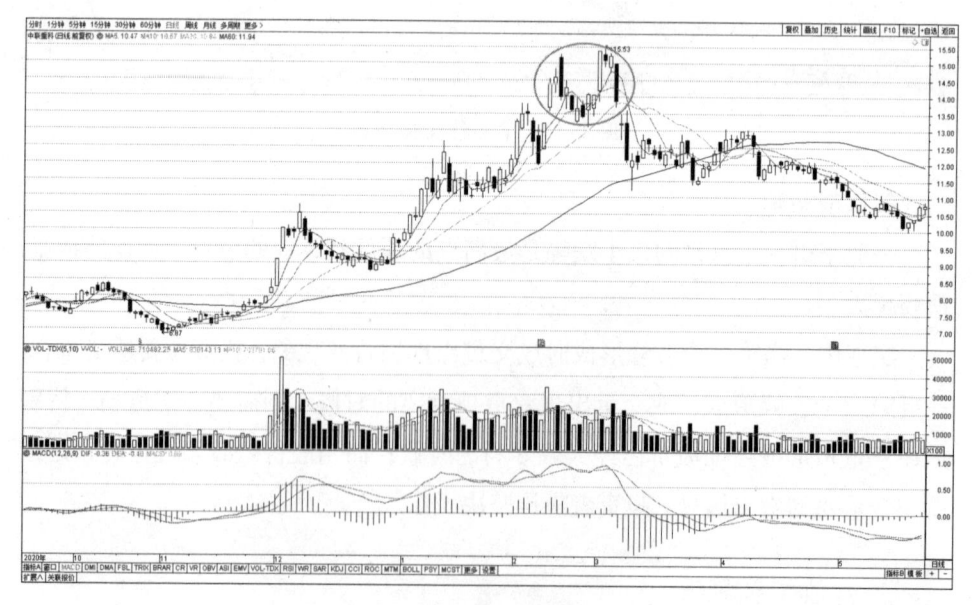

图4-14　中联重科K线图

## 2. 实战策略

这种形态出现之后，股价一时难以出现反转，岛形买进的投资者，建议止损出局，空仓的投资者近期最好不碰该股，即使中途有反弹，也尽量不要参与。

# 七、跌破矩形

### 1. 形态解读

其与突破矩形类似，所不同的是，其突破方向不是向上，而是向下突破矩形的下边线，通常出现在上涨的高位区域，或者下跌途中。

如图 4-15 所示的新华联，股价在经过一段时间的下跌后进入横盘整理阶段。在这个阶段中，成交量与股价的变化呈现量价配合的状态。当股价向下突破矩形的下边线后，连个像样的反弹都没有出现。投资者应该在该跌破点果断出局。

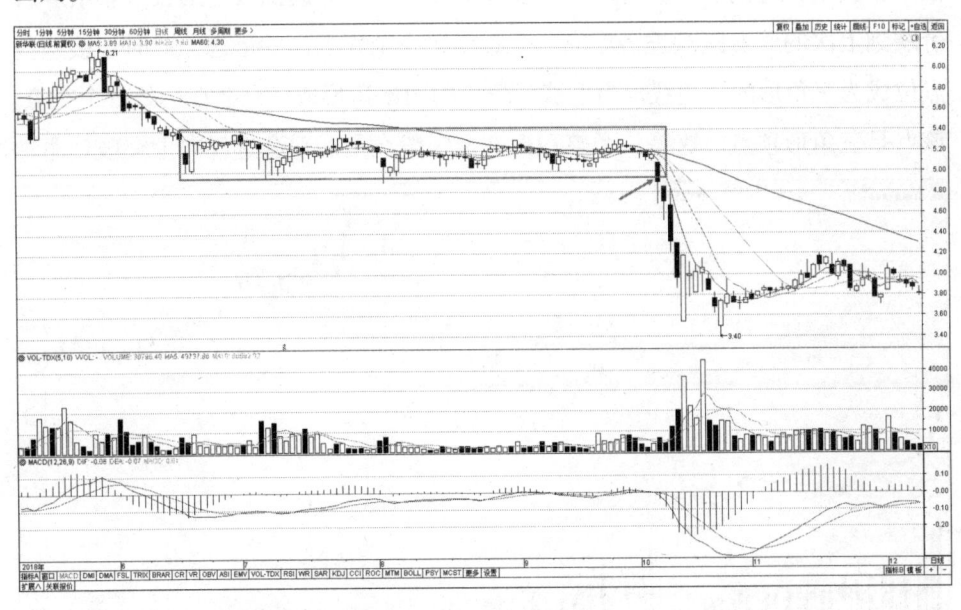

图 4-15　新华联 K 线图

### 2. 实战策略

投资者在实战的过程中，如果遇到这个走势的个股，在突破矩形下边线的当天就要卖出股票。

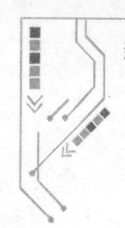

# 第三节　其他形态解读

## 一、上涨三角形

### 1. 形态解读

这是一个强烈的中继技术形态。其股价上涨的高点基本处于同一价位，回调的低点却在不断上移，股价波幅渐渐收窄，与此同时，成交量也在不断萎缩，不过在上升阶段成交量较大，下跌时成交量较小。这说明看空的一方在某个价位不断卖出，迫使股价下行，但市场却对该股看好，逢低吸纳的投资者不等股价跌到上次的底点就买进，形成一个底点比一个底点高的形态，此时连接这些点位成为三角形的下边线。当上涨三角形的两条边形成后，会在远处有个交点，该点是三角形顶点。这是一个整理形态，一般在最后都会选择向上突破。通常

图 4-16　和顺石油 K 线图

在当股价运行到上边线 2/3 左右的位置后,就会向上穿越上边线随后继续上涨,此时的上边线成为一个强支撑线。

如图 4-16 所示的和顺石油,就是在上涨的过程中出现了上升三角形的形态,突破形态之后又经历了一波拉升。

**2. 实战策略**

在上升三角形形成的过程中,可暂时观望,在股价放量突破上边线时可积极介入。这种图形,后市上涨的概率极大。

需要注意的是,当上升三角形雏形形成后,越早向上突破,上升的空间越大;如果迟迟不能突破,则有可能形成双顶或三重顶形态。另外,在向上突破阻力线时,最好伴有较大的成交量。

## 二、下降三角形

**1. 形态解读**

当股价下跌一定阶段后,会出现反弹,但是高点会逐步降低,连接两个高点的连线成为下降三角上边线。在反弹过程中,会反复跌落到一个低点位附近,

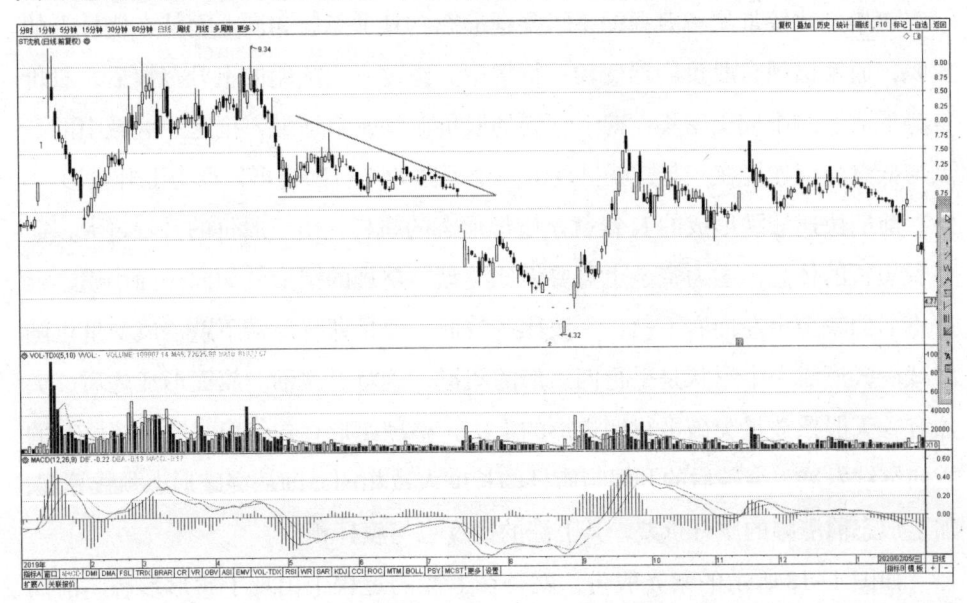

图 4-17 ST 沈机 K 线图

连接这些低点为成为下降三角的底边。当下降三角两条边形成后，会在远处有一个交点，该点是下降三角顶点。股价会在该三角内运行一段时间，当运行到下边线2/3的位置后，就会跌穿下边线随后继续下跌。

如图4-17所示的ST沈机，股价从上方经过一波下跌之后进入了整理阶段。在整理过程中，虽然买方尽量支撑，但是卖方力量逐渐增强，抛出意愿强烈，不断将价格压低，使得股价反弹的上边线逐渐降低，最终向下跌破下降三角形的下边线。卖方宣告胜出，股价继续大幅下跌。投资者应该在股价跌破下降三角形下边线的时候坚持做空。

### 2. 实战策略

该图形在未跌破阻力线（即下边线）前不能轻易判定图形成立，因为该图形的看空指示信号相当强，出错的概率也很低。当股价走势形成下降三角形时，就该考虑卖出股票了。

## 三、上升旗形

### 1. 形态解读

旗形是比较常见和典型的持续整理形态。其形态就如同一面挂在旗杆上的旗帜，通常出现在股价剧烈变动的行情中。经过一段陡峭的上升行情后，股价走势形成了一个成交密集、向下倾斜的股价波动密集区域，把这一区域中的高点与低点分别连接在一起，就呈现出一个下倾的平行四边形，称为上升旗形。

前期快速涨跌形成的K线就是旗形形态的旗杆。由于股价的升幅过大，需要做短暂的休息，主力资金也需要借此洗盘，整理的图形就如同一面小旗，上升旗形的轨道由左向右下斜，一波比一波低，似是即将反转下跌，成交量也随之减少，形成一个形状是平行四边形的图形，这就是旗面。旗面形成之后，突然有一天股票放量突破平行四边形的上边，整理旗形宣告结束，股价按原有的方向继续发展。突破后的升幅与旗杆的长度大致相同，即从突破形态颈线算起，加上形态前涨幅的旗杆价差，其上涨的速度也与旗杆相似。

如图4-18所示的紫光股份，就是在上涨的过程中出现了旗形形态。前面的涨幅形成了一个旗杆，而旗形之后的涨幅通常会大于或等于启动前的涨幅。

图 4-18　紫光股份 K 线图

### 2. 实战策略

上升旗形的买点是选择向上突破的时机，向上突破时应有成交量放大的配合才更可靠，如果没有成交量的配合则有可能是假突破。一旦放量向上突破旗形的上边压力线就是最佳买入时机，表明股价将会有一段上升行情，投资者此时应果断买入。

## 四、下降旗形

### 1. 形态解读

下降旗形则正好相反，当股价出现急速下跌以后，接着形成一个波幅狭窄且略为上倾的价格密集区域，类似于一条上升通道。将高点和低点分别连接起来，就可以画出两条平行线，形成一个上倾的平行四边形，这就是下降旗形。

如图 4-19 所示的梅轮电梯，股价在前期经过大幅下跌之后开始整理，经过一段时间后一根大阳线向上突破 60 日线，出现量增价涨、量缩价跌的走势。股价在一个上升通道中运行。很多投资者认为，这是股价见底即将发生反转的信号，其实这只是主力为了出货制造出的多头陷阱。当股价在该上涨通道末端连续拉出三根阳线后,向下放量跌破下降旗形的下边线时,股价开始继续延续原来的下跌趋势。在股价发生反转时企图减仓的投资者应该在该跌破点果断离场,否则将会被套很久。

### 2. 实战策略

与上升旗形相反,如果股价向下突破下边线,就可以确认下跌形态,投资者应该及时离场。

图 4-19 梅轮电梯 K 线图

# 第 5 章　利用分时图把握买点与卖点

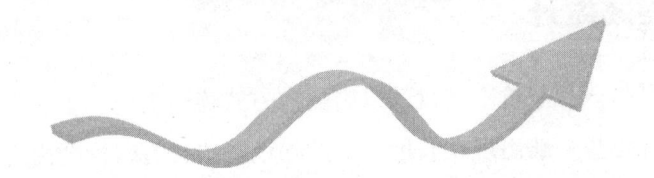

相对 K 线图来说，分时图更能体现出当天市场形势以及股价走势。对一些短线投资者来说，分时图更为重要。那么分时图的走势究竟隐藏着什么样的信息，我们又该如何运用这些信息来指导实际操作呢？本章我们就来共同探讨如何利用分时图把握买点和卖点。

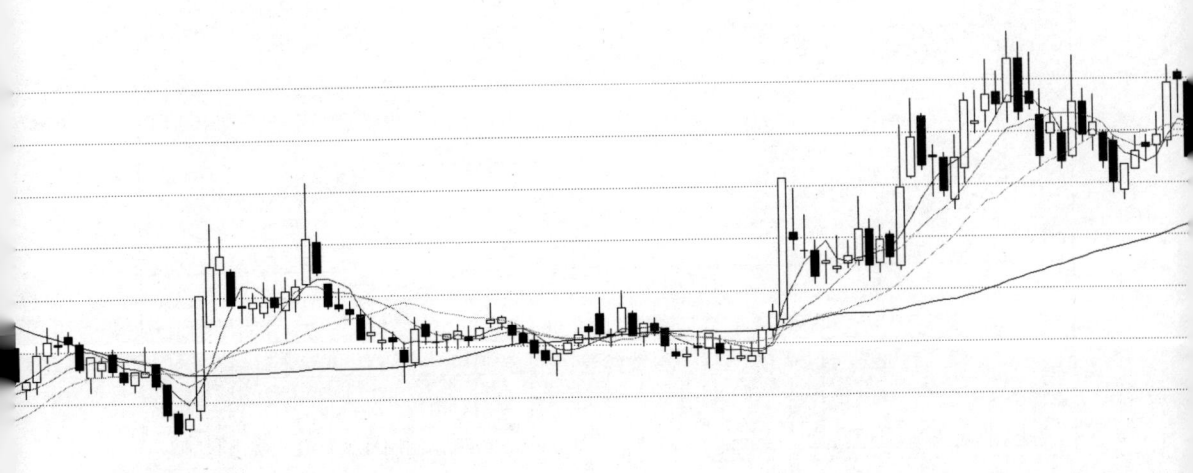

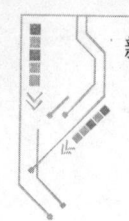

# 第一节　把握分时图中买入点的技巧

分时图是指大盘和个股的动态实时（即时）分时走势图，它在实际操作中占有非常重要的地位。通过分时图，投资者可以即时把握空多双方力量的转化，从而即时做出正确的操作。下面我们来看看如何根据分时走势把握一些买点。

## 一、震荡盘升

震荡盘升指该日股价一开盘就以震荡的方式稳步盘升，中途没有较大幅度的回调。这种走势一般出现在股价上涨的初期阶段，有时也会出现在横盘整理之后再次上涨的途中，说明多方力量正在增强，空方力量却在不断地减弱。出现这种情况，如果后市能继续做多，将会再次出现一波上涨行情。

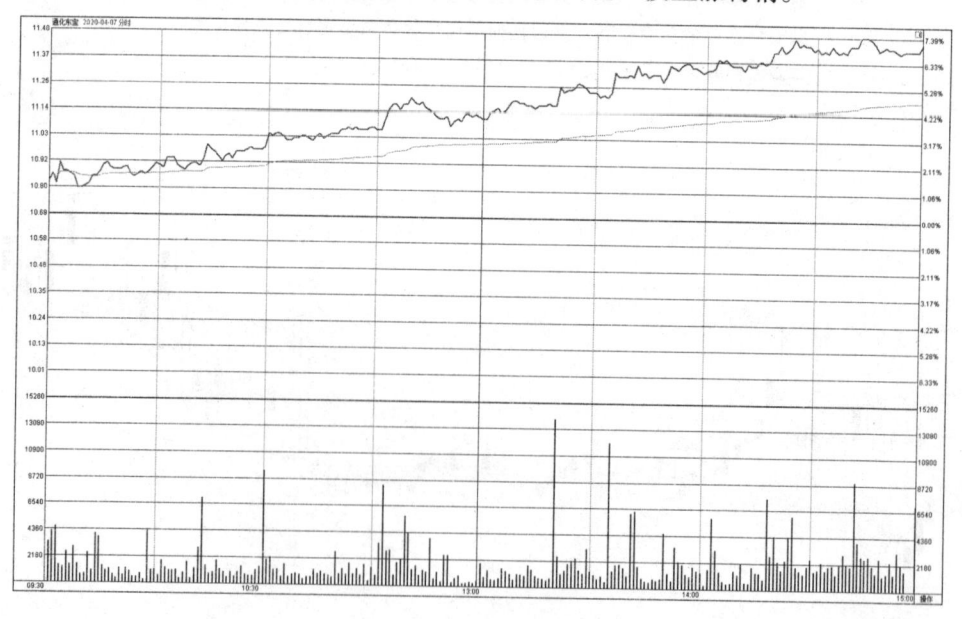

图 5-1　通化东宝分时图

如图 5-1 所示的通化东宝，就是一个震荡盘升的走势。股价从低位上升一段时间后出现回调，该走势出现在回调后上升的初期。从图上可以看出，在分时图中走出震荡盘升的趋势后，上了一个平台进行了短期的整理之后，走出了一波不错的行情。

在实践当中，如果遇到这种走势，我们要打开其 K 线图进行观察，如果该日股价不是处于较高的位置，表示还有很大的上升空间，投资者就可以适当关注。一旦突破震荡平台或前期高点向上拉升，就可以适当参与。如果第二天能够继续上升，则可以果断买进，持股待涨。

如图 5-2 所示，从该股的 K 线图中可以看到，出现这种震荡盘升走势的第二天，股价继续收阳，说明多方力量已经占据场上的优势，投资者可以在此时介入。

图 5-2　通化东宝 K 线图

## 二、向上突破平台

向上突破平台是指股价在某一位置横向整理，波动幅度很小。均价线在整理期间基本呈水平线状态发展，没有太大幅度的波动。当股价向上放量突破整理平台时可适当参与。

如图5-3所示的惠天热电，在2：30之前一直维持在一个平台上窄幅震荡，表现比较沉闷，但在2：30之后，出现活跃迹象，在2：45分左右，突然放量突破了平台。这时是一个非常好的介入机会。从图5-4其K线图中，我们可以看到当时股价所处的位置刚好是洗盘接近尾声的时候。这根阳线也一举突破60日线，因此，投资者可以大胆买入做多。

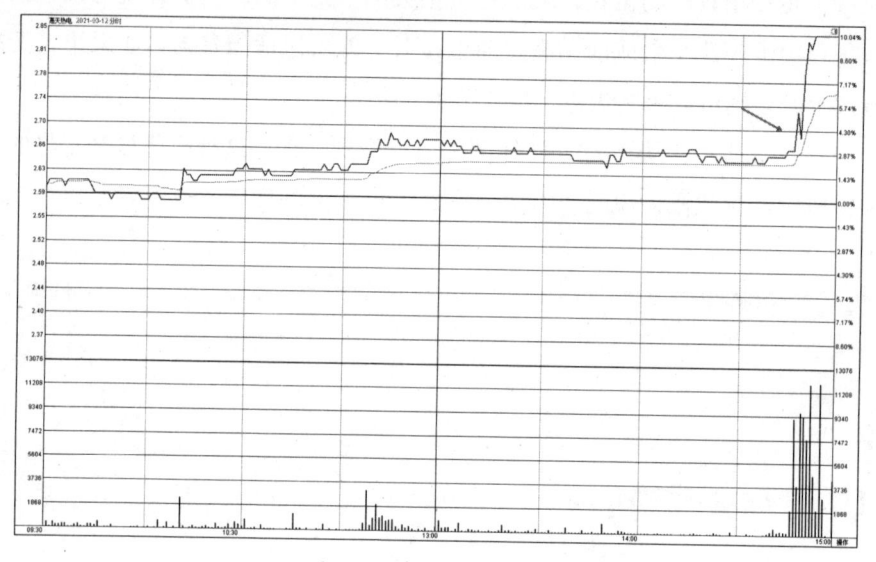

图5-3　惠天热电分时图

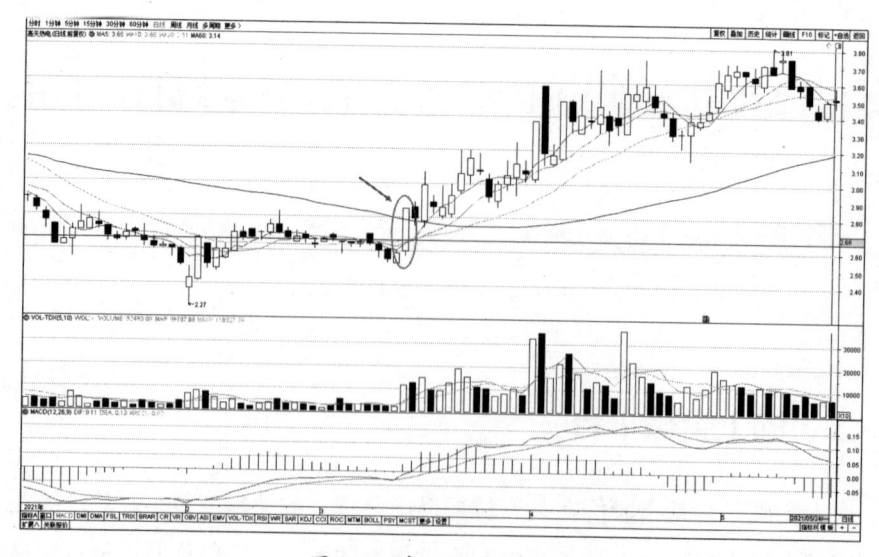

图5-4　惠天热电K线图

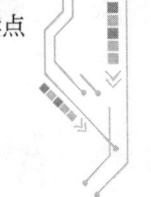

## 三、上穿前日收盘线

上穿前日收盘线是指股价由下向上运行过程中向上突破了前日的收盘线。在股价突破前日收盘线之前，一直运行在该收盘线之下。成交量的表现为：突破之前成交量较小，突破时的成交量明显放大。如果突破时没有大成交量的配合，那么股价很有可能会再次反转向下，而前日收盘线则会转换为阻力线。

在实际操作时，当股价由下向上放量突破前日收盘线时，就是一个很好的买点。一般情况下当天就可获利，短线投资者可以在次日寻找一个高点卖出股票。

如图 5-5 所示的美锦能源，当天股价向下快速打压后开始向上，并一举突破了前日收盘线。突破时成交量也有明显放大。出现这种情况时，在确认成交量有效放大之后，就可以果断介入。从图 5-6 其 K 线图上也可以看出，当日 K 线所处位置股价已经经过长期的整理，这时介入的风险较小，而获利空间往往是很大的。

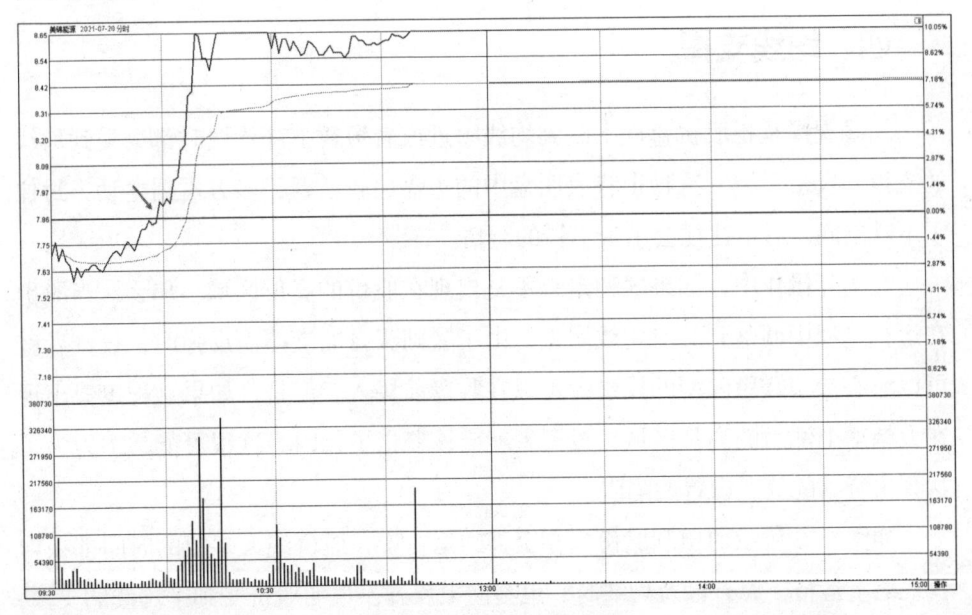

图 5-5　美锦能源分时图

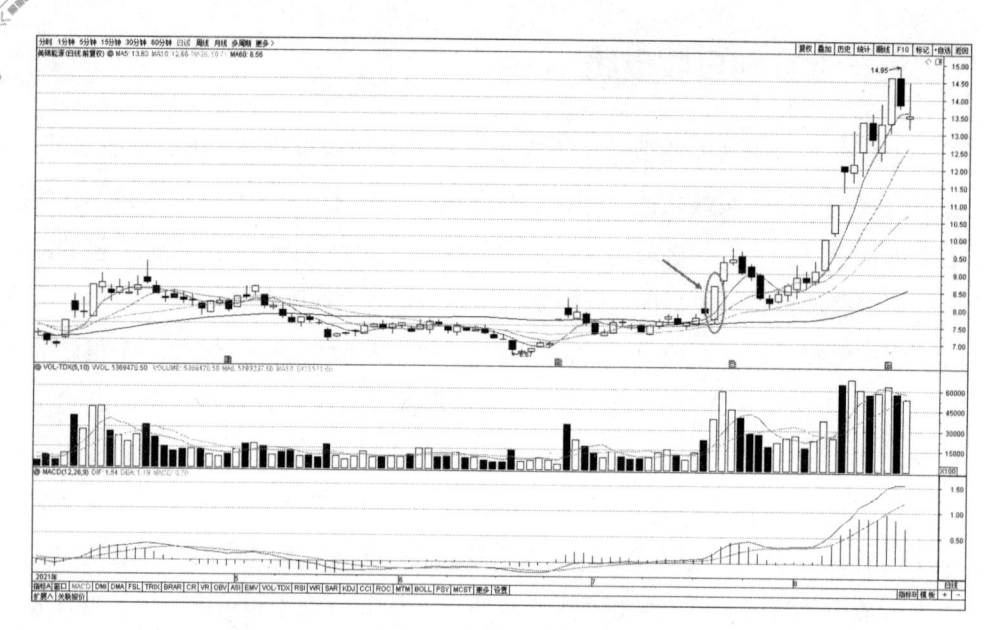

图 5-6　美锦能源 K 线图

## 四、均线支撑

均线支撑是指股价每次下跌到均线附近或者短暂下穿均线时都会受到均线的支撑，发生反弹。这种走势表明盘中的买盘比较活跃，多方占据主动，封住了下跌空间，后市往往会出现不错的行情。

在实际操作中，如果这种走势不是出现在股价的高位区域，那么，当股价在运行过程中回落到分时均线附近，由于受到买盘的支撑而反弹时，投资者就可以放心参与。稳健型的投资者可以在收盘前买入。但是，如果这种走势出现在大幅度上涨后的高位区域，投资者就应该警惕了，因为这很可能是主力为了达到出货目的故意设置的陷阱。

如图 5-7 所示的伊利股份，在全天的运行中，股价绝大多数的时间都在均价线之上运行，偶有触及均线时，也会向上反弹。说明股价受到了均线的支撑，多方占据着主动。从图 5-8 其 K 线图中我们可以看到，当时股价正处于上涨途中，自底部上涨以来，涨幅并不是很大，投资者可以放心参与。

第 5 章　利用分时图把握买点与卖点

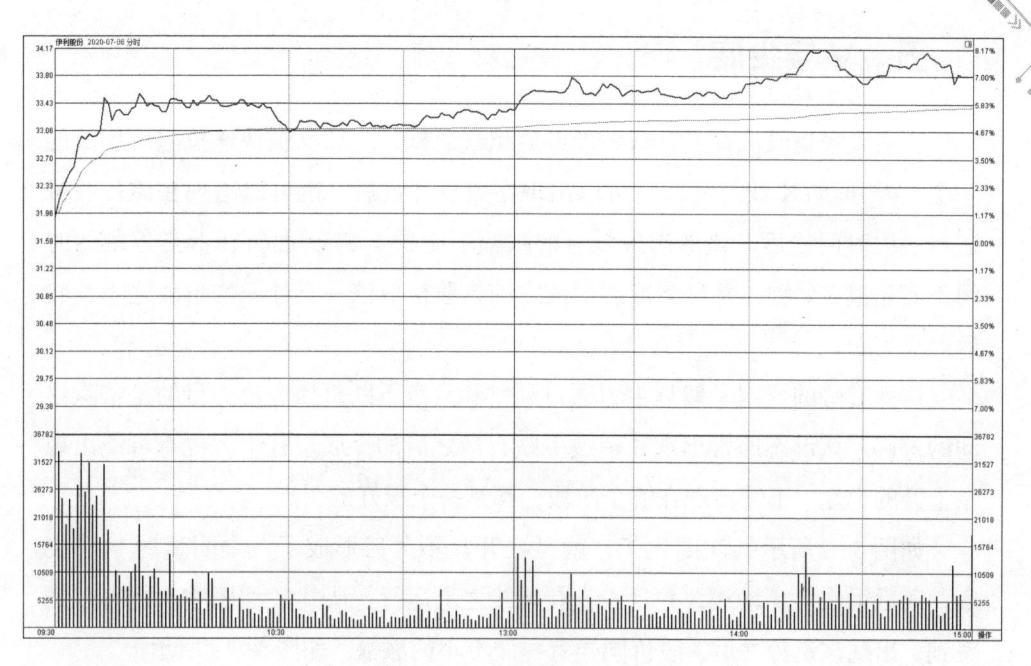

图 5-7　伊利股份分时图

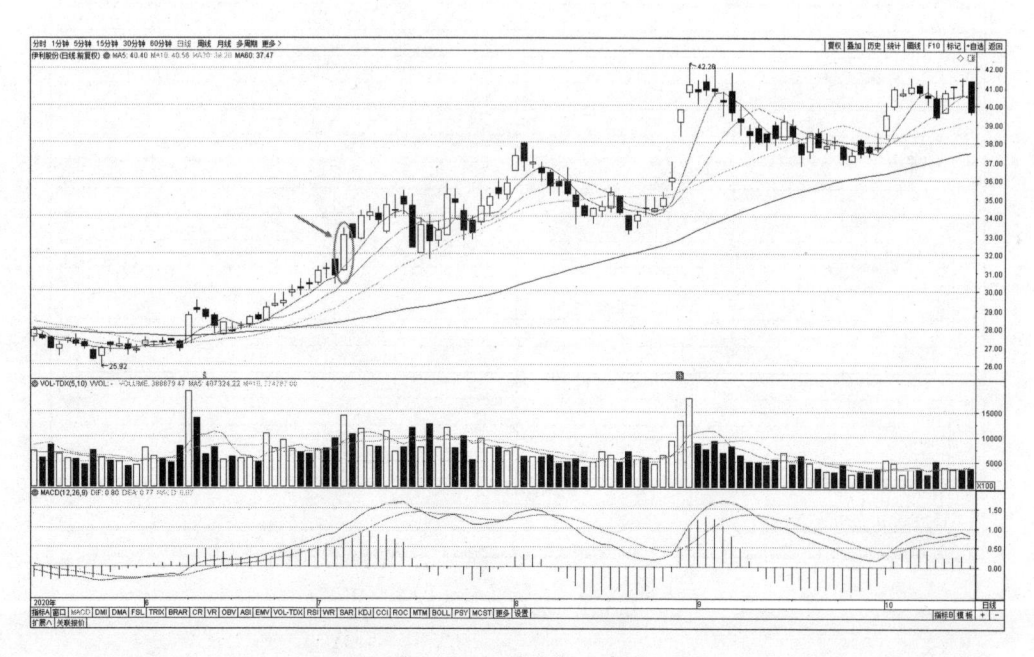

图 5-8　伊利股份 K 线图

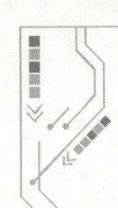

## 五、V 字尖底

V 字尖底是股价在平开或者低开后出现急跌，之后又被快速拉起所形成的一个"V"形的 K 线走势。它可以出现在股价开盘后，也可以出现在该日股价运行一段时间之后。该形态最低点的跌幅不能少于 2%，股价在低点停留的时间不能超过 3 分钟，并且该形态形成之前，股价应该一直处于均价线之下，然后形成尖底。

这种走势的成因一般是主力通过利空和大盘下跌打压股价，目的是清除浮动的筹码。该形态通常出现在一波下跌行情之后的探底过程中，也有可能出现在上升的中途。不管出现在哪个阶段，都是一个很好的买点。

如图 5-9 所示的沈阳化工，就是在开盘不久后形成了一个明显的 V 形尖底。随后很快上穿均线，并且一直在均线之上运行。从其 K 线图中，也可以观察到，出现该走势之后，股价同样有一波不小的涨幅，如图 5-10 所示。

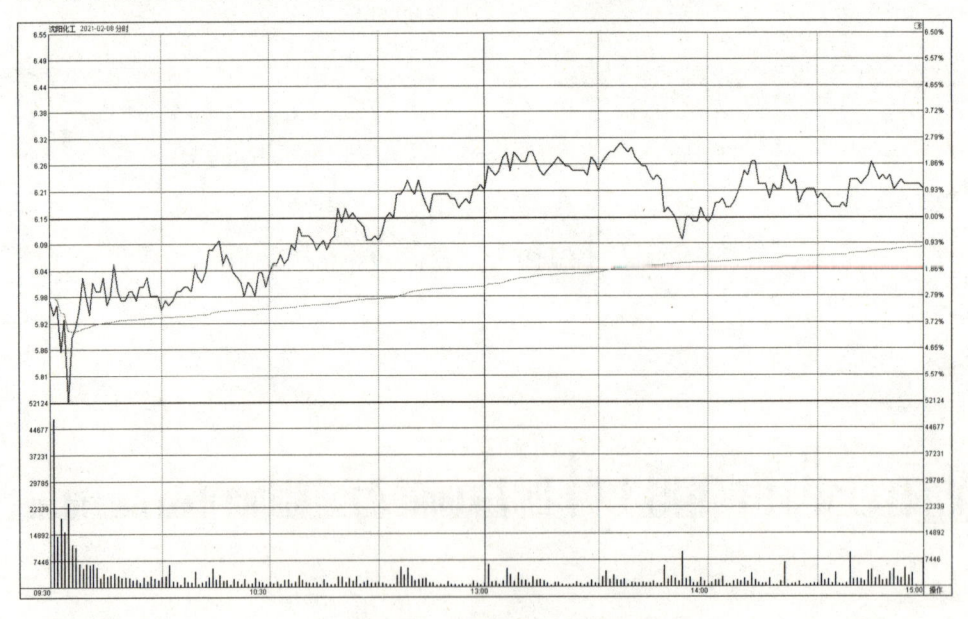

图 5-9　沈阳化工分时图

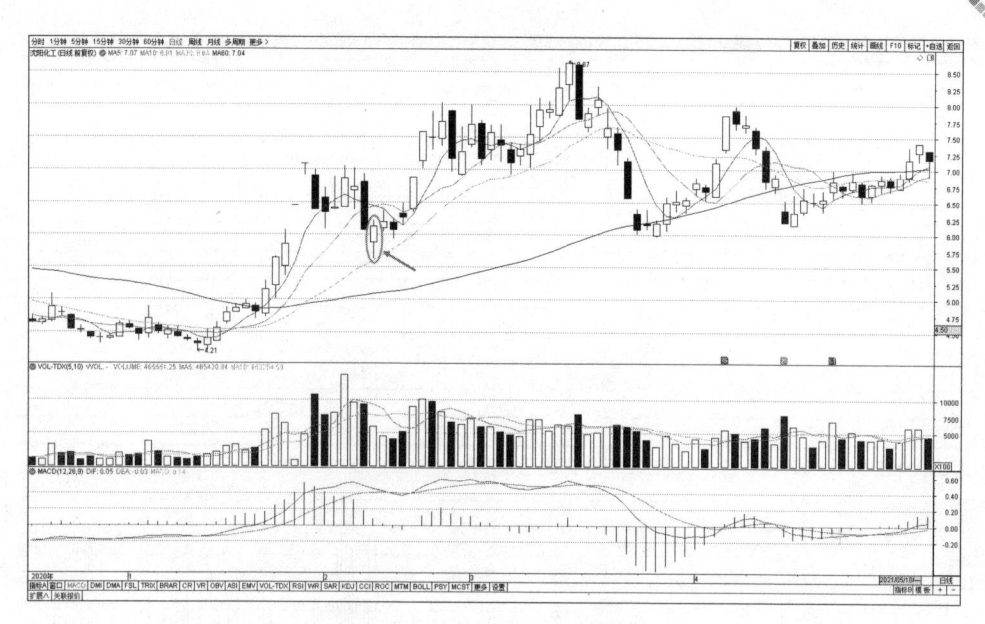

图 5-10 沈阳化工 K 线图

## 六、台阶式上涨

台阶式上涨是指股价上升到一定水平之后就开始进入短暂的整理阶段，之后再次上升，之后又一次进入整理阶段，如此反复。其主要特点是每次横盘整理后被拉高的速度都很快，而且每次拉升都有大成交量配合。这种情况一般都是主力所为。

在实际操作中遇到这种走势，要根据股价所处的位置进行具体分析。如果出现在底部刚启动不久，或者是上涨的中途，则可以考虑介入。而如果是出现在上涨后的高位，则很有可能是主力设下的陷阱，不建议盲目跟盘。此外，还应该注意成交量的变化。股价在短暂整理的阶段中应该是缩量的，而拉升时必须是放量的。

如图 5-11 所示的华联控股，其分时走势图就是阶梯上升的形态，最佳的买点是第一次放量上涨的时候，第二次放量也可以介入，但是第三次相对已经较高了，介入时需要谨慎操作。图 5-12 是其 K 线图，从图中可以看出，在出现这种走势之后，股价又继续上涨了一定的幅度。

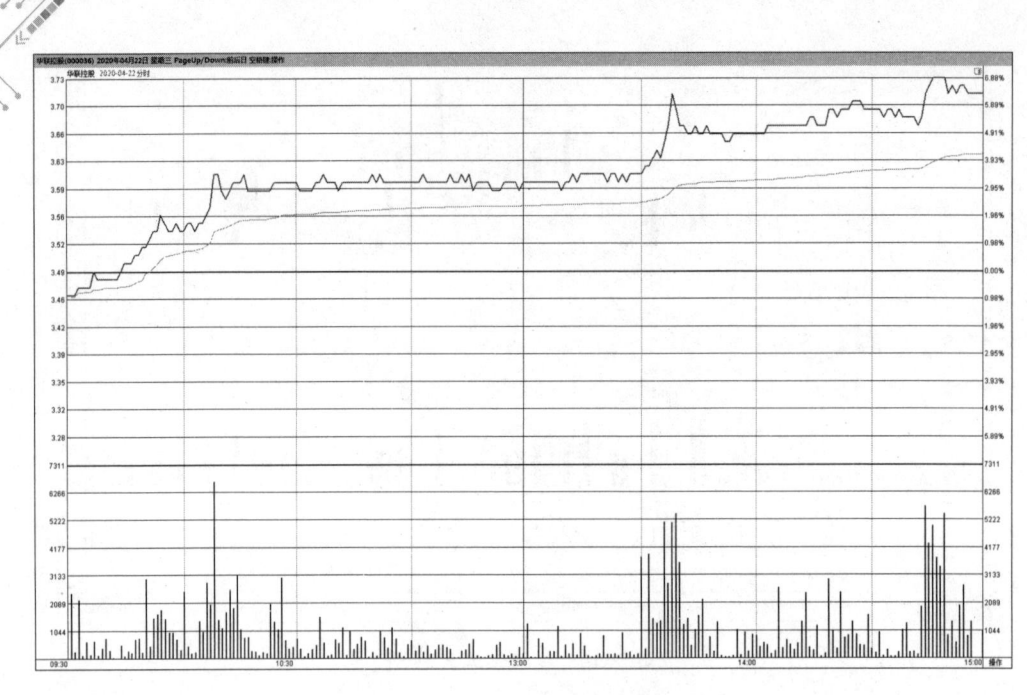

图 5-11 华联控股分时图

图 5-12 华联控股 K 线图

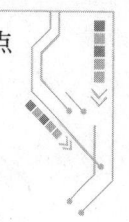

# 七、收盘线支撑

收盘线支撑与均线支撑的情况类似。股价全天都运行在前日收盘线之上，中途如果出现回调触及收盘线时，会受到收盘线的支撑，很快反弹。这种走势

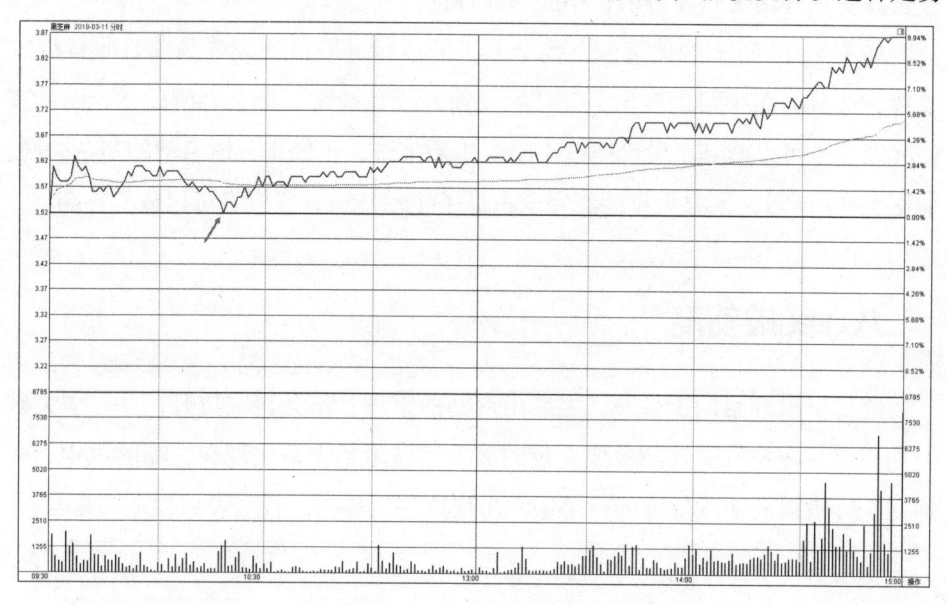

图 5-13　黑芝麻分时线

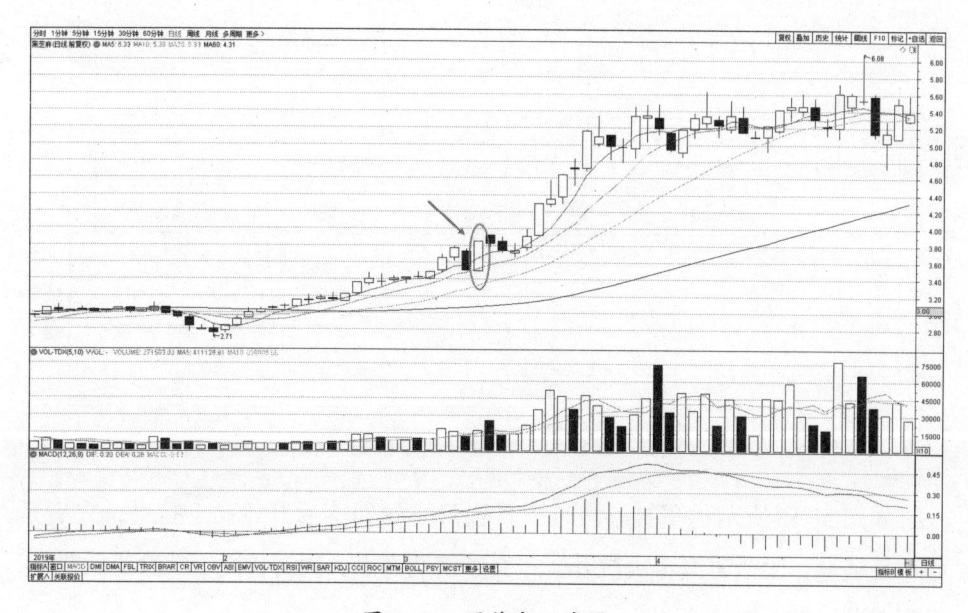

图 5-14　黑芝麻 K 线图

也说明多方力量占据主动，投资者可以适当关注。但如果这种走势出现在大幅上涨后的高位区域，投资者应该提高警惕。结合其他信号判断这种情况是否是主力在利用这种护盘的方式进行出货，如果是，则不建议介入。实际操作时，投资者要具体情况具体分析，不能墨守理论。

如图5-13所示的黑芝麻，整个上午的运行，股价一直受到前日收盘线的支撑。从分时图中可以看出，一旦触及前日收盘线时，都会有所反弹。而从其K线图中也可以看到，股价连续小阳线稳步推进，正处于行情启动的初期阶段。如图5-14所示，多方力量已经完全占据了主动地位，投资者可以放心参与。

## 八、突破前高

股价早盘开始向上拉升，之后出现回落整理，不久再次拉升，并一举突破前期高点，在拉升时伴随着成交量的放大。该走势大多出现在上涨的途中、底部初升阶段以及下跌反弹的行情中。出现这种走势时，投资者可以适当参与。

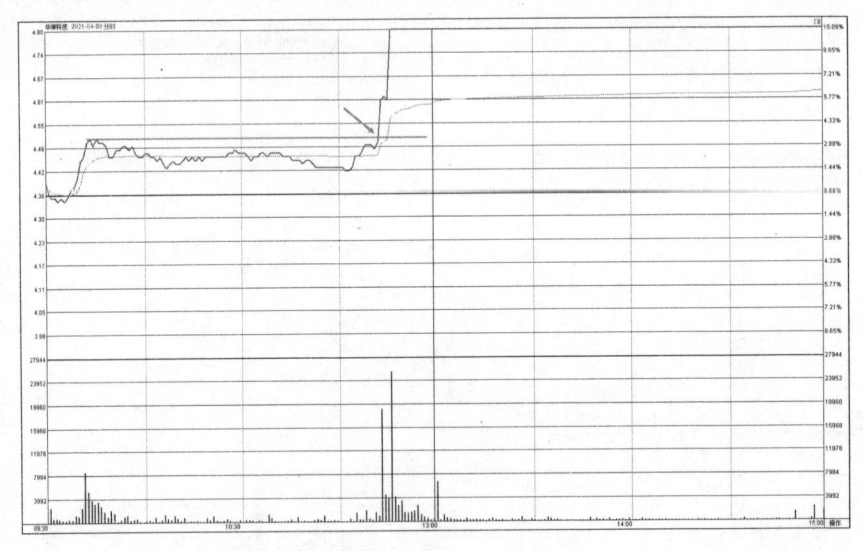

图5-15 华神科技分时图

如图5-15所示的华神科技，当日股价小幅回落后开始向上拉升，之后开始回落整理，紧接着又再次拉升，并突破前期高点，同时伴随着成交量的放大，投资者可以在这时适当买入。

从图 5-16 其 K 线走势中也可以看出，当时股价正处于上涨行情的启动初期，是投资者介入的好时机。

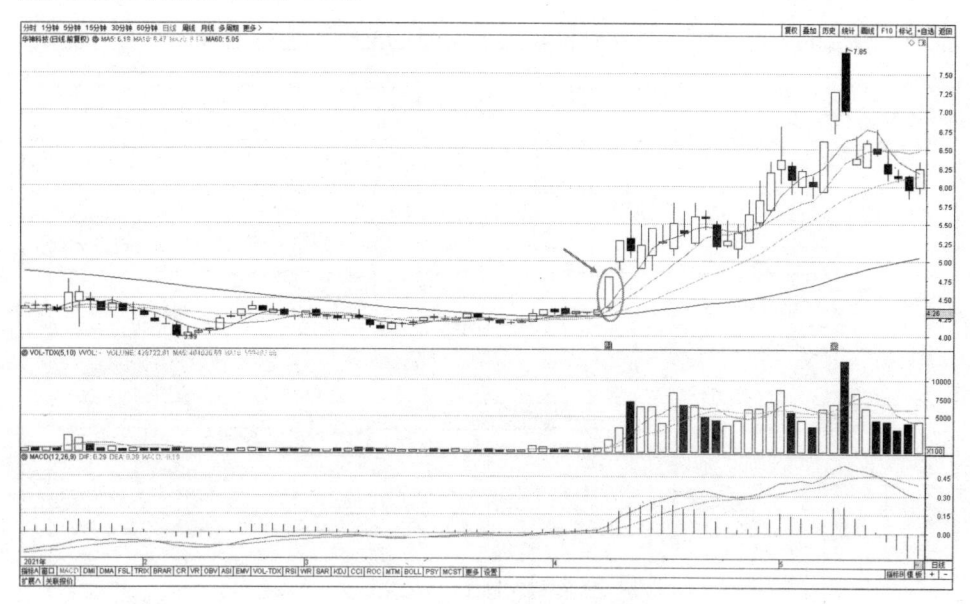

图 5-16　华神科技 K 线图

## 第二节　把握分时图中卖出点的技巧

在股市中，与买点相比，选择一个合适的卖点往往更加重要。如果不懂得把握卖点，有时就会错失获利的大好时机，有时会让已经到手的利润白白流失，甚至有时也会错失逃命的机会，造成重大损失。所以股市中才会流传这样一句话："会买的是徒弟，会卖的才是师傅。"那么，下面我们从分时图的角度来看几种卖点的把握。

### 一、震荡下跌

震荡下跌是与震荡盘升相反的走势，是指股价一开盘就以震荡的方式逐渐下跌，中途没有较大幅度的反弹。如果该走势出现在股价上涨后的高位，说明股价上涨动力已经枯竭，空方力量开始占据主动，后市一般看跌；如果出现在股价下跌后的低位，之后几日股价在大成交量的配合下连续上升，则有可能是

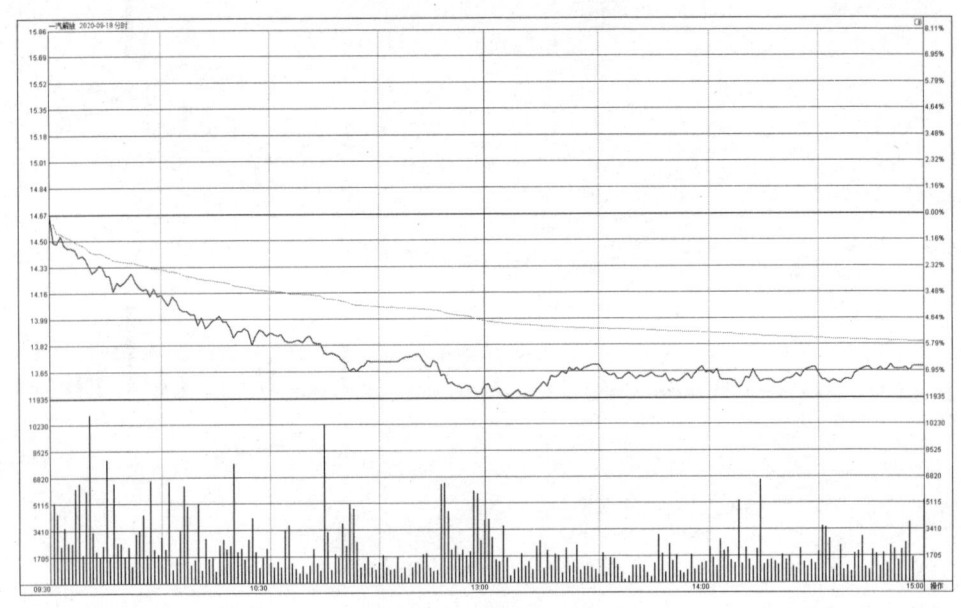

图 5-17 一汽解放分时图

图 5-18 一汽解放 K 线图

主力在介入，后市看涨。

如图 5-17 所示的一汽解放，当日股价开盘后就以震荡的方式持续下跌，中途几乎没有反弹。结合该股 K 线图来分析，如图 5-18 所示，该日 K 线处于高位下跌的初期，后市跌幅巨大，投资者应该及时杀跌止损。

## 二、跌破前高

跌破前高是指日 K 线在高位或者在下降途中运行时，跌破了前一波的高峰的顶点，之后又持续下跌。该形态可能出现在股价运行中的任何位置，但是只有 K 线处在高位时发生的这种跌破才算确立。若是该种形态出现在股价相对较低的位置或是上涨的初期，则很可能是主力洗盘的一种手法。

如图 5-19 所示的冀东装备，股价在开盘后经过短暂回调后快速向上拉升，形成一种强势向上的态势，但是，这种走势并没有继续维持，随后股价开始滑落。且每次下跌的顶点都低于前次的顶点，投资者应在股价跌破前面的次高点时考虑减仓。如果这种情况出现在高位，则更要小心股价发生反转。

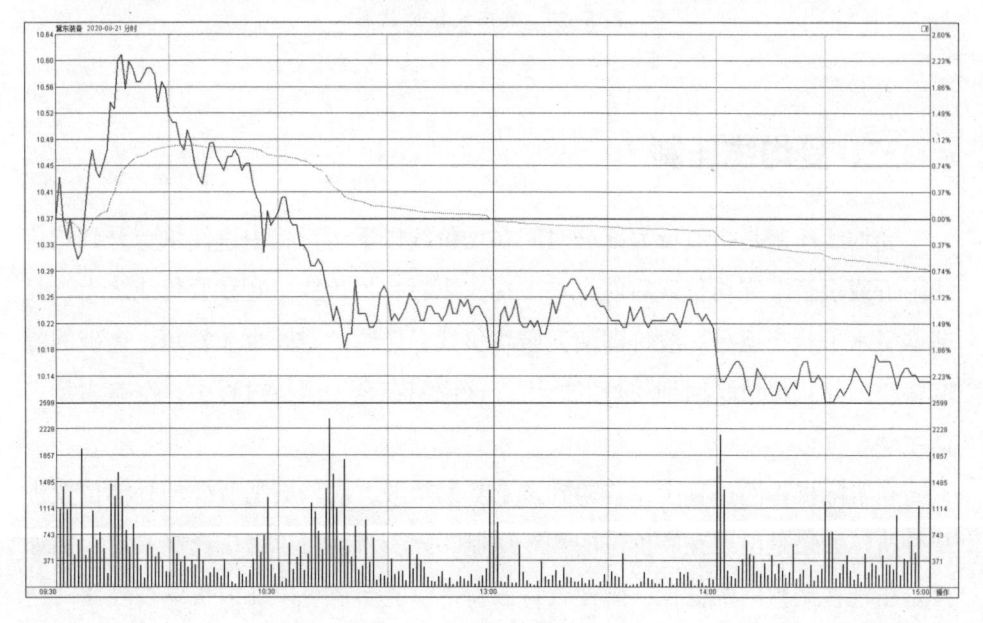

图 5-19　冀东装备分时图

从该股 K 线图中我们可以看到，股价在两天前有一个中线阳向上拉升，给人一种向上突破的假象，但随后却出现了连续两天的阴线，说明主力继续拉升意愿不强，如图 5-20 所示，投资者应该在这时果断卖出。

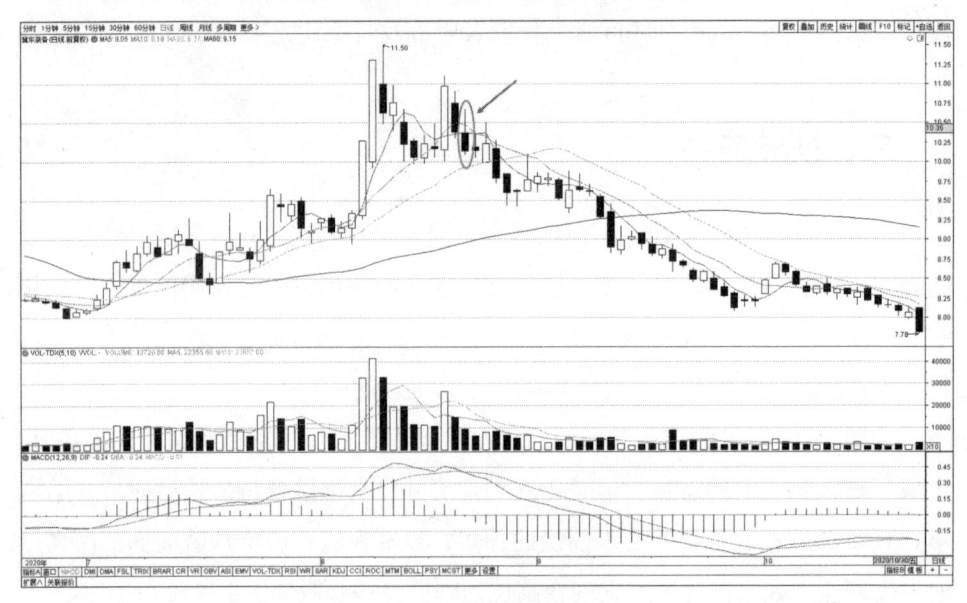

图 5-20　冀东装备 K 线图

## 三、受均线压制

受均线压制是指股价大部分时间在均价线以下运行，中途偶尔上升到均价线附近或短暂上穿均价线后就会马上掉头下行。均价线一直在股价线之上，且基本呈水平状态运行。股价即使突破均价线，停留的时间也非常短，突破的幅度很小，并且很快跌回到均价线之下。这说明在全天运行过程中，空方力量占据主动。

在实际操作的过程中，若遇到该走势的个股，应该根据所处的具体位置进行分析。如果是出现在高价位的均线压制，投资者就可以考虑逢高卖出。而如果是出现在调整后的低位，则建议持股待涨。甚至还可以在股价跌得较深时适当补仓，进行波段操作。另外，如果在接近均线时突然放量上冲，则应该暂时持股观望。

如图 5-21 所示的创维数字，就是典型的受均线压制的走势，全天股价都没有像样的反弹。从图 5-22 其 K 线图中可以看到，股价处于高位反弹行情末期，由于没有成交量的配合，这次反弹没有超过前期高点，预示着股价将可能继续下跌。

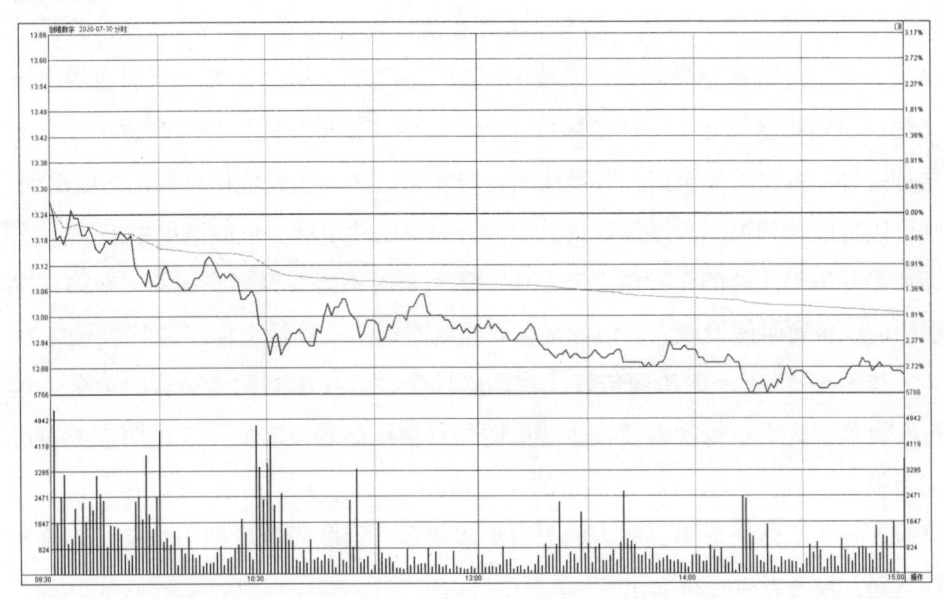

图 5-21　创维数字分时图

图 5-22　创维数字 K 线图

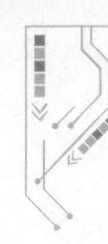

## 四、受收盘线压制

受收盘线压制与受均线压制非常相似，也是一种空方力量相对较强的表现形态。盘面表现为：股价低开，或者在开盘后有一段下跌的过程，跌幅不少于3%，并且股价大部分时间，甚至全天都在前日收盘线之下运行，每次反弹到前日收盘线附近时就会受到该收盘线的压制反转下行，或者短暂穿过收盘线之后又很快回到收盘线之下。在实际操作的过程中，如果在股价相对高位区域出现这种走势，可在反弹至前日收盘线附近时卖出。如果在股价相对低位区域出现，则可以持股等到第二天继续观察其走势，如果依然走低，也应该尽早出手。

另外值得注意的是：该形态在第一次遇阻时不能假设形态成立。在第二次遇阻时，可暂时假设成立。但如果在收盘线附近出现放量上攻，则形态不成立。

如图 5-23 所示的华硕传媒，就是这种受收盘线压制的走势。股价全天运行在收盘线之下，每次触及收盘线的时候都被压制着反转向下。说明空方力量相对较强，股价下跌自然是正常的了。从图 5-24 其 K 线图中可以看出，股价当时正处于下跌通道中，多方的力量仍然很弱，因此股价后期仍将有一定的下跌空间，投资者应择机卖出。

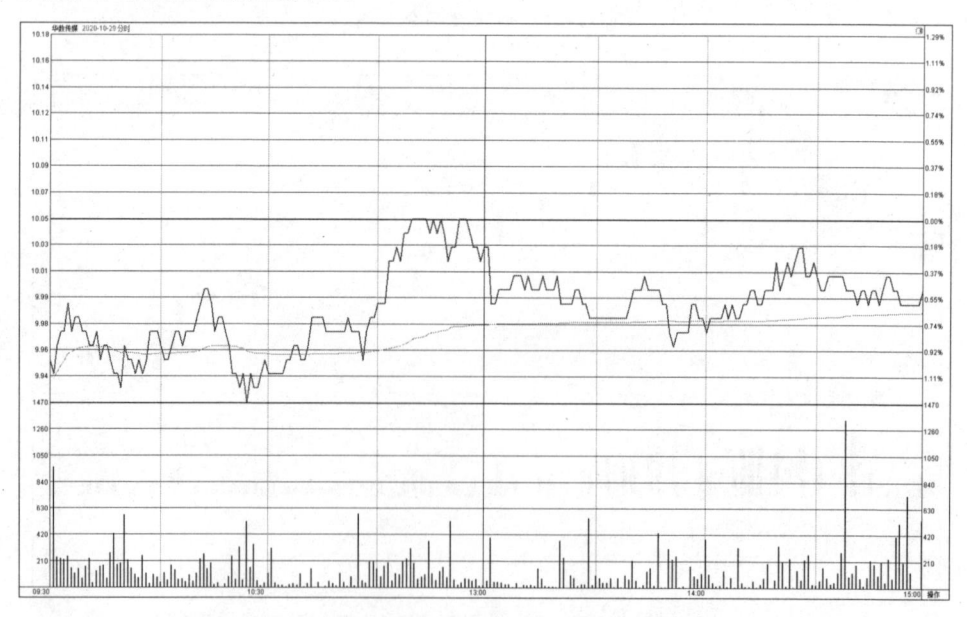

图 5-23　华硕传媒分时图

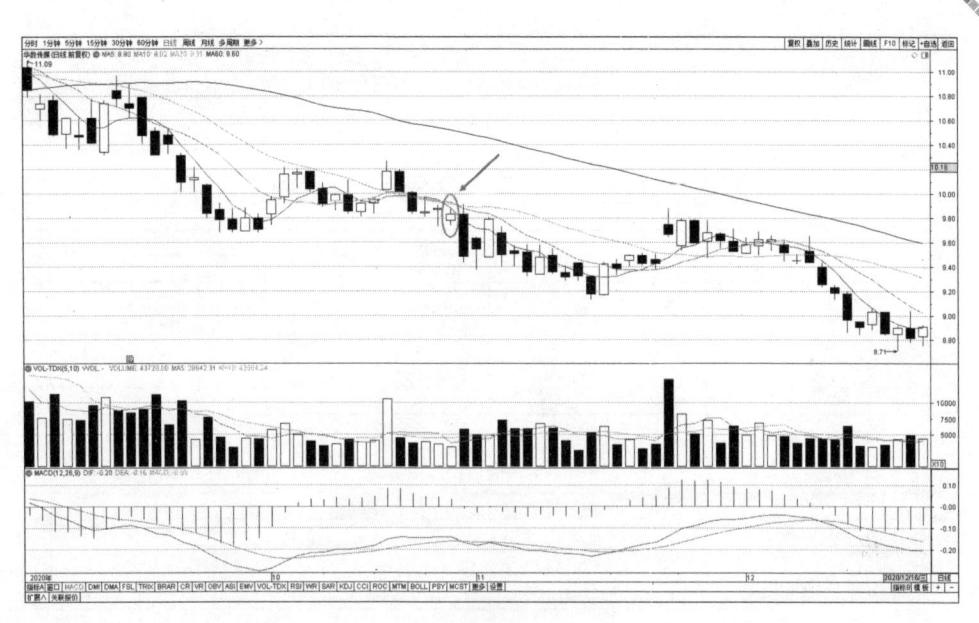

图 5-24　华硕传媒 K 线图

## 五、早盘冲高后跌破均线

早盘冲高后跌破均线，是指股价在一开盘就出现急速拉升，同时伴随着成交量的放大。在很短的时间上升到一定高度之后，又出现大幅急速下跌。股价向下跌破均线，并且在接下来的时间内都受到均线的压制，基本都运行在均价线之下。

如图 5-25 所示的金融街，开盘后股价急速放量拉升，之后出现回落，跌破均线，并且在此后一直运行在均线之下。而从图 5-26 其 K 线图中可以看到，在出现该现象之后，股价便开始走出下跌行情。如果这种现象出现在大幅上涨后的高位区域，则应该毫不犹豫地卖出股票。而如果是出现在底部启动的初期，则往往是主力试盘的手法，可以暂时持股观望。

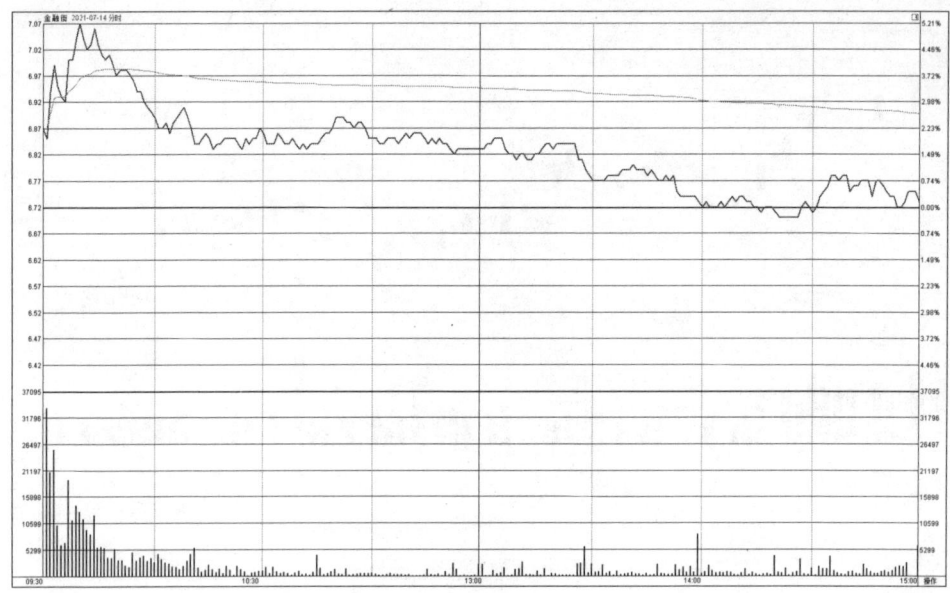

图 5-25　金融街分时图

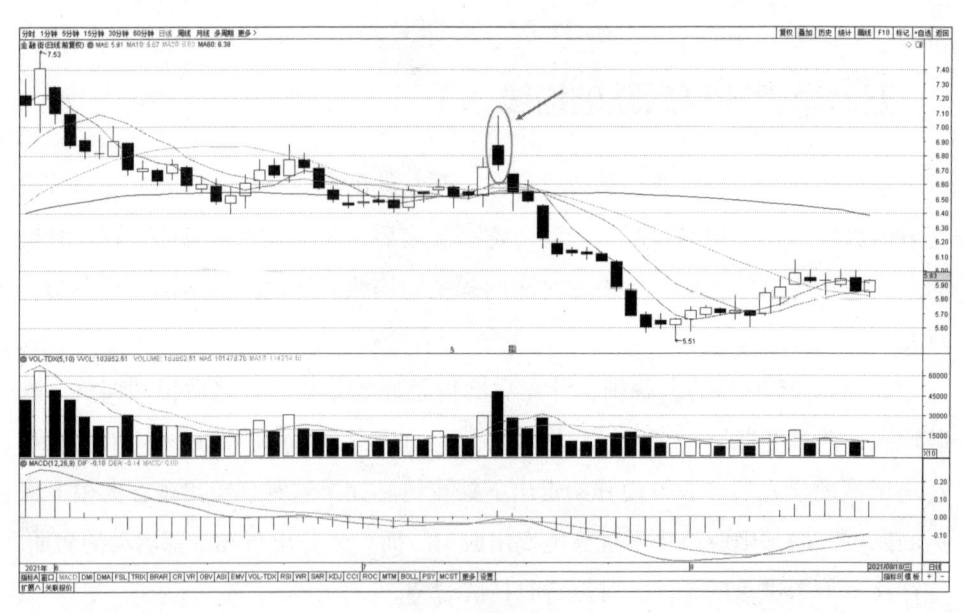

图 5-26　金融街 K 线图

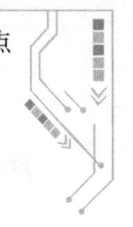

## 六、跌破平台

跌破平台，是指日 K 线处于高位或下降过程中，股价线在均价线附近由于多空双方势均力敌，形成了较长时间的横向窄幅整理。但由于做空力量的增强，

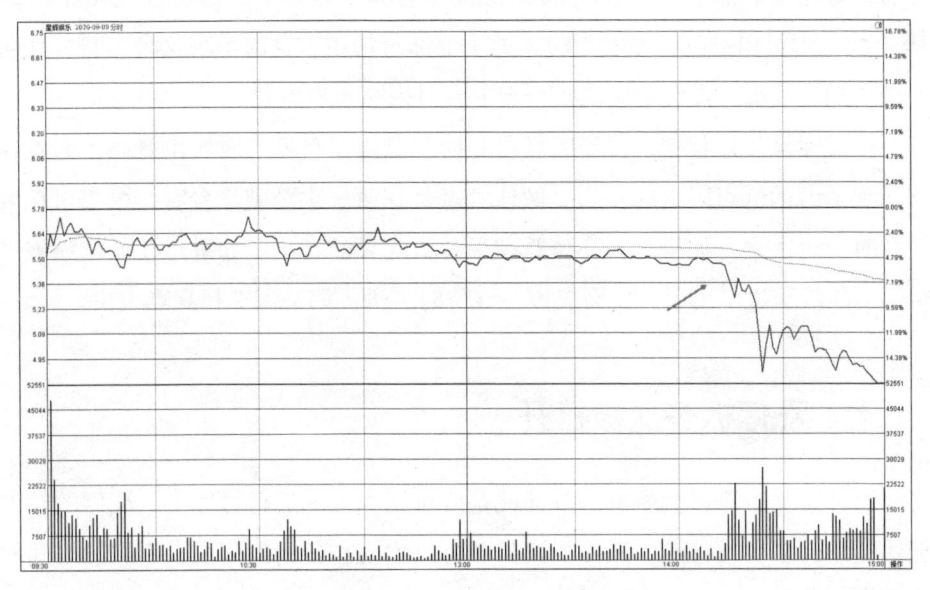

图 5-27 星辉娱乐分时图

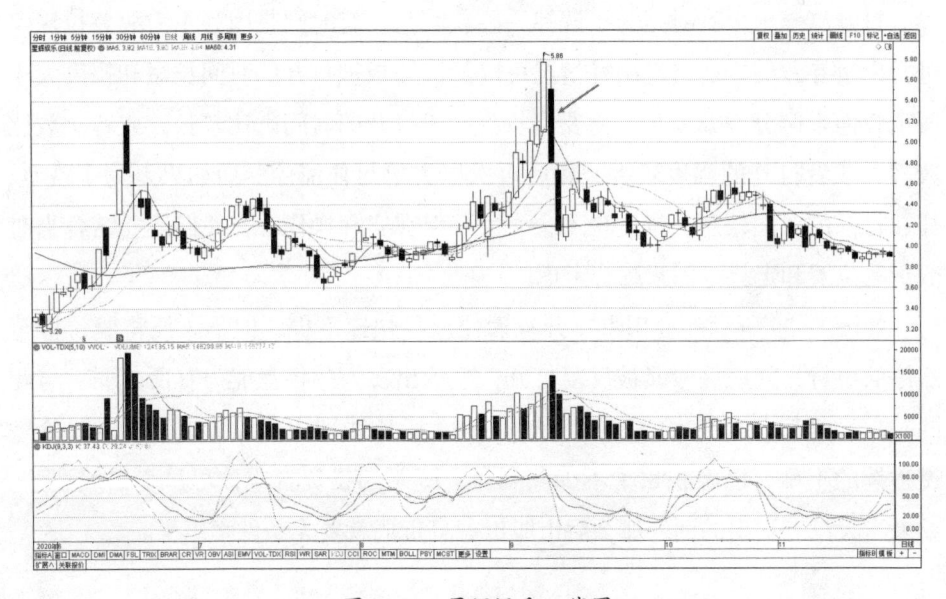

图 5-28 星辉娱乐 K 线图

打破了盘整的局面，股价向下跌破平台。股价线跌破平台低点后，可能会在短时间内又反弹到平台的低点附近，然后再次跌破平台低点。

如图 5-27 所示的星辉娱乐，就是这种跌破横盘平台的走势。股价在 2 点之前一直处于窄幅整理，随后突破出现放量下跌，跌破平台的走势。从图 5-28 其 K 线图中可以看到，该股当时正处于上涨行情中，这时出现这种走势，表明上涨动能在衰竭，投资者应该在跌破平台时果断卖出股票。

在实际操作过程中，投资者可以在向下跌破平台低点时卖出筹码，或者在反弹到平台的低点附近时卖出。最佳卖点是在第一次跌破平台时，第二次跌破平台时卖出次之。如果是在高位跌破平台，应果断卖出。如果是在低位跌破平台，则不应该过早出手，反而应该在破位时买进，第二天选择高点卖出。

## 七、涨停板多次被打开

顾名思义，涨停板多次被打开就是股价在当天的运行过程中，涨停的状态无法持续，多次被打破。涨停板被打开可以出现在任何时间段，不同的时间段所代表的含义也是不同的。

打开涨停板，有时是为了洗掉一些获利盘，有时则是因为主力故意拉涨停进行出货导致的。通常这两种情况可以从涨停板被打开的时间长短和幅度大小两个方面来区分。如果是主力要出货，一般打开的时间就比较长，或者次数比较多，或者打开的幅度较大，然后再次以大单封住涨停。而如果是为了洗盘，往往打开的时间较短，幅度也不会太大。但在实际操作时，我们还要结合当时股价的位置和走势等因素综合考虑。

如图 5-29 所示的盐田港，开盘后便放量快速下探，但不久便将股价推至涨停的位置，其后涨停又被反复打开，显示出多方的控盘能力有所减弱，与此同时，卖方却有着强大的攻势。从图 5-30 其 K 线图中可以看出，当时股价经过连续的上涨，已经积累了不少获利盘，聪明的投资者应该尽早卖出股票了。如果当天没有卖出的话，那么后市股价一旦走弱就要无条件卖出了。

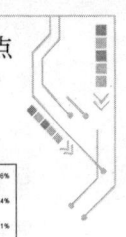

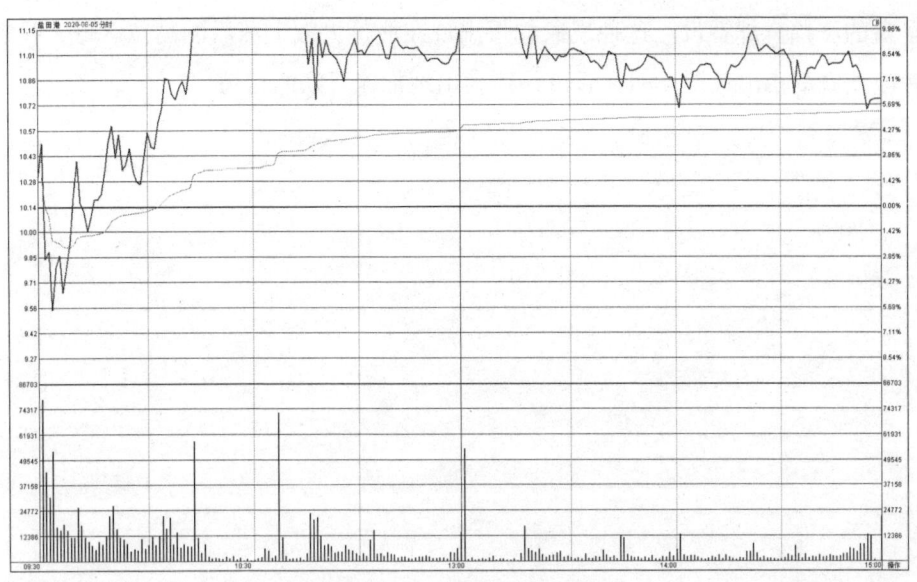

第 5 章　利用分时图把握买点与卖点

图 5-29　盐田港分时图

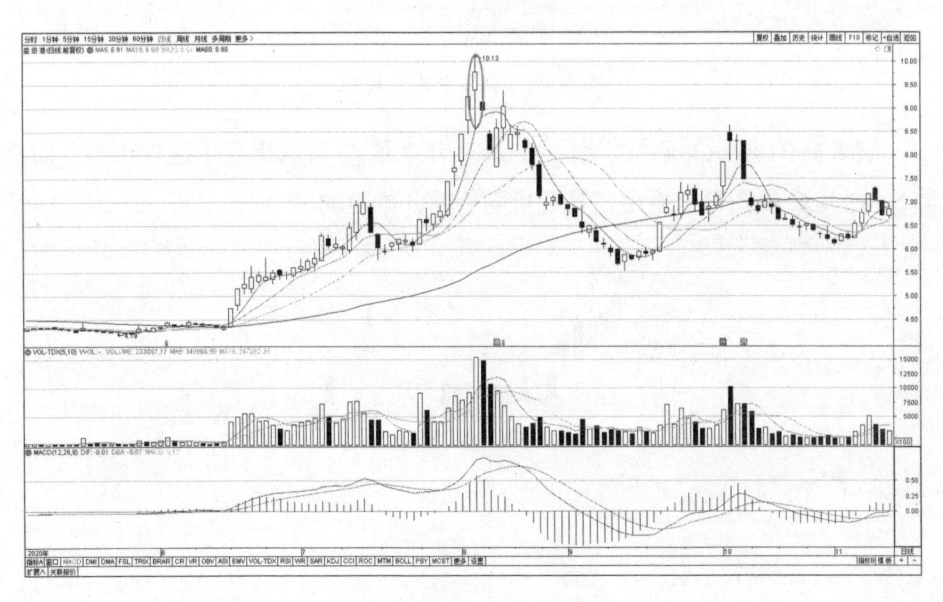

图 5-30　盐田港 K 线图

## 八、早上上山，下午下山

这种现象是指股价在早盘一路上扬，但在午后却开始走弱，一路下跌，将

135

早盘的涨幅全部吞没。这种现象如果出现在股价大幅上涨后的高位区域,投资者应该立刻卖出股票,因为后市往往会出现加速下跌的行情。

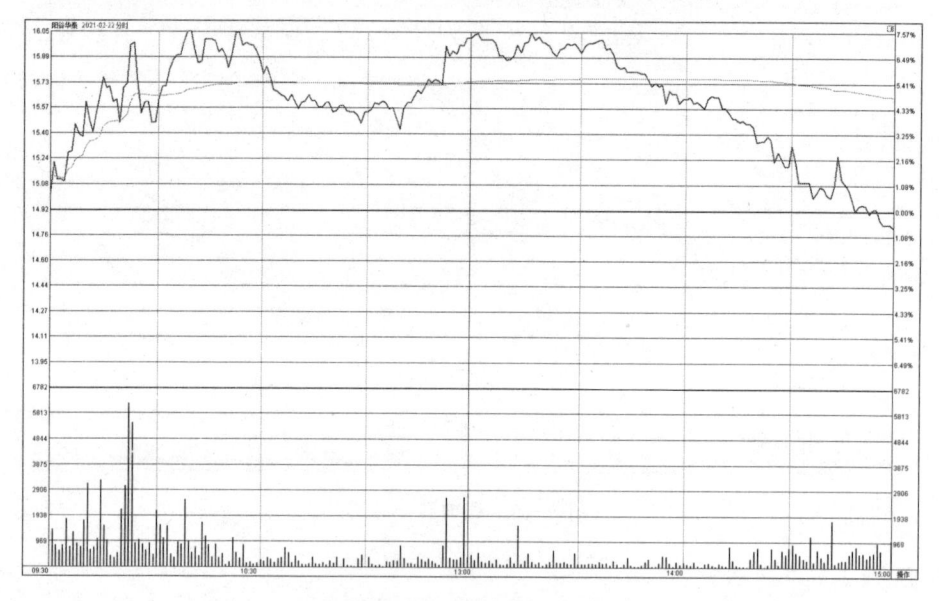

图 5-31　阳谷华泰分时图

如图 5-31 所示的阳谷华泰,在 2021 年 2 月 22 日就出现了这种走势,而从图 5-32 其 K 线图可以看出,其股价随后便开始走弱。

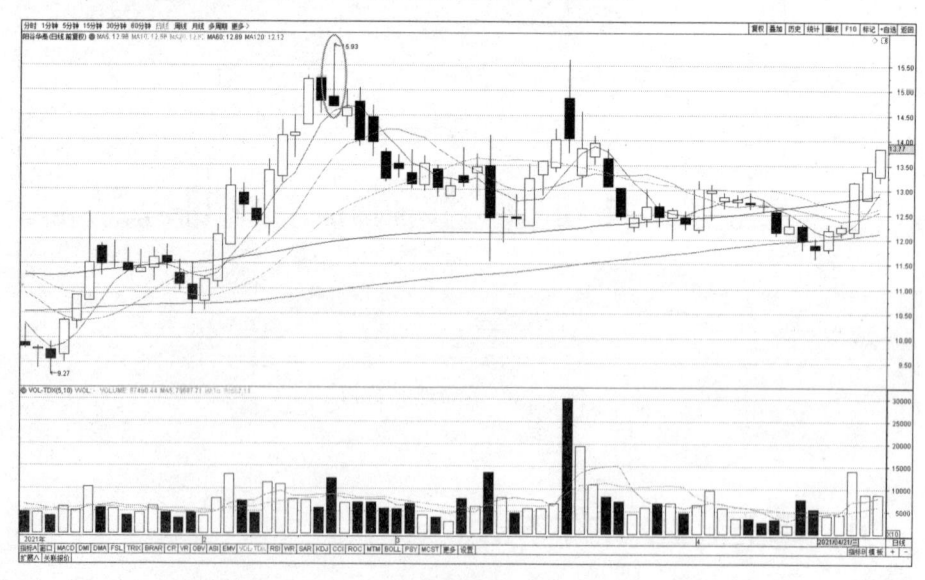

图 5-32　阳谷华泰 K 线图

# 第6章　解读移动平均线与趋势线

　　移动平均线反映的是在过去一段时期内股价的平均成本变化的情况。无论是一根移动平均线还是由多根移动平均线构成的均线系统，都可以为判断市场趋势提供依据。本章我们就来重点学习移动平均线的知识。

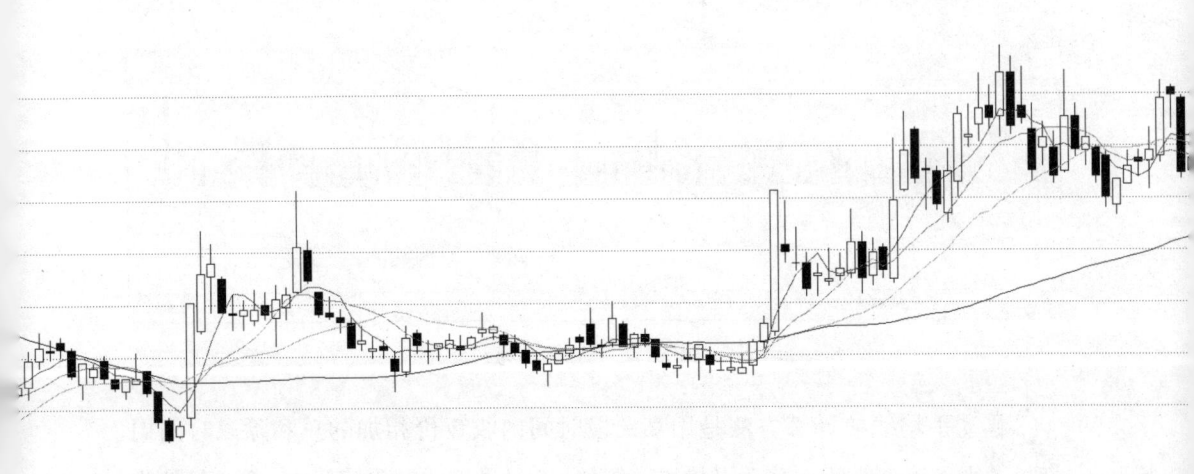

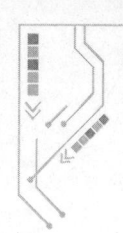

# 第一节 移动平均线的基础

## 一、移动平均线的概念

移动平均线采用统计学中"移动平均"的原理，将一段时期内的股票价格平均值连接而成的曲线（图6-1）。它是目前应用最普遍的技术指标之一，主要用来显示股价的历史波动情况，进而反映股价未来趋势的走向。

移动平均线按计算方法主要分为算术移动平均线、加权移动平均线、指数加权移动平均线三种。这里主要介绍的是算术移动平均线。

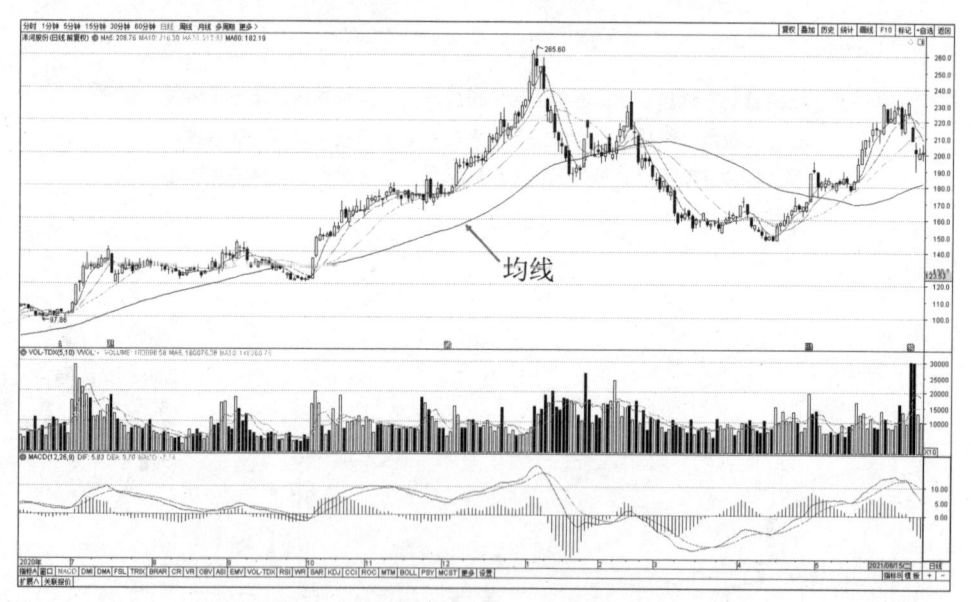

图6-1 移动平均线

移动平均线的计算方法是用某一段时间内收盘价相加的总和除以时间周期，即得到这一时间的移动平均线。例如，5日平均线就是将第1～第5日的收盘价相加除以5，得到5日股价的平均值。第2～第6日的收盘价，得到的结果除以5，就是第二个5日的股价平均值。按照这种计算方式，将得到的每个5日股价的平均值连接起来，即得到了股价的5日平均线。其他移动平均线也可以用类似的方法计算获得。其计算公式如下：

$$MA=(C_1+C_2+C_3+\cdots\cdots+C_n)/n$$

其中C为每日收盘价，n为时间周期（天数），MA是平均股价。

以5日周期为例，如果连续5日的收盘价分别为8.10、8.50、8.20、8.80、8.20，那么其值MA=（8.10+8.50+8.20+8.80+8.20）/5，结果为8.36。

移动平均线被投资者视为股价的生命线，是对交易成本的最直观反映。其运行趋势一旦形成，将在一段时间内继续保持。移动平均线在运行过程中往往是十分重要的支撑或阻力位，投资者可以以此来预测股价未来的走势。均线系统的价值也在于此。

## 二、移动平均线的分类

常用的移动平均线有5日、10日、20日、30日、45日、60日、90日、120日和250日的指标。其中，5日、10日、20日和30日是短期移动平均线，是短线投资的参照指标，也叫作日均线指标；45日、60日和90日是中期移动平均线，是中线投资的参照指标，也叫作季均线指标；120日、250日是长期移动平均线，是长期投资的参照指标，也叫作年均线指标。

**1. 短期移动平均线**

常用的短期移动平均线包括5日、10日、20日和30日均线，主要用于观察大盘或个股短期运行的趋势。

（1）5日均线

5日均线对应的是一周股票交易的平均价格，又被投资者称为攻击线，代表着个股或大盘的上涨攻击力度，是研判股价短期变化趋势的重要指标。5日均线很多时候是多方的护盘中枢。当5日均线向上运行时有助涨作用，反之则有助跌作用。

（2）10日均线

10日均线又称为半月线，也被投资者称为操盘线，对应的是连续两周的股票交易的平均价格，是波段行情的重要指标。10日均线往往是多方的重要支撑线，如果股价在上升过程中受到10日均线的支撑，那么该上升趋势可能会持续一段时间，一旦股价跌破10日线，则市场很有可能转弱。

(3) 20日均线

20日均线又称月线，又被投资者称为辅助线。20日均线是衡量市场中短期的指标，可以给以10日线为依据的投资者提供趋势指导，也可以在一定程度上弥补30日均线反应迟缓的缺陷。

(4) 30日均线

30日均线对投资者来说具有非同一般的意义，通常被称为股价的生命线。在如何规避波段风险以及把握波段收益方面，都能从30日均线的走势中得到重要启示。当30日线向上运行时，后市行情看好，中短线投资者可以大胆跟进；反之，则需要及时减仓。

**2. 中期移动平均线**

常用的中期移动平均线组合有45日、60日、90日均线，主要用于观察大盘或个股中期运行的趋势。

(1) 45日均线

45日均线是30日均线向60日均线过渡的指标，相对应的是两个月的股票交易平均价格。对股价的走势往往有着非常重要的预示作用，多在中期均线的组合中使用。

(2) 60日均线

60日线是比较标准的中期均线，对研判股价中期走势具有非常重要的意义，又被投资者称为决策线。60日均线的走势意味着股价中期运行趋势的强弱。当该均线向上运行时，投资者可以积极参与，一旦股价跌破该均线，投资者就应该及时清仓出局。

(3) 90日均线

90日线是中期和长期均线的分界线，其走势非常平滑、有规律，一般是多头的中期护盘线。当股价在90日均线之上运行时，表示中期主力进场，则上涨行情仍将持续；但反之并不一定意味着股价后市一定会下跌，还应该结合其他指标进行判断。

### 3. 长期移动平均线

常用的长期均线组合有 120 日和 250 日均线，主要用于观察大盘或个股的中长期趋势。

(1) 120 日均线

120 日均线又称半年线、股价的趋势线，是股价中长期走势的风向标，在实际操作中具有非常重大的指导意义。120 日均线向上运行时，投资者可以放心介入；反之，其下行趋势一旦确立，投资者要坚决清仓离场。

(2) 250 日均线

250 日均线又称为年线、牛熊走势分界线，用于判别股票走势的牛熊转换，具有非常重要的技术分析意义。如果股价突破 250 日均线，表示牛市即将来临；反之，如果股价跌破 250 日均线，说明熊市即将出现。

## 三、修改平均线参数

打开炒股软件后，一般情况下都会显示系统默认的移动平均线。但是用户也可以根据自己的需要设置参数。

### 1. 移动平均线的显示

打开炒股软件后，如果不需要显示移动平均线，可以输入"MA"，然后按回车键确认；需要显示的时候，只要进行相同的操作即可（如图 6-2 所示）。

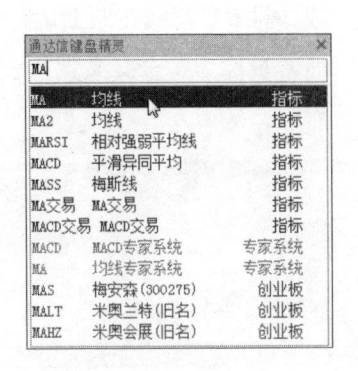

图 6-2　均线的显示

### 2. 设置移动平均线的周期

用户也可以根据需要修改移动平均线的参数。

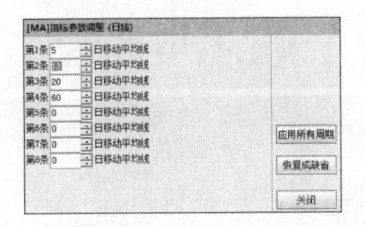

图 6-4　设置参数

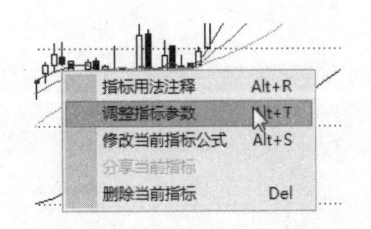

图 6-3　选择命令

在炒股软件中，右击任意一条均线，在出现的菜单中选择"调整指标参数"命令（如图6-3所示）。在出现的对话窗口中，可以根据需要修改参数（如图6-4所示）。

## 第二节　利用均线把握买卖点

### 一、利用均线把握买点

#### 1. 黄金交叉

股价在经过一段时间的下跌或者整理行情后，由下向上突破5日、10日均线，且5日均线在向上运行的过程中突破了10日均线，相交于一点。该突破点通常被称为黄金交叉点，表示多方力量增强，已有效突破空方的压力线，后市看涨，是买入信号。

图6-5　亚联发展K线图

如图 6-5 所示的亚联发展，股价在经过一段时间的下跌后，开始企稳回升，以小阳线的形式向上攀升。某日，股价在走出一根中阳线的同时，5 日均线向上穿越 10 日均线，此时就是一个不错的买点。

### 2. 均线金蜘蛛

所谓的均线金蜘蛛，是指在股价运行的过程中，多条上涨均线交汇于一点。这种形态主要出现于筑底成功即将拉升的时候，是股价强力上涨的信号，投资者可以在该交汇点积极参与。

如图 6-6 所示的超图软件，股价在经过一波整理行情之后，形成了均线金蜘蛛的形态，股价随后展开拉升行情。

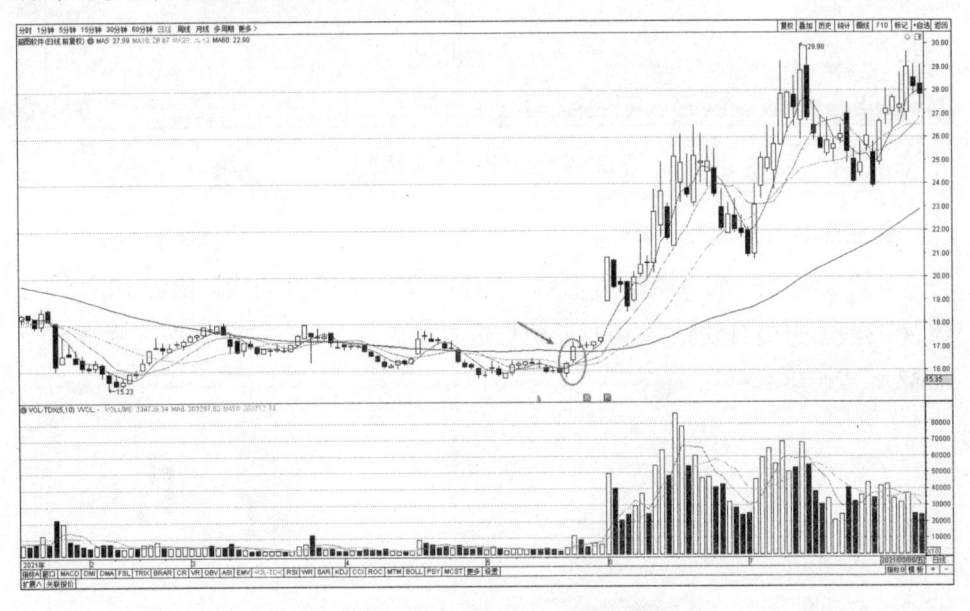

图 6-6　超图软件 K 线图

### 3. 10 日均线上穿 20 日均线

股价在运行的过程中，10 日均线和 20 日均线随股价同时向上运行。如果此时 10 日均线向上穿破了 20 日均线，表明多方力量增强，后市继续看涨，投资者可以适当介入。

如图 6-7 所示的天神娱乐，在经过一波下跌行情之后开始企稳反弹，在向上运行的过程中，10 日线成功上穿 20 日线，预示着中期将有一波上涨行情。

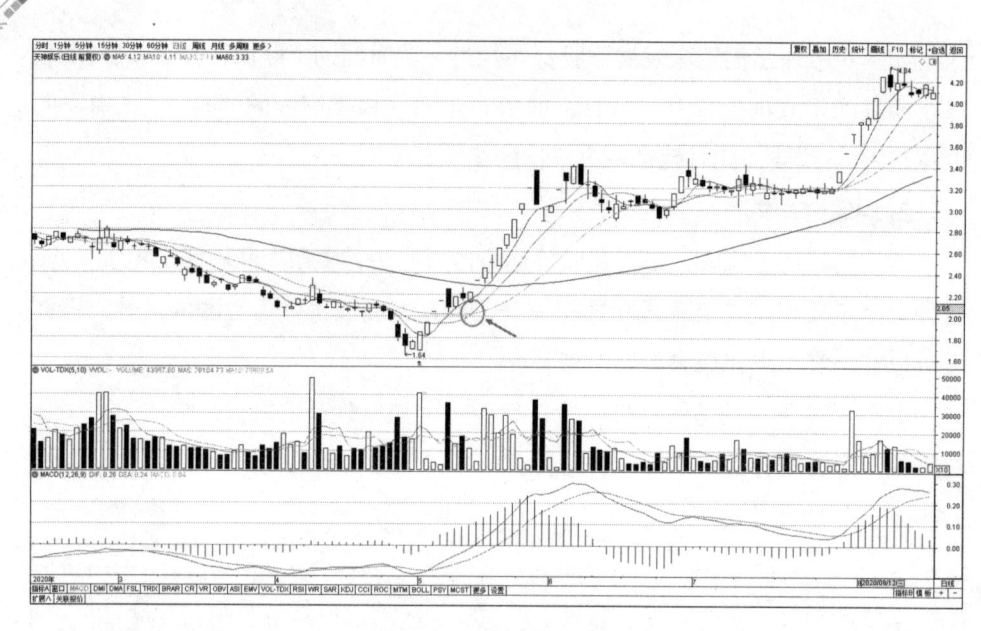

图 6-7 天神娱乐 K 线图

### 4. 底部金三角

股价在经过一波下跌行情之后，5 日均线上穿 10 日均线，随后 10 日线上穿 20 日线（或 30 日线），在相对低位形成封闭的三角形，这种形态通常被称为

图 6-8 协鑫集成 K 线图

底部金三角。这种形态比黄金交叉的看涨意义更为强烈。遇到此类图形，投资者可以积极买入。

如图 6-8 所示的协鑫集成，股价经过长期大幅下跌后到达底部。在股价开始触底反弹时，5 日均线即向上突破了 10 日均线，在此之后不久，10 日均线又向上突破了同样在上升趋势中的 20 日均线。这三条均线在底部形成了一个封闭的三角形。从该股 K 线图上可以看出，在出现该三角形之后，该股便持续了一段时间的震荡上涨行情，涨幅也非常可观。

### 5. 回调不破 10 日均线

股价在经过一段时间的快速上涨后累积了大量短期获利盘，获利盘的抛售必然会导致股价的短暂回落，但只要股价不跌破 10 日均线且 10 日均线继续上行，就说明该过程是正常的短线强势调整，上涨行情尚未结束。而这个阶段也是投资者介入的一次良机，尤其是股价在 10 日均线获得支撑后再次放量上涨时，代表调整已经结束，新的上升行情展开，此时更是追涨买入的好时机。

如图 6-9 所示的科士达，股价在低位进行了一段时间的震荡整理后开始向上运行。在上涨过程中，始终受到 10 日均线的支撑，回调并没有跌破 10 日均线，说明后市还有上涨空间。从图上可以看出，当股价回档至 10 日均线附近

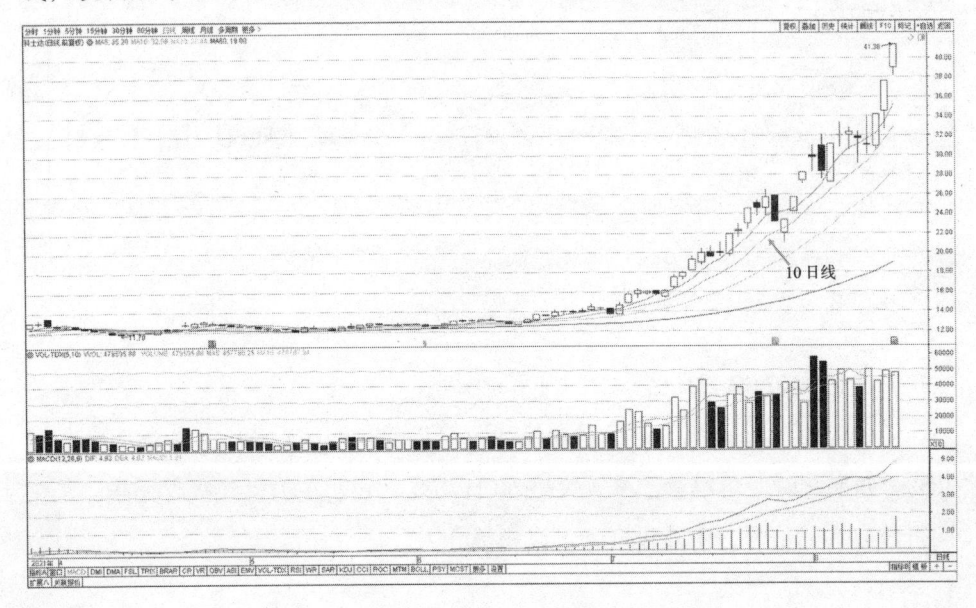

图 6-9　科士达 K 线图

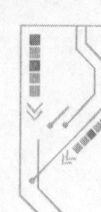

时,都会受到支撑再度上涨,遇到这种情况,投资者可以继续持股。

**6. 回调受 60 日均线支撑**

当股价经过一段时间的大幅上涨后,往往会遇到阻力出现回调。如果股价回调至 60 日线附近并得到支撑,那么说明涨势并未结束。当股价发生再次反弹时投资者可以适当买入,中线持股往往会有不小的收益。

如图 6-10 所示的亚钾国际,股价就是沿着 60 日线向上运行,每次回调触及 60 日线或者到达 60 日线附近时,股价都会受到支撑继续向上运行。遇到这类个股,每当股价小幅回调至 60 日线时就可以适当介入,短线获利即出。另外,也有很多时候股价会沿着 20 日或者 30 日线运行,在这样的均线附近如果有支撑,投资者同样可以关注。

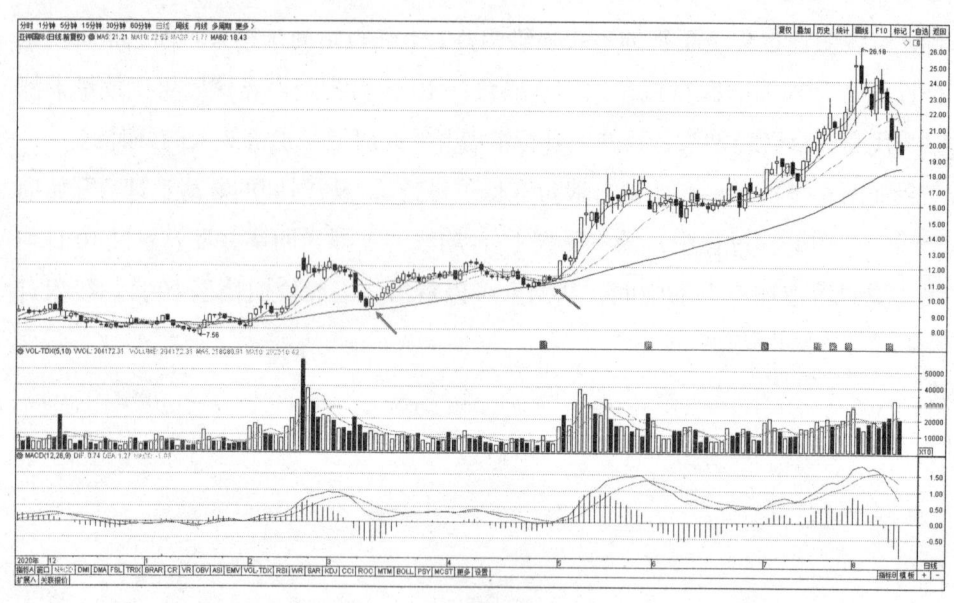

图 6-10 亚钾国际 K 线图

**7. 有效突破 60 日均线**

股价经过长期大幅下跌后触底反弹,但是反弹的幅度不大,一般不会超过 30%。如果此时股价继续上涨,突破 60 日均线,表明主力已经吸筹完毕,是中期行情启动的信号,中线投资者可以积极介入。

图 6-11　益盛药业 K 线图

如图 6-11 所示的益盛药业，股价筑底成功之后开始反转向上运行。运行到 60 日均线附近时遇到一定阻力，但股价并没有大幅回调，而是沿着 60 日线下方整理等待机会，几个交易日之后股价开始放量向上突破，表明了多方的做多决心。由此可以看出涨势已经基本确立，投资者此时就应该大胆介入，持股待涨。

## 二、利用均线把握卖点

### 1. 高位死叉

股价运行到高位后上涨动力开始衰竭，股价由涨转跌。当 5 日均线向下穿破 10 日均线形成一个交点时，后市的下跌行情基本确立，该点被我们称为死叉。在高位遇到这种走势时，投资者应该卖出股票。

如图 6-12 所示的金禾实业，股价在上涨到高位后，由于获利盘的抛售导致上涨动力枯竭。随后股价开始走弱，随着 5 日均线向下穿破 10 日均线形成死叉，后市下跌的行情已经基本确立。从图中可以看到，在该点形成之后便走出一波下跌行情。

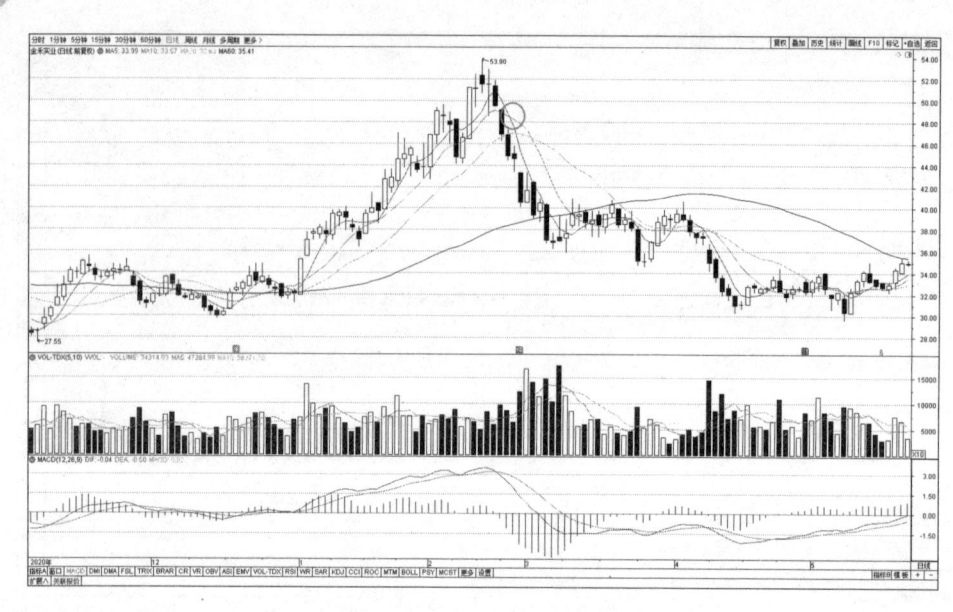

图 6-12　金禾实业 K 线图

## 2. 10 日均线下穿 20 日均线

股价在运行过程中，当 10 日均线向下穿破 20 日均线，与此同时 20 日均线也开始向下弯曲时，代表着中期下跌行情的确立，是非常重要的卖出信号。中线投资者遇到这种走势时，应该择机卖出股票。

图 6-13　中公教育 K 线图

如图6-13所示的中公教育，股价在到达顶部以后出现滞涨，在10日均线向下穿破20均线后正式确立了下跌趋势，投资者应该在10日均线下穿20均线时及时卖出筹码。

### 3. 顶部死三角

在股价运行的过程中，当5日均线下穿10日均线，随后10日均线又下穿30日均线（或20日均线）形成一个封闭的三角形时，预示后市将出现大幅度的下跌行情。这个封闭的三角形被称为顶部死三角。投资者在遇到这种走势时，应该立即斩仓。

如图6-14所示的龙佰集团，经过连续的上涨之后出现滞涨，紧接着两根大阴线预示着上涨行情告一段落，股价开始下跌，随后均线系统在高位形成了封闭的三角形。此后的股价也一直处于下跌状态。投资者在高位遇到这种情况时，应该及时止损，避免损失。

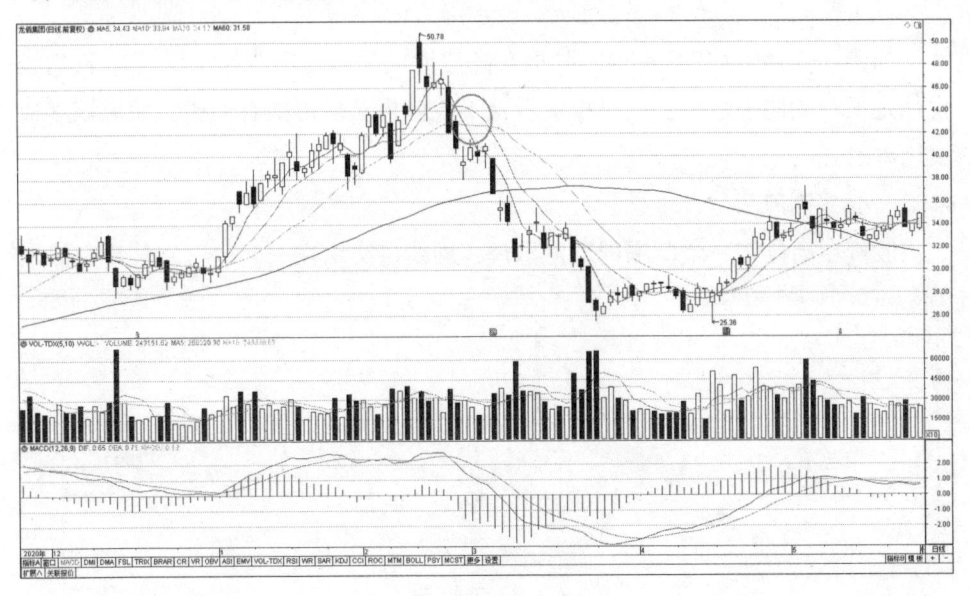

图6-14 龙佰集团K线图

### 4. 20日均线向下弯曲

如股价在跌破10日移动平均线后又向下跌破20日（或30日）移动平均线，且20日（或30日）移动平均线向右下方移动，那么该股后市跌幅会较深。这种情况是卖出信号，投资者应卖出筹码，离场观望。

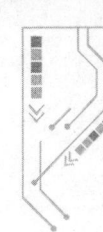

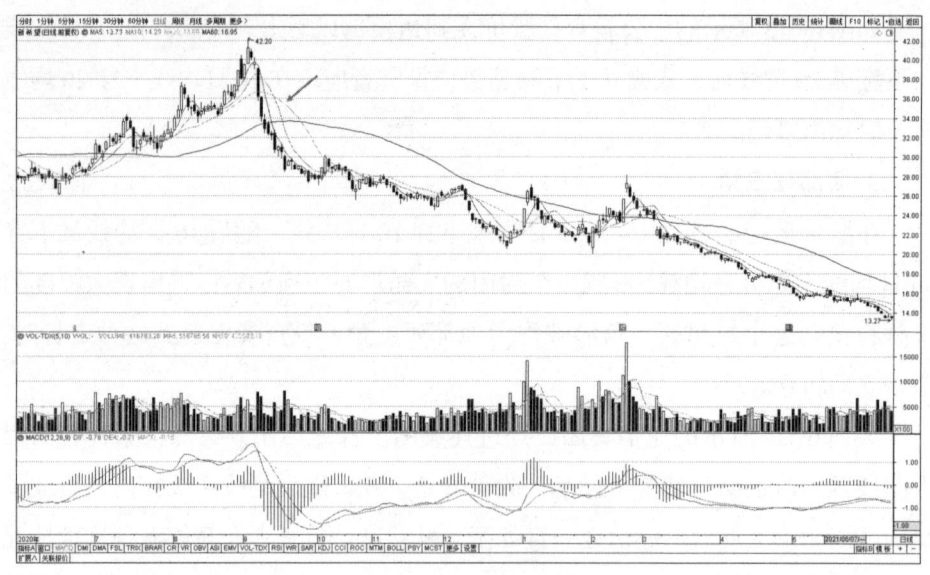

图 6-15 新希望 K 线图

如图 6-15 所示的新希望，股价在高位形成顶部之后开始下跌。20 日均线也从走平开始向下运行，这时投资者就不应该再对后市抱有幻想，而应该尽快卖出筹码。

**5. 断头铡刀**

股价在高位某一个范围内反复整理，均线也交织在一起运行。某日突然出

图 6-16 豪迈科技 K 线图

现一根放量大阴线，连续跌破多条均线。出现这种情况，表示股价已经形成顶部，后市极有可能就此展开下跌行情。如果是在股价大幅上涨后的高位，投资者应该果断清仓。

如图6-16所示的豪迈科技，在经过一波上涨之后，突然收出一根大阴线，且该阴线连续跌破三条均线。这种情况足以说明空方力量的强大，投资者应该尽快卖出股票，避免损失。

**6. 反弹受60日均线压制**

股价在跌破60日均线之后向上反弹，但在反弹至60日均线附近时遇阻，或者短暂上穿60日均线之后又继续下跌。这说明空方力量占据主动地位，后市继续看跌。投资者应该尽快获利了结。

如图6-17所示的福星股份，股价运行在下跌途中出现反弹，但却迟迟无法突破60日线，说明反弹动力不足，该股下跌趋势并没有得到扭转，空头势力依然占据主动。错过在高位出货的投资者，应该在反弹时果断卖出。

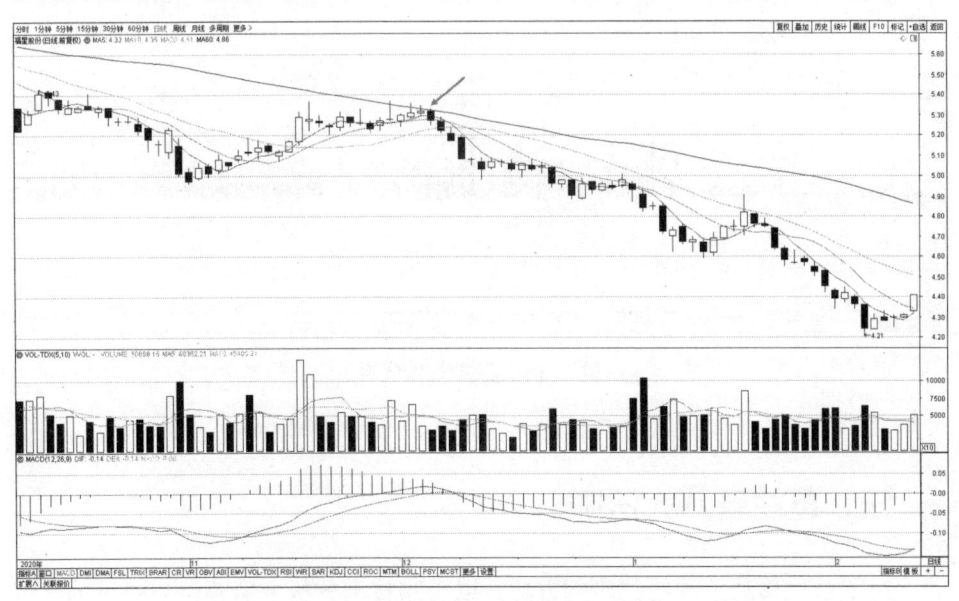

图6-17 福星股份K线图

**7. 均线死蜘蛛**

均线死蜘蛛是指在股价的运行过程中，多条下跌均线在一个点交汇。该形态一般出现在股价的高位区域，或者是经过一段时间下跌之后的整理区域。该走势的出现是非常强烈的下跌信号。投资者在遇到这种情况时，应该及时止损出局，以免套牢。

如图6-18所示的嘉凯城，股价在到达高位后放出巨量，说明主力很有可能在此时已经完成一批出货。随后股价快速下跌又再次拉起，但反弹高度有限，接下来的成交量也呈现逐步减少的状态，股价在一段时间内保持横盘整理。从该股的K线图上可以看出，在横盘结束时，多条均线相交于一点，该点即被称为均线死蜘蛛，紧接着一根大阴线，打破了这种僵持状态，股价随即开始下跌行情，投资者应在该点形成时及时止损出局。

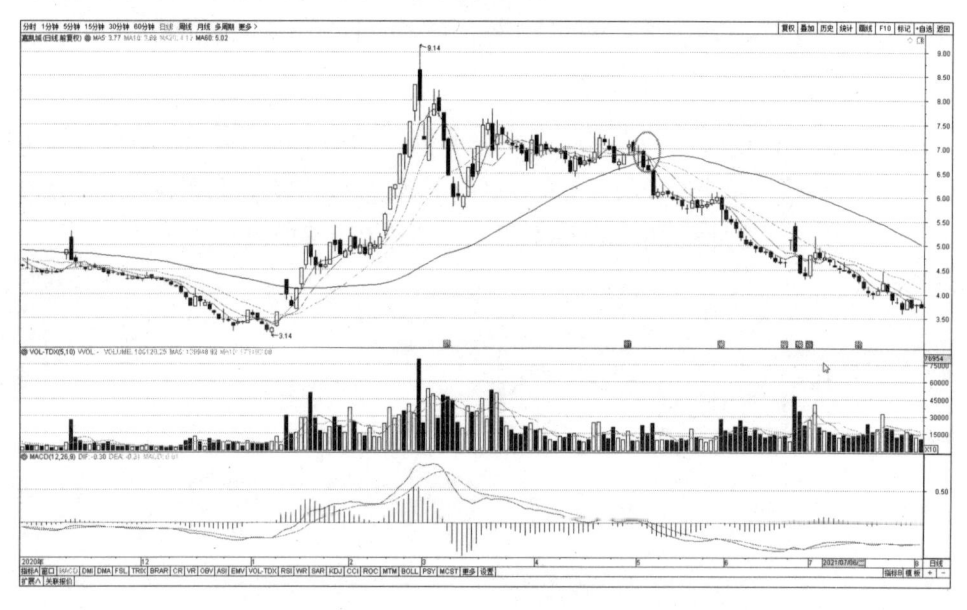

图6-18 嘉凯城K线图

## 三、葛兰碧八大法则

对于单根移动平均线的研判方法，以美国技术分析专家葛兰碧提出的"均线买卖八大法则"最为经典，其大致意思如下：

1. 买入法则

① 平均线从下降逐渐走平转为上升，而股价从平均线的下方突破平均线时，为买进信号。

② 股价虽跌破上升的平均线，但不久又掉头向上，并运行于平均线的上方，此时可加码买进。

③ 股价下跌未破平均线，并重现升势，此时平均线继续在上升，仍为买进信号。

④ 股价跌破平均线，并远离平均线时，很有可能产生一轮强劲的反弹，这也是买进信号。但要记住，弹升后仍将继续下挫，因而不可恋战。这是因为大势已经转弱，久战势必套牢。

**2. 卖出法则**

① 平均线走势从上升逐渐走平转为下跌，而股价从平均线的上方往下跌破平均线时，是卖出信号。

② 股价虽反弹突破平均线，但不久又跌到平均线之下，而此时平均线仍在下跌时，也是卖出信号。

③ 股价跌落于平均线之下，然后向平均线弹升，但未突破平均线即受阻回落，仍是卖出信号。

④ 股价急速上涨远离上升的平均线时，投资风险激增，随时会出现回调，这又是一个卖出信号。

# 第三节　利用趋势线进行短线操作

股价在运行过程中，一般会沿着某一方向形成一种趋势。而这个趋势一旦形成，往往会持续一段时间。当这个趋势被打破时，往往可以认为是市场转势的开始。在实际操作时，如果能有效把握这个点，就可以做出正确的操作决策。

## 一、趋势的定义

通常所说的趋势就是价格波动的方向，也是股票市场运行的方向。根据股价的运行方向，趋势一般分为三种，即上升趋势、下降趋势和横盘趋势。而在道氏理论里，根据时间的长短，可将股价运动趋势划分为三种：主要趋势、次要趋势、短暂趋势。

在实际操作时，往往通过绘制趋势线的方式来对趋势进行分析。通过绘制趋势线，我们可以明确地看出股价运行的方向。

## 二、绘制趋势线

趋势线就是连接股价运行过程中的低点或者高点所形成的一条线。绘制趋势线的根本目的是对股价的发展趋势进行分析，寻找恰当的买点与卖点。

### 1. 绘制上升趋势线

在股市运行的过程中找到每次下跌的最低点，然后连接这些低点，并且使得大部分低点尽可能处于同一条直线上，得到的这条直线就是上升趋势线（如图 6-19 所示）。

图 6-19　上升趋势线

### 2. 绘制下降趋势线

在股价运行的过程中找到每次反弹的高点，然后连接这些高点，并且使得这些高点尽可能处于同一条直线上，那么，得到的这条直线就是下降趋势线（如图 6-20 所示）。

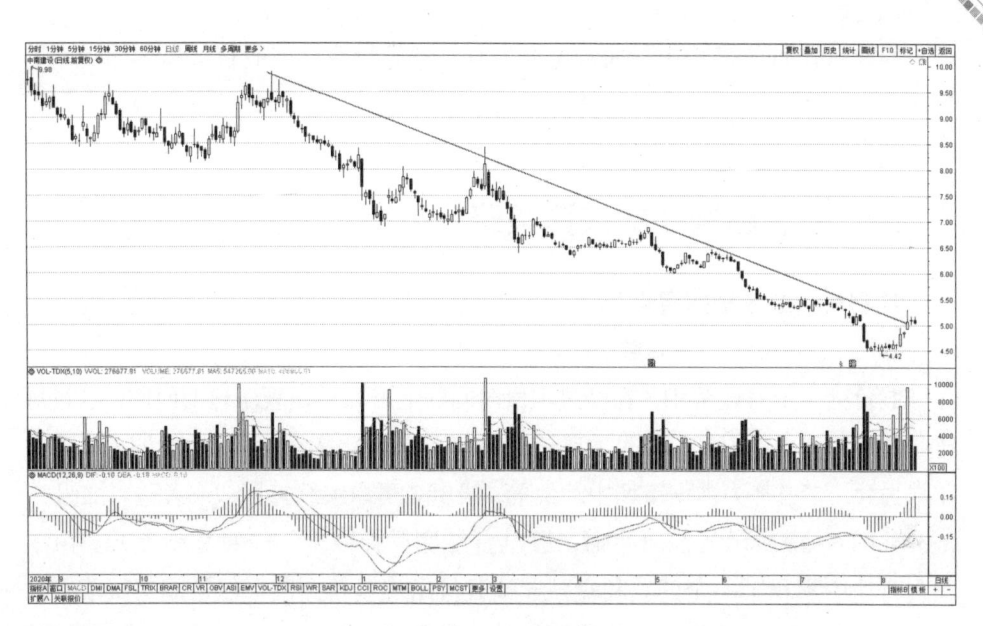

图 6-20 下降趋势线

### 3. 绘制横盘趋势线

对于横盘趋势，可以分别连接股价运行过程中的顶点和低点，形成震荡区间，得到的两条直线就是横盘震荡趋势线。当价格运行突破了相应的趋势线后，我们就可以认为，股价的运行趋势可能正在反转（如图 6-21 所示）。

图 6-21 横盘趋势线

在股价运行的过程中，通常不会只有一条趋势线。当股价远离先前绘制的趋势线时，就需要调整或者绘制新的趋势线，而不能墨守原来的趋势线。

## 三、基于趋势线的投资策略

### 1. 利用趋势线把握买点

（1）向上突破短期下降趋势线

股价处于上升趋势中，在经过一段时间的上涨之后出现了短期回调；经过短暂回调后股价再次上扬，并且突破了该短期下降趋势线。这说明股价的上涨动力非常强劲，多方势力占据市场主动位置，投资者可以继续持股，或者适当加码。

如图 6-22 所示的盈康生命，股价自触底反弹以来，一直稳步上升。由于在上升途中累积了一定的获利盘，导致股价出现短暂回落。但是此次回落并没有改变该股的上升趋势。股价很快向上放量突破了该下降趋势线，继续延伸其上升趋势。

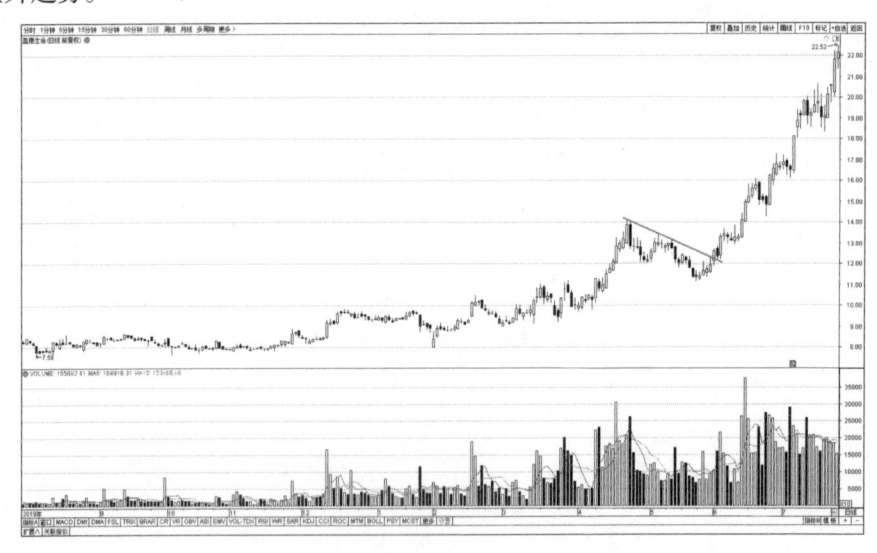

图 6-22　盈康生命 K 线图

（2）向上突破中期下降趋势线

股价在上升途中出现中期回调，但是不久后再次回升，突破该中期下降趋势线继续上升。这种情况下，中线投资者可以积极介入。如图 6-23 所示的荣丰控股，股价从底部反弹，经过一段时间的上涨之后，开始进入中期下跌趋势。

在该下跌趋势的末期，由于大量买盘涌入，成交量放大，股价也向上突破中期下降趋势线继续上涨，投资者在此时可以积极介入。

图 6-23  荣丰控股 K 线图

(3) 向上突破长期下降趋势线

股价在运行过程中，向上放量突破了长期下降趋势线，长线投资者可以适当介入。如图 6-24 所示的华泰证券，股价经过一段长期的下跌之后，触底反

图 6-24  华泰证券 K 线图

弹，突然收出一根放量的大阳线，突破了长期的下降趋势线，稳健型的投资者可以在底部放量的时候介入。

(4) 回探靠近上升趋势线

股价在上升趋势中出现回调，如果股价回调时靠近上升趋势线，那么股价很可能在此止跌反弹，是投资者介入的良机。如图 6-25 所示的山东海化，股价自底部反弹以来处于明显的上升趋势中，股价沿着上升趋势线震荡攀升，每涨一定幅度就出现回调，投资者可以在每次接近趋势线时介入。

图 6-25　山东海化 K 线图

## 2. 利用趋势线把握卖点

(1) 向下跌破短期上升趋势线

股价在下降途中出现短线快速上涨，随后股价又跌破该短期上升趋势线，那么后市一般情况下会继续下跌，短线投资者应该出局观望。如图 6-26 所示的三川智慧，在下跌途中走出一小段上升走势，但不久连续的跳空阴线就将趋势破坏，遇到类似情况，投资者应该在跌破上升趋势线的当天出局。

# 第6章 解读移动平均线与趋势线

图 6-26 三川智慧 K 线图

(2) 向下跌破中期上升趋势线

股价在下降途中出现中线上涨,随后股价又跌破该中期上升趋势线,那么后市一般情况下会继续大幅下跌,中长线投资者应该出局观望。如图 6-27 所

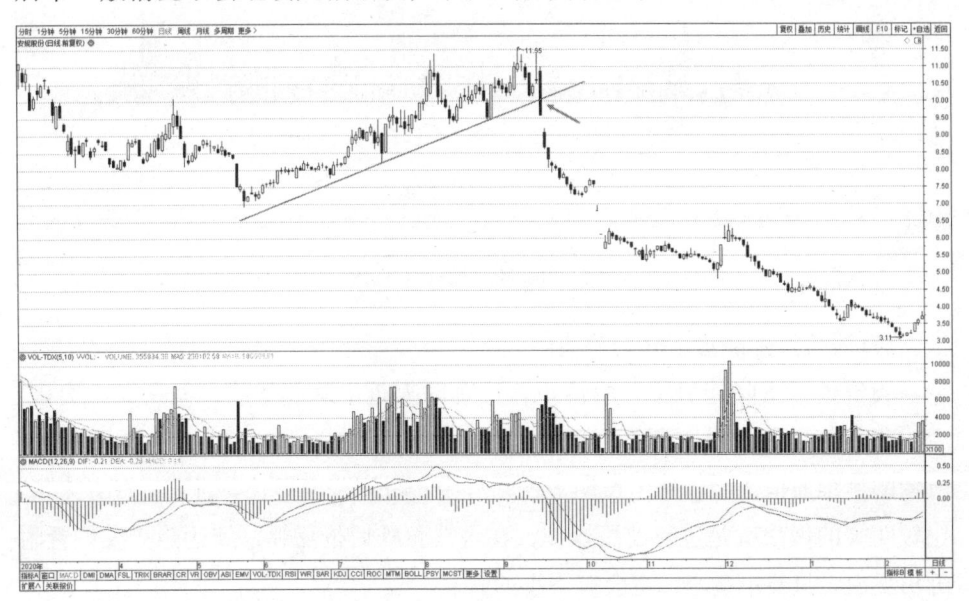

图 6-27 安妮股份 K 线图

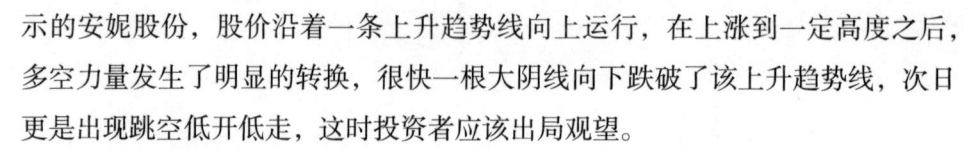

示的安妮股份，股价沿着一条上升趋势线向上运行，在上涨到一定高度之后，多空力量发生了明显的转换，很快一根大阴线向下跌破了该上升趋势线，次日更是出现跳空低开低走，这时投资者应该出局观望。

(3) 向下跌破长期上升趋势线

股价沿着一根上升趋势线持续上涨，随后股价又跌破长期上升趋势线，后市一般情况下会继续大幅下跌，长线投资者应该出局观望。如图 6-28 所示的濮耐股份，股价一直沿着一条上升趋势线震荡上升，在行情末期，突然出现一根大阴线跌破该趋势，走出了一段大幅下跌的行情。在股价跌破长期上升趋势线时，投资者应该及时卖出筹码。

图 6-28　濮耐股份 K 线图

(4) 股价反弹靠近下降趋势线

股价处于下降趋势中。股价短暂反弹时靠近下降趋势线，但是无力突破，后市很可能继续下跌，那么，反弹时是一个不可错过的出货良机。如图 6-29 所示的信维通信，股价处于长期下跌趋势中，时间跨度很长。对于投资者来说，比较明智的做法就是进行波段操作，在短线急跌后抢反弹，到达趋势线位置附近再卖出。只要不贪心，也会有不小的收获。

图 6-29 信维通信 K 线图

## 第四节　利用通道进行短线操作

通道是由两条平行的趋势线构成的。通道一旦形成，那么股价无论是下跌还是上涨，多数时间都会运行在通道之内，受到通道上下边线的压制和支撑，从而为买卖点的判定提供很好的参考。

### 一、通道的定义

通道是基于趋势线基础上建立的一种支撑压力线，又称为轨道线和管道线，是股市中使用频率非常高而又行之有效的切线理论分析方法。其主要作用是限制价格的变化范围，使股价在支撑线和压力线的范围内运行。通道一旦确认，如果股价突破或者跌破压力线和支撑线，就意味着股价行情将发生改变。

通道线是在趋势线的基础上形成的。通常在得到趋势线后，通过第一个峰和谷可以画出一组平行线，这组平行线就是通常所说的通道。通常分为上升通道、下跌通道和水平通道。与突破趋势线相同，对通道线的突破不仅仅是股价运行趋势反转的开始，有时也是原来趋势加速的开始，即原来的趋势线的斜率将会增加，变得更加陡峭。

通道线和趋势线一样，也存在是否被确认的问题。价格如果的确得到支撑或受到压力而在通道线处掉头，并回到趋势线之上运行，那么这条通道线就可以被确认。通道线被触及的次数越多，延续的时间越长，其被认可的程度和重要性就越高，这一点同趋势线以及大多数直线分析原理是相同的。

通道线通常用来为投资者提供研判股价走势和寻找买卖时机提供依据。其另一个重要的作用是提出趋势转向的预警。如果股价在一次波动中未触及通道线，离得很远就开始掉头，这一般是趋势将要改变的信号，表明市场已经没有维持股价原有的上升或下降趋势的力量了，行情即将发生反转。

## 二、绘制通道线

### 1. 绘制上升通道线

绘制上升通道线时，首先要连接股价每次变动的低点得到上升趋势线，作

图 6-30　上升通道线

为通道支撑线。然后根据股价变化的第一个高点作出对应上升趋势线的平行线，就得到了反映股价变动趋势的上升通道（如图6-30所示）。从理论上来讲，另一条趋势线必须与上升趋势线平行。但为了提高实际应用价值，在操作中还是需要考虑股价的历次高点所形成的上轨线。

### 2. 绘制下跌通道线

绘制下跌通道线时，首先要连接股价每次变动的高点得出下降趋势线，作为通道压力线。然后根据股价变化的第一个低点作出对应下降趋势线的平行线，就得到了反映股价变动趋势的下降通道（如图6-31所示）。

图 6-31　下跌通道线

另外，也可以绘制水平通道线，方法与绘制横盘趋势线相同，先连接股价运行的低点，使得大部分底部在同一条直线上，然后再连接股价运行的高点，使得大部分高点也在同一条直线上，这样就得到了一条水平通道线。

## 三、基于通道线的投资策略

根据通道线进行操作与趋势线类似，投资者可以参照以下规则操作。

### 1. 短线策略

① 当通道处于水平或上升状态中时，短线投资者可以进行波段操作。

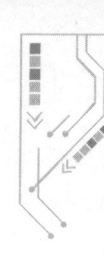

② 当股价每次接近通道的下轨线时，投资者可以实施波段式买入。

③ 当股价重新上涨到上轨线时，投资者可以实施波段式卖出。

**2. 中长线策略**

① 向下跌破上升通道：当长期上升通道被向下突破时，往往预示着股价顶部即将形成，这是非常重要的卖出信号。

② 向上突破上升通道：当长期上升通道被向上突破时，有可能是主力的强行拉升，说明多头力量将尽。从时间上分析，此时该股的强势也已经进入最后冲刺阶段，短线可获利不少，但风险性也相对较高，投资者要随时做好获利了结的准备。

③ 向上突破下降通道：当长期下降通道被向上突破时，预示着股价的底部即将形成，这时候往往是中长线投资者介入的好时机。

④ 向下突破下降通道：当股价向下突破长期下降通道下轨时，往往会引起短暂的快速下跌行情。遇到这种情况时，投资者也无需惊慌，因为这种非理性的急速下跌意味着重要的底部将很快形成，并且随之而来的反弹必定会向上突破该长期下降通道的上轨，带来一波上升行情。

# 第7章 技术指标实战技法

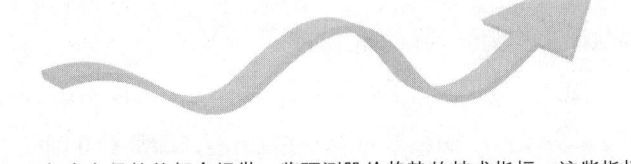

每个交易软件都会提供一些预测股价趋势的技术指标,这些指标对于研究股价的走势有着非常重要的参考作用,要想正确把握交易时机,对指标的研究是必不可少的。每个股票分析软件都有很多技术指标供投资者使用。不过很多指标的用法极为相近,投资者不需要每个指标都掌握,根据自己的喜好,选择其中几个进行研究即可。下面我们就来学习几种较为常用的技术指标。

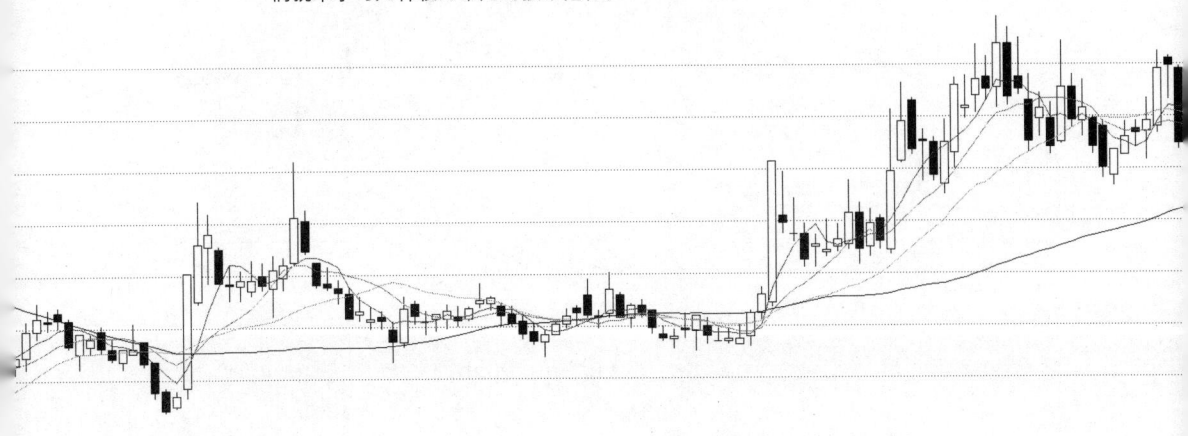

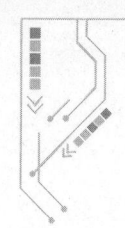

# 第一节　指数平滑异同平均线指标——MACD

指数平滑异同平均线指标（MACD）一直深受广大投资者的欢迎，适用于中长线趋势的判断。它由两部分组成，即正负差（DIF）、异同平均数（DEA），其中，正负差 DIF 是核心，DEA 是辅助。DIF 是快速平滑移动平均线（EMA1）和慢速平滑移动平均线（EMA2）的差。根据移动平均线原理所发展出来的MACD，一是克服了移动平均线假信号频繁的缺陷，二是能确保移动平均线最大的战果。MACD 是计算两条不同速度（长期与中期）的指数平滑移动平均线（EMA）的差离状况来作为研判行情的基础。

DIF（快）与 DEA（慢）形成了两条快慢移动线，买进卖出信号取决于这两条线的运行趋势和交叉点。DIF 与 DEA 均为正值，即都在 0 轴线以上时，大势属于多头市场；DIF 与 DEA 均为负值，即都在 0 轴线以下时，大势属于空头市场。在软件中输入"MACD"即可显示该指标（如图 7-1 所示）。

图 7-1　MACD 指标

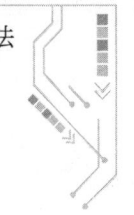

## 一、交易法则

**1. 在 0 轴上方 DIF 线上穿 DEA 线——买入**

在 0 轴上方或者 0 轴线附近，DIF 线向上穿越 DEA 线，都是一个十分强烈的买入信号，这个形态表示多方力量已经超越空方，股价有上升趋势，投资者可以积极买入股票。如果在 0 轴线下方出现 DIF 上穿 DEA 的现象，表示多方暂时取得了优势，但后市能否走强仍是个未知数，这时参与仍有一定的风险。

**2. MACD 柱状线由绿变红——买入**

MACD 柱状线由绿变红，说明多方重新占据主动。通常，这种现象会与 DIF、DEA 两条曲线的金叉同时出现。而柱线在变红之前，在 0 轴线下方整理的时间越长，未来股价上涨的空间就越大。当 DIF 在穿越 DEA 的时候，往往也是绿柱变红的时候。

**3. DEA 线与股价出现底背离——买入**

当股价连创新低时，如果 MACD 指标中的 DEA 线持续上涨，就是底背离现象。该形态表示股价虽然经过持续下跌，但下跌的动能越来越弱，主导下跌的空方力量正在衰退，而多方力量正在复苏，一旦多方占据主动，则股价将会被持续拉升。通常，背离形态开始时 DEA 线的位置越低，看涨信号越强烈。

**4. DIF 线和 DEA 线拒绝死叉——买入**

DIF 线下跌到 DEA 线位置获得支撑反弹，这种形态说明多方仍然有能力主导行情，之前短暂的下跌难以改变长期上涨的趋势，未来股价还将在多方的推动下继续上涨。

**5. 在 0 轴线下方 DIF 下穿 DEA 线——卖出**

DEA 和 DIF 在 0 轴线下方或者 0 轴线附近出现死叉，表示空方力量已经胜过多方，股价将在空方的打压下进入持续下跌的行情。如果在 0 轴线上方出现 DIF 下穿 DEA 线的情况，表示空方暂时取得了优势，但后市并不一定会转为跌势。

**6. MACD 柱线由红变绿——卖出**

MACD 指标柱状线由红色变为绿色时，表示空方已经巩固了对行情的主导地位，投资者此时应该尽快将手中的股票出手。而柱状线在变绿之前在 0 轴线上方持续的时间越长，股价下跌的空间也就越大。

当柱状线由红变绿时,往往也会出现 DIF 与 DEA 的死叉。在柱状线出现由红到绿的转换时,股价往往都会有一波下跌。

### 7. DEA 线与股价出现顶背离——卖出

当股价在震荡上涨的行情中连创新高时,MACD 柱状线呈红色,但长度逐渐变短,而 DEA 线往往会向下运行,有时虽然 DEA 处于上升过程中,但上升的速度会越来越慢。表示多方后续力量不足。这种情况下投资者就应该择机卖出手中的筹码,以避免损失。

### 8. DIF 和 DEA 线拒绝金叉——卖出

DIF 线反弹到 DEA 位置处遇阻回落,表示空方力量仍然在主导着行情。之前的小幅反弹难以改变股价下跌的趋势,多方暂时不能突破空方的防线。如果 DIF 线在靠拢 DEA 的同时成交量也出现萎缩,则看跌的信号更加可靠。

## 二、实战案例

如图 7-2 所示的渝三峡 A,图中标出了两个位置的买点信号,第一个位置是股价正处于下跌行情的末期,DIF 上穿 DEA 线,柱状线由绿变红。第二个位

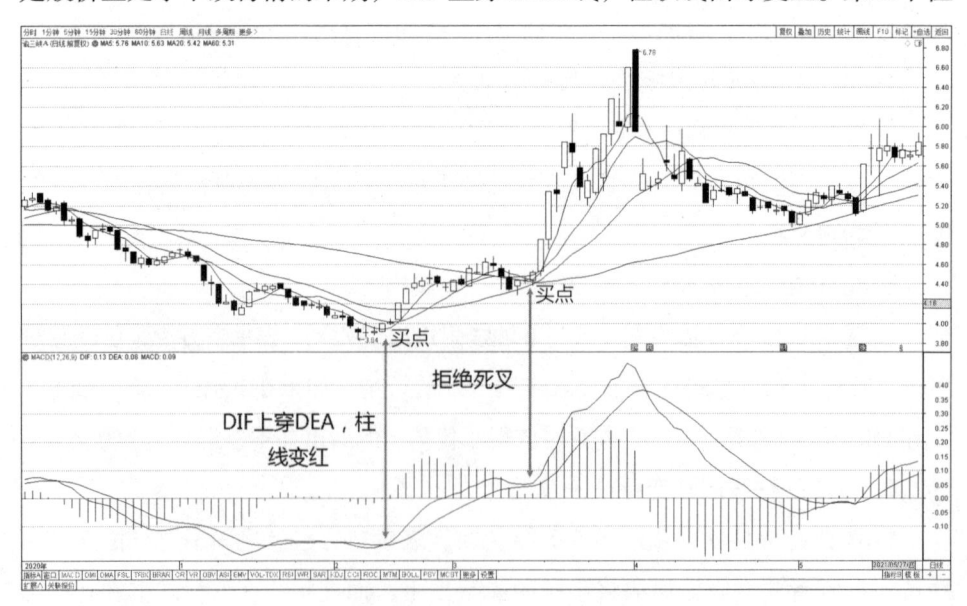

图 7-2 渝三峡 A K 线图

置为股价短线调整后，在 0 轴上方拒绝死叉，说明股价并不想深幅调整，股价短期内仍会继续上涨。

如图 7-3 所示的浙江震元，图中标出了两个卖点位置，第一个位置是股价上升到较高位置之后，上涨动力出现衰竭，红柱不断缩小，DIF 下穿 DEA 出现死叉，这时投资者就该买出手中的股票，持币者则不要轻易碰此类个股。第二个位置是股价在一波震荡行情的末期并没有选择向上突破，而是一直运行在 0 轴线以下，并在 0 轴线下方形成了死叉的形态，说明空方仍占有主动权，后市有继续下跌的可能，持股者应果断离场，持币者继续观望。

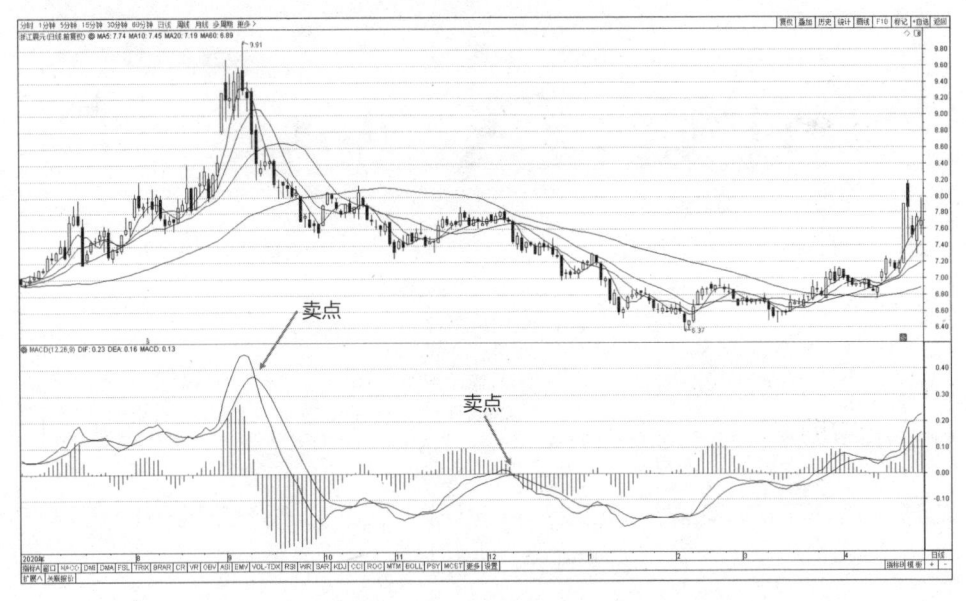

图 7-3　浙江震元 K 线图

## 第二节　随机指标——KDJ

随机指标，即 KDJ 指标。主要用于推算行情涨跌的强弱势头，从而找出买点或卖点。KDJ 是一个颇具实战意义的技术指标，因此深受广大投资者的喜爱。

随机指标在计算中考虑了周期内的最高价、最低价，兼顾了股价波动中的随机振幅,因而投资者认为随机指标更真实地反映了股价的波动,其提示作用更加明显。随机指标在图表上共有三根线,即K线、D线和J线。其中,K为快速指标,D为慢速指标,J为方向敏感指标。当K线向上突破D线时,表示为上升趋势,可以买进;当K线向下突破D线时,可以卖出。K、D的最大值为100,最小值为0,当K、D值升到90以上时表示偏高,跌到20以下时表示偏低;J的取值可以大于100或小于0,高于100是超买,低于0是超卖。太高就有下跌的可能,而太低就有上涨的机会(图7-4)。

图 7-4 KDJ 指标

# 一、交易法则

### 1. D 线跌破 20——买入

当KDJ指标中的D线跌破20时,说明市场进入了超卖状态,股价继续下跌的空间已经很小。这是短期看涨买入的信号,一旦多方力量复苏,股价有望持续拉升。投资者这时可以适当买入一部分股票,当D线重新突破20后继续上涨时,可以再次加仓。如果D线跌破20的同时成交量明显萎缩,而突破20时成交量再次放大,则看涨的信号更加可靠。

### 2. K 线与 D 线低位金叉——买入

当 K 线和 D 线都位于 20 下方并且同时上涨，K 线向上突破 D 线时，就被称为低位金叉。该形态表示空方力量强盛到极致后多方力量开始反攻，金叉过后股价将被多方持续拉升。此时投资者可以积极买入股票。而如果金叉出现在 50 上方时，则不能作为有效的看涨买入信号。

### 3. J 线从 0 下方反弹突破 0 值——买入

当 J 线连续多日在 0 下方，一旦回升到 0 上方，就表明空方力量消耗严重，多方力量复苏，是一个积极的买入信号。且 J 线在 0 下方的时间越长，该形态的看涨信号越强烈。

### 4. D 线从上至下跌破 80——卖出

当指标 D 一路上涨，突破 80 时，指标即进入超卖区域。该形态说明多方力量强烈到了极点，如果后续力量不足，将会有反转下跌的风险，投资者应该卖出部分股票。而如果在 D 线向上突破 80 时，成交量也出现萎缩，说明多方力量已经开始衰竭，一旦 D 线再次回头跌破 80，最好清仓出局。

### 5. K 线与 D 线高位死叉——卖出

当 K 线与 D 线同时位于 80 上方并且同时下跌时，指标线 K 跌破 D 线，说明空方力量已经开始反攻，而多方再难继续拉升股价，此时投资者应将手中的股票卖出。通常，死叉出现的位置越高，看跌信号越强烈。

### 6. J 线从 100 上方回调跌破 100——卖出

股价在连续上涨过程中，J 线连续多日在 100 以上，之后开始下跌并跌破 100，表明空方力量复苏，是股价即将下跌的信号，这时投资者就应该卖出部分股票。如果同时伴有 K、D 线的高位死叉，则看跌信号更加强烈。

## 二、实战案例

如图 7-5 所示的渤海租赁在 20 以下形成了金叉，对于短线投资者来说，可以在此处适当买入。

图 7-5　渤海租赁 K 线图

如图 7-6 所示的京粮控股，K 线与 D 线高位死叉后 D 线跌破 80。遇到此类情况，如果之前几天经过了较为大幅的上涨，短线就应该出局回避了。

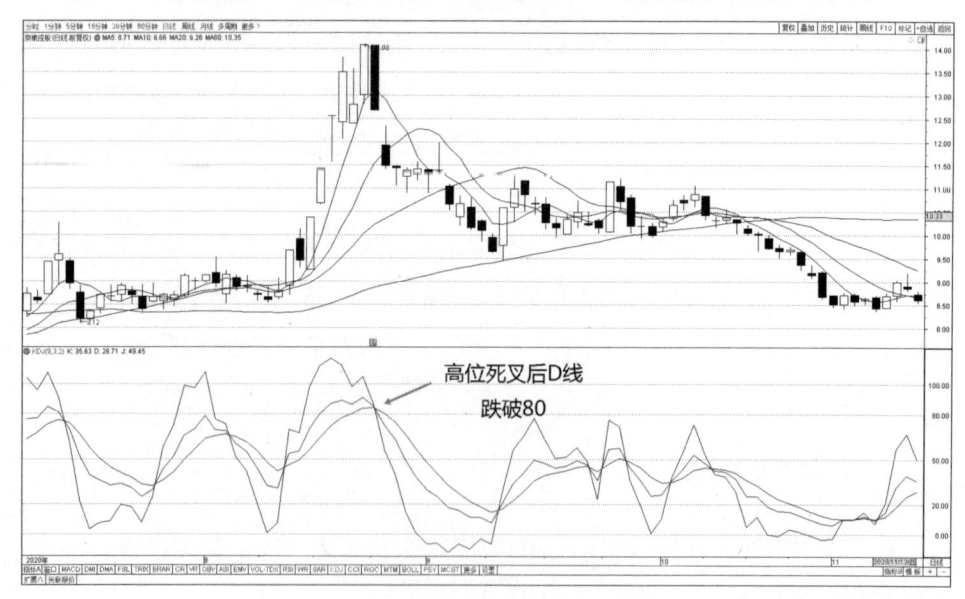

图 7-6　京粮控股 K 线图

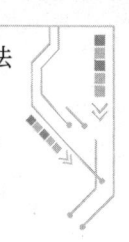

## 第三节 平均差指标——DMA

DMA 指标是属于趋向类指标，也是一种趋势分析指标 (如图 7-7 所示)。它是依据快慢两条移动平均线的差值情况来分析价格趋势的一种技术分析指标。

DMA 有两条曲线 (DIF (快) 和 DIFMA (慢))。通常，股票在一个完整的上升和下降过程中，DIF 线和 DIFMA 线会出现两次或两次以上的交叉情况。

图 7-7 DMA 指标

## 一、交易法则

### 1. DIF 线向上穿破 DIFMA 线——买入

当股价在经过长期下跌行情后，DIF 线向上突破 DIFMA 线，称为"黄金交叉"，说明市场开始转强，下跌趋势结束，投资者可以买入股票。当股价在经过一波上涨行情或者盘整行情后，DIF线开始再次上穿DIFMA线，也被称为"黄金交叉"，说明股价还会再次上涨，投资者可以补仓或者持股待涨。

### 2. DIF和DIFMA都大于0并向上移动——买入

当DIF和DIFMA都大于0并向上移动时，通常说明股市处在多头行情中，投资者可以买入。

### 3. 两条曲线从低位向上移动——买入

当DIF和DIFMA都小于0时，但是经过一段长时间的下跌行情后，如果两条曲线从低位向上移动，说明行情基本见底，股价即将反弹，投资者可以适当买入持有。

### 4. DIF在低位形成W底或者三重底——买入

当DIF在低位形成W底或者三重底时，说明股价正在底部建仓，投资者可以逢低买入持有。

### 5. DIF线向下穿破DIFMA线——卖出

当股价经过长期上涨行情后，受到上方压力和上涨动力的减弱，DIF线向下跌破DIFMA线，形成"死亡交叉"，说明股价将要进入下跌行情，这时要减仓卖出股票。股价经过一段下跌行情进入盘整阶段，但是由于市场做空力量过大，DIF线再次向下跌破DIFMA线，再次形成"死亡交叉"，说明股价还会继续下跌，投资者这时要清仓离场，持币观望。

### 6. DIF和DIFMA都小于0并向下移动——卖出

当DIF和DIFMA都小于0并向下移动时，说明股市处在空头行情中，投资者可以卖出观望。

### 7. 两条曲线同时从高位向下移动——卖出

当DIF和DIFMA都大于0，但是经过一段长时间的上涨行情后，如果两条曲线同时从高位向下移动，说明已经到达市场顶部，股价即将反转进入下跌行情，这时建议投资者卖出股票。

### 8. DIF在高位形成M顶或者三重顶——卖出

当DIF在高位形成M顶或者三重顶等反转形态时，说明下跌趋势基本确认，投资者应该及时卖出股票。

## 二、实战案例

如图 7-8 所示的新疆众和，DIF 线向上突破 DIFMA 线，形成黄金交叉，此时就是一个非常好的买点，随后在上穿 0 轴之后，两条线仍平行向上移动，

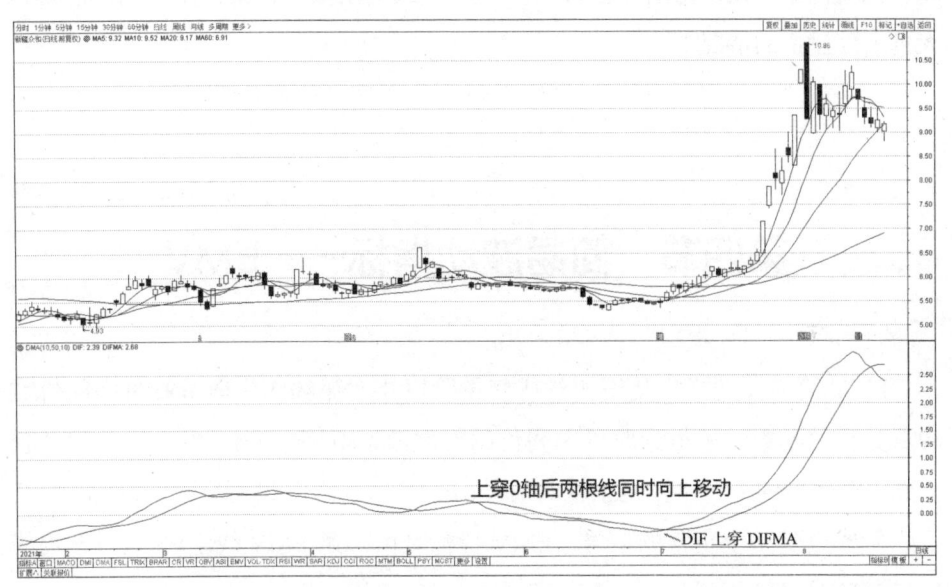

图 7-8　新疆众和 K 线图

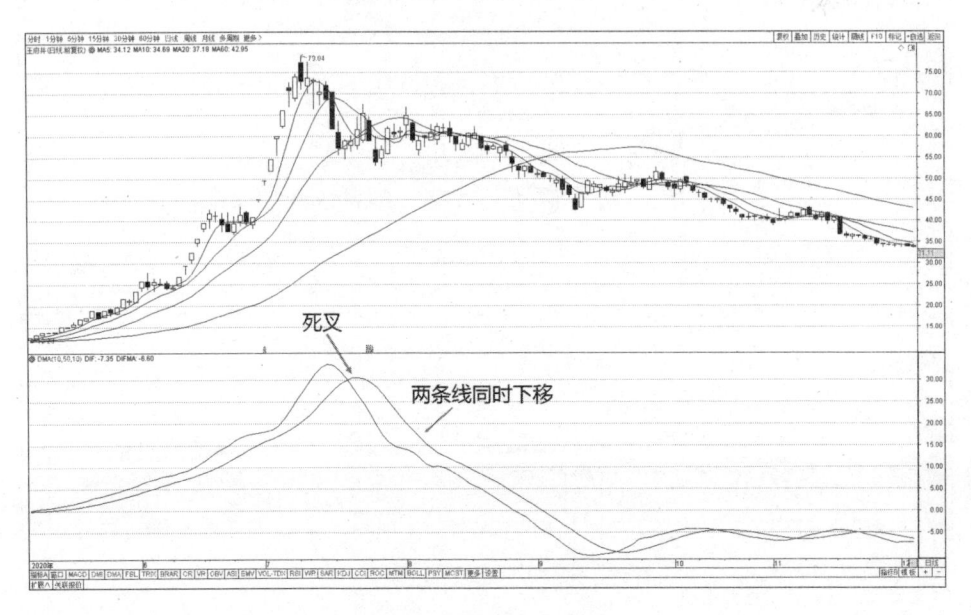

图 7-9　王府井 K 线图

可以看出多头仍在控制着市场走势，同样是一个不错的买入点。

如图7-9所示的王府井，图中标出了两个卖点位置，一个是在经过一波上涨之后，股价出现滞涨，在高位形成死叉；另一个是DIF和DIFMA两条线在高位同时向下移动。二者均是较为可靠的短线卖出信号，特别是在前期涨幅过大且上涨过快的情况下。

# 第四节　简易波动指标——EMV

EMV简易波动指标是用相对成交量除以相对振幅作为衡量股价中间价波动百分比的基数，来得到股价中间价的相对波动范围。EMV值上升代表放量上涨，在价格的上升阶段是正常的信号；EMV值下降，代表缩量下跌，在价格下跌阶段也是一个正常的信号。EMV指标是由一条EMV线（快）和一条均线MAEMV线（慢）组成的（如图7-10所示）。

图7-10　EMV指标

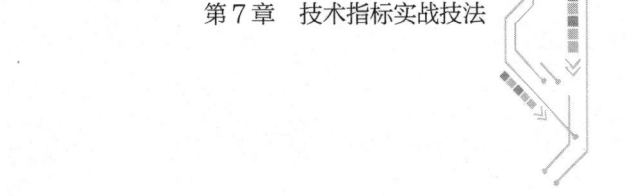

## 一、交易法则

**1. EMV 数值从负数向上接近 0 轴——买入**

当 EMV 数值从负数向上接近 0 轴时，说明多方力量开始增强，是买入信号，通常买入信号发生在 EMV 值从负数转为正数的一刹那。

**2. EMV 线由下向上穿过 0 轴——买入**

当 EMV 线由下向上穿过 0 轴时形成金叉，说明买盘活跃，多方力量明显大于空方，是中期买入信号。特别是当 MAEMV 穿越 0 轴之后，产生假信号的机会较少。

**3. EMV 数值从正数向下接近 0 轴——卖出**

当股价处在市场的顶部，出现大的成交量时，EMV 数值会提前反应开始下降，并且逐渐接近 0 轴，一旦 EMV 数值从正数变成负数，说明行情反转进入下跌趋势，是卖出信号。

**4. EMV 线由上向下穿破 0 轴——卖出**

当 EMV 线由上向下穿破 0 轴时形成死叉，说明抛盘严重，空方力量明显大于多方，是中期卖出信号。

值得注意的是，在实战中，如果是缩量上涨状态，EMV 数值也会升高，相反，缩量下跌状态，EMV 数值也会降低。但是股价上涨和下跌都伴随比较大的成交量时，EMV 数值往往会接近 0 轴。EMV 线大部分集中在 0 轴下方，这是 EMV 指标的主要特色。由于股价下跌时成交量通常会比较少，EMV 数值自然就在 0 轴下方；当成交量放大时，EMV 数值又接近 0 轴，当 MAEMV 向上穿过 0 轴时，买入产生的利润会令投资者相当满意。

## 二、实战案例

如图 7-11 所示的深圳能源，图中标出了两个买点的位置，均是 EMV 值由负值向上穿越 0 轴位置，而两个卖点的位置，则是由正值向下穿过 0 点位置。从图中可以看出，如果把握好买点和卖点的位置，则会有错的收益。实战过程中，激进型的投资者可以在接近 0 轴时适当买入，突破 0 轴时可以继续买入并持股待涨，直到发出卖出信号。

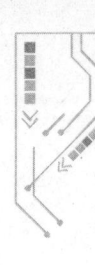

图 7-11　深圳能源 K 线图

# 第五节　商品路径指标——CCI

CCI 指标又叫商品路径指标（如图 7-12 所示）。它是指导股市投资的一种

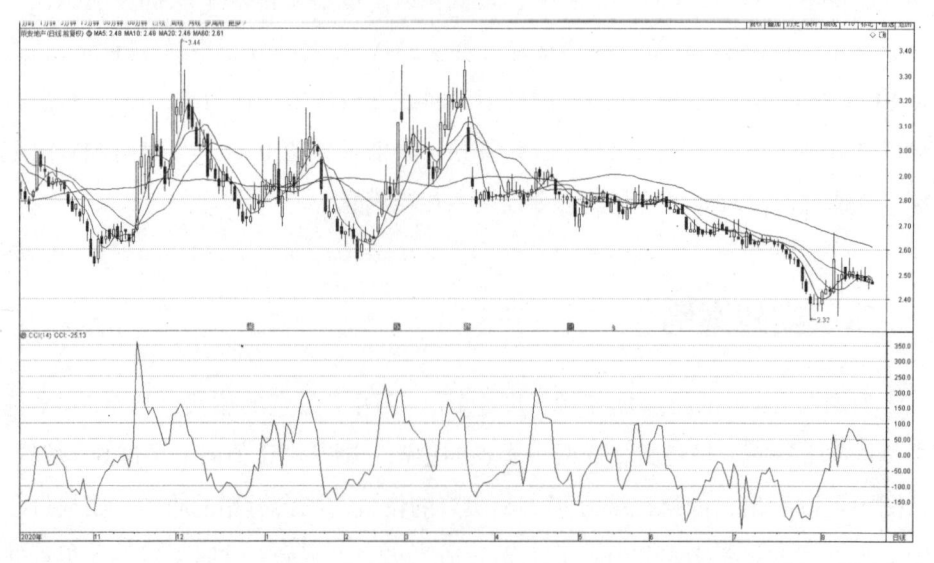

图 7-12　CCI 指标

中短线指标。通常 CCI 为正值时，为多头市场；为负值时，为空头市场。常态行情时，CCI 在 ±100 之间波动；强势行情中 CCI 会大于 100，而弱市行情中会小于 -100。

## 一、交易法则

### 1. CCI 突破 100 —— 买入

当 CCI 指标从下向上突破 100 线而进入非常态区间时，表明股价脱离常态而进入异常波动阶段，中短线投资者可适当买入，如果有较大的成交量配合，买入信号则更为可靠。如果 CCI 突破 100 后没有整理，而是继续向上，说明多方力量十分强劲，看涨信号更加强烈。

### 2. CCI 突破 -100 —— 买入

当 CCI 指标从下向上突破 -100 线而重新进入常态区间时，表明股价的探底阶段可能结束，是一个看涨信号，投资者可以逢低先少量买入股票，等到行情明确再继续加仓。

### 3. CCI 跌破 100 —— 卖出

当 CCI 指标从上向下突破 100 线而重新进入常态区间时，表明股价的上涨阶段可能结束，将进入一个比较长时间的盘整或下跌阶段，投资者应及时逢高卖出股票。如果在跌破 100 时成交量持续萎缩，说明多方力量已经十分衰弱，这个时候看跌信号更加可靠。

### 4. CCI 在 100 上方与股价顶背离 —— 卖出

当 CCI 在 100 上方显示市场处于超买状态，如果这时股价与 CCI 指标形成顶背离，则说明股价上涨的动能开始减弱，随时有见顶的可能。投资者应该选择在 K 线形态出现下跌迹象时卖出股票。

## 二、实战案例

如图 7-13 所示的泛海控股，图中用方形标出了买点的位置，圆形标出了卖点位置，标识的第一个位置是 CCI 从 -100 向上突破轴线，表明行情有可能止跌企稳，可适当买入。第二个位置是 CCI 向上突破 100，表明行情正朝着有利于多方的方向发展，投资者可以放心买入，适当加仓。第三和第四个买点位置均依照向上突破 100 为参考。而两个卖点位置则是指标向下穿越 100，从图 7-13 中可以看到，灵活运用该指标同样可以取得不错的收益。

图 7-13　泛海控股 K 线图

## 第六节　变动率指标——ROC

变动率指标 ROC，是以当日的收盘价和 N 天前的收盘价比较，通过计算股价某一段时间内收盘价变动的比例，应用价格的移动比较来测量价位动量，探测股价买卖供需力量的强弱，进而分析股价的趋势及其是否有转势的意愿。

ROC 也有两根曲线，一个是 ROC 线（快），一个是其移动平均线 MAROC 线（慢），运行周期一般为 6 日（如图 7-14 所示）。

图 7-14　ROC 指标

# 一、交易法则

### 1. ROC 向上突破 0 值——买入

当 ROC 指标升至 0 值上方，表示当天的收盘价已经超过了 12 个交易日前的收盘价，说明股价走势转强，是一个买入信号。

### 2. ROC 与股价出现底背离——买入

股价创出新低，而 ROC 指标并没有创出新低，反而低点在向上移动，即为底背离，说明跌势开始趋缓。一旦股价开始回升，投资者就可以积极买入。

### 3. ROC 与指标均线低位金叉——买入

当 ROC 跌至 -10 或更低的位置，ROC 指标自下而上穿越 MAROC 线，出现金叉，则买点出现。通常短线会有一波涨幅。如果金叉出现在 -20 位置处，则买点的可靠性更大。

### 4. ROC 向下跌破 0 值——卖出

ROC 指标跌至 0 值下方，表示当天的收盘价已经跌破了 12 个交易日前的收盘价，说明股价走势转弱，投资者应该适时卖出股票。而当股价在 0 值附近处于窄幅横盘波动时，该卖点失效。

### 5. ROC 与股价出现顶背离——卖出

股价创出新高，而 ROC 指标却没有创出新高，即出现顶背离，说明股价涨势趋缓，当股价开始下跌时投资者就要卖出股票。

### 6. ROC 与指标均线高位死叉——卖出

ROC 指标升至 20 甚至更高的位置，说明股价短期内涨幅巨大，随时可能出现回落，而 ROC 指标的死叉则发出了具体的卖出信号。

## 二、实战案例

如图 7-15 所示的兴业矿业，标出了两个位置的买点信号，第一个位置是在 -10 以下出现了金叉，说明股价有可能止跌企稳，投资者可以少量试探性买入。第二个位置则是向上突破 0 轴，这说明很可能进入多头行情，投资者可适当加仓买入。

如图 7-16 所示的瑞凌股份，标出了两个位置的卖点信号，第一个位置是在 10 以上出现了死叉，说明股价有可能已经到达顶部，投资者应该做减仓或者

图 7-15 兴业矿业 K 线图

图 7-16　瑞凌股份 K 线图

卖出操作。第二个位置则是向下跌破 0 轴，这说明很可能进入空头行情，投资者应以清仓为主。

# 第七节　相对强弱指标——RSI

相对强弱指标（RSI）是一种超买超卖型指标，最早被应用于期货买卖，后来投资者发现它也适合于股票市场的短线投资，于是被用于股票升跌的测量和分析中。

RSI 指标通过比较一段时期内的平均收盘涨数和平均收盘跌数来分析市场买卖盘的意向和实力，从而分析未来市场的走势。

RSI 有三个指数，其中 RSI1 表示 6 日相对强弱，RSI2 表示 12 日相对强弱，RSI3 表示 24 日相对强弱。RSI 以 50 为中界线，大于 50 视为多头行情，小于 50 视为空头行情（如图 7-17 所示）。

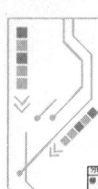

图 7-17 RSI 指标

# 一、交易法则

### 1. RSI1 跌破 20 又向上突破 20——买入

当 RSI1 跌破 20 时，说明市场进入了超卖状态，股价继续下跌的空间已经不大，这时投资者可以试探性地少量建仓。当 RSI 见底回升突破 20 时，则可以加仓买入股票。

### 2. RSI1 与 RSI2 低位金叉——买入

RSI1 和 RSI2 同在 50 下方，且一起上涨，当 RSI1 向上突破 RSI2 形成金叉时，是一个十分强烈的买入信号，投资者可以积极买入股票。如果 RSI 金叉形态出现的同时，成交量也呈现出温和放大的形态，则看涨信号更加强烈。

### 3. RSI1 在低位形成 W 底——买入

如果 RSI1 连续两次下跌到几乎同一位置均获得支撑而反弹，这样就会形成一个 W 底的形态。当该形态突破颈线时，就是一个买入信号。W 底形态说明多方力量充足，短暂的回调无法改变股价上涨的趋势，投资者可以加仓买入股票。

#### 4. RSI1 与股价底背离——买入

当股价连续创下新低，RSI1 却没有创下新低，反而有上涨的趋势，这就形成了底背离现象。该现象说明股价下跌动能越来越弱，多方力量开始复苏，一旦多方发起反攻，未来将有一波涨势。

#### 5. RSI1 从高位跌破 80——卖出

当 RSI1 突破 80 时，说明市场进入超买状态，股价继续上涨的空间十分有限。这时投资者可以卖出部分股票，轻仓观望。如果 RSI 见顶回落跌破 80，就可以清仓出局。

#### 6. RSI1 与 RSI2 高位死叉——卖出

RSI1 和 RSI2 在高位一起向下运行，RSI1 跌破 RSI2 形成死叉，说明空方力量已经占据了上风，投资者应该尽快卖出手中的股票。从图 7-19 中可以看到，当 RSI1 和 RSI2 形成死叉时，股价也随之下跌。

#### 7. RSI1 在高位形成 M 顶——卖出

如果 RSS1 连续两次上涨到同一位置遇到阻力回落，就会形成 M 顶的形态，沿着第一次回落的底点绘制一条水平线即可以得到颈线，当股价跌破颈线时就是一个卖点信号。另外，RSI 还可以形成三重顶、头肩顶等形态，同样是卖出信号。

#### 8. RSI1 与股价顶背离——卖出

当股价连创新高，RSI1 的高点却持续下跌，这是典型的顶背离现象，也是强烈的看跌形态。当顶背离完成后，K 线形态上出现看跌图形，股价由升转跌时，投资者就要卖出股票。

## 二、实战案例

如图 7-18 所示的华天酒店，在经过了一段时间的下跌之后，随着股价企稳反弹，RSI1 向上突破 20，紧接着在 50 下方与 RSI2 形成金叉，这两个位置都是不错的买入时机。激进型的投资者可以在向上突破 20 时买入，而稳健建的投资者则可以在 RSI1 与 RSI2 形成金叉时买入。

图 7-18 华天酒店 K 线图

如图 7-19 所示的深纺织 A，股价连续向上震荡拉升，在上升行情末期出现顶背离现象，股价创下新高，而指标高点却不断下移。随后 RSI1 与 RSI2 形成了死叉，遇到此类情况，持股的投资者应该果断清仓出局。

图 7-19 深纺织 A K 线图

# 第8章 量价关系基础

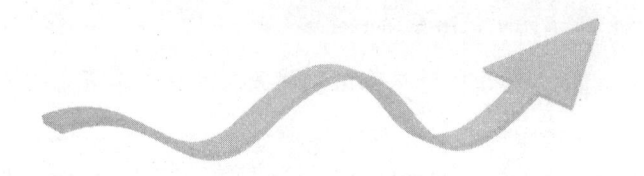

成交量是影响市场的重大要素之一。成交量的大小表明了市场上多空双方对市场某一时刻的认同程度,在量价关系中起主导作用。本章我们就来详细了解一下成交量。

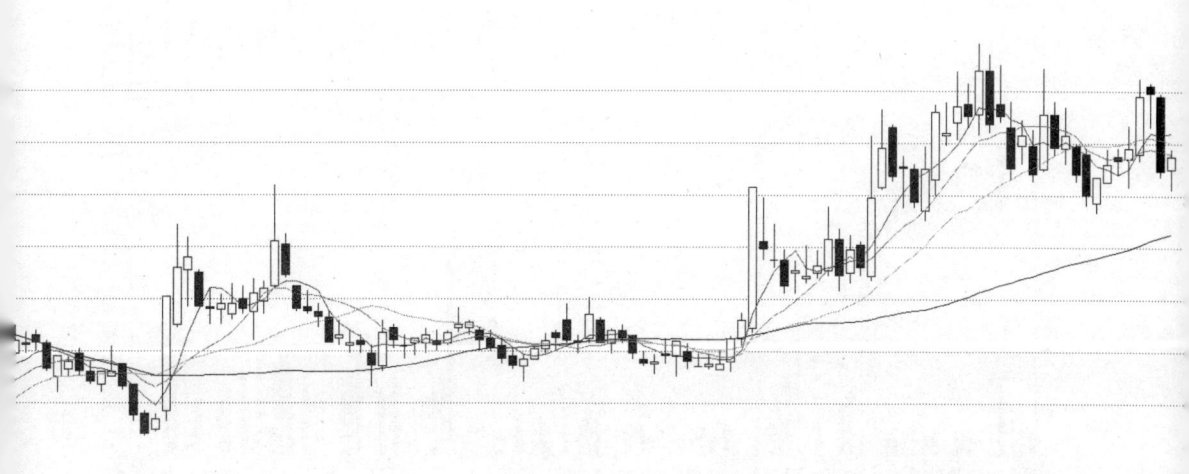

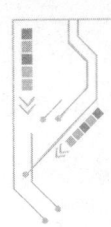

## 第一节　了解成交量

股市中的成交量是指单位时间内股票的成交数量，单位一般是手（1手等于100股），用柱状图表示。其中，红柱（空柱）表示当天收盘价高于开盘价个股的成交量；绿柱（实柱）表示收盘价低于开盘价个股的成交量（如图8-1所示）。一般情况下，成交量大且价格上涨的股票，趋势向好。成交量持续低迷时，说明市场不活跃，一般出现在熊市或股票整理阶段。成交量是判断股价走势的重要依据，为分析主力行为提供了重要线索。

市场人士常说："股市中什么都可以骗人，唯有量是真实的。"可以说，成交量的大小表明了多空双方对市场的认同程度。多空双方的分歧越大，成交量就越大，股价短期内的涨跌幅度就会较大。反之，成交量较小，则投资者操作不积极，股价短期内很难发生大的变化。投资者对成交量异常波动的股票应当密切关注。

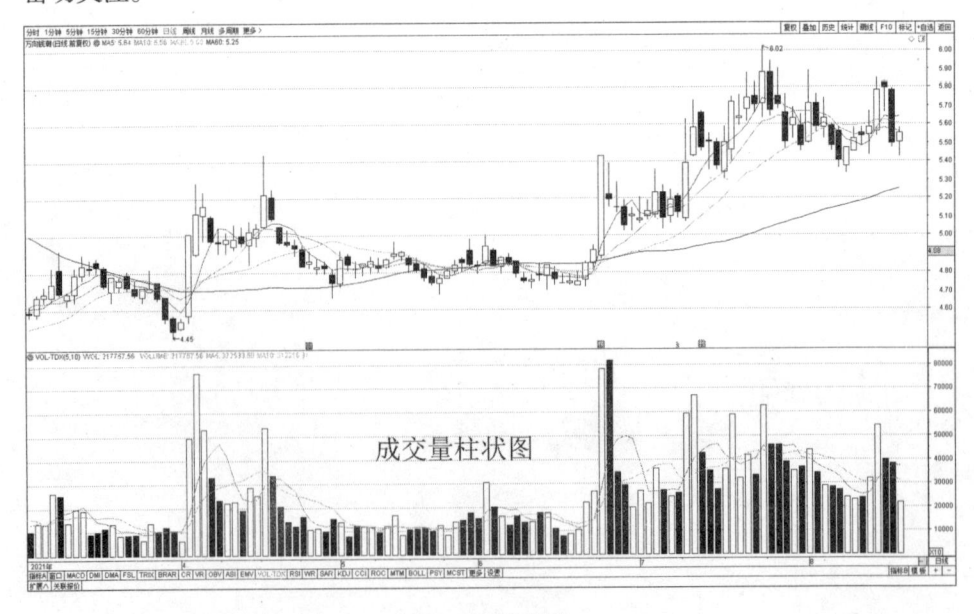

图8-1　成交量

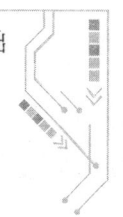

## 一、成交量的形态

### 1. 缩量

缩量就是指市场上的成交量极为寡淡。出现这种情况的原因一般有两个：一是市场人士都十分看淡后市，造成只有人卖，没有人买，所以成交量急剧缩小；二是市场人士都对后市十分看好，只有人买，没有人卖，所以成交量依旧急剧缩小。缩量一般发生在趋势的中期。投资者在遇到这种情况的时候应该出局观望，等到放量上攻时再重新介入（如图 8-2 所示）。

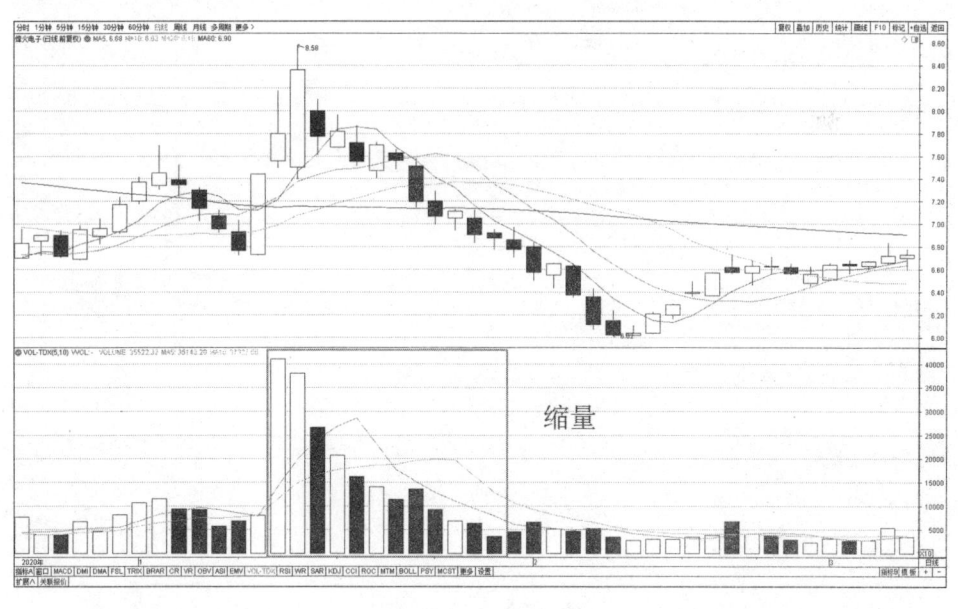

图 8-2 缩量

### 2. 放量

放量是指成交量较前段时间有明显放大，分为温和放量与突放巨量。放量一般发生在市场趋势发生转折的时候。如果出现放量时，股价也出现上涨，那么后市继续看涨。如果出现放量，股价却出现滞涨的情况，则是下跌的信号。尤其是出现放量但是股价却下挫的时候，是一种非常准确的下跌信号，投资者应该及时止损。

与缩量相比，放量有很大的不真实成分。对于主力来说，利用手中的筹码大笔对倒放出天量是非常简单的事。我们如果能分析清楚主力的意图，就能相对准确地进行有效操作。

如图 8-3 所示的宝塔实业，在上涨途中出现温和放量的形态，股价也在缓慢推升。而图 8-4 所示的烽火电子，则在底部整理后期出现突放巨量的情况。

图 8-3　温和放量

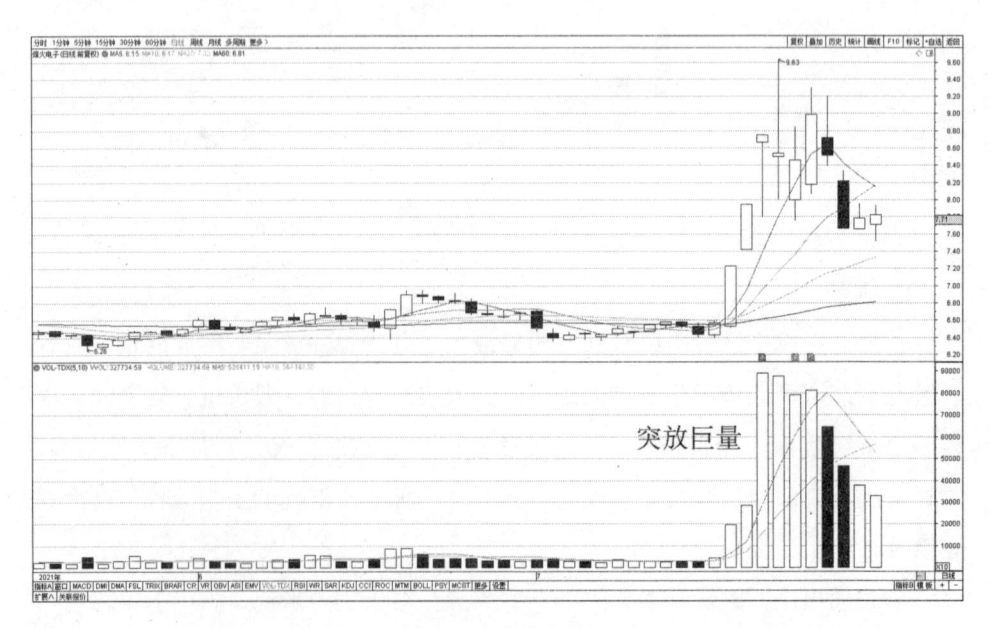

图 8-4　突放巨量

### 3. 堆量

所谓堆量，就是成交量像一个堆起的土堆，高出周边的成交量。堆量一般出现在三个阶段，即底部期、上升期、顶部期。

股价处于底部时，看多的投资者会逐步买入建仓，成交量明显放大，因此形成底部堆量。当主力资金在底部吸纳完筹码后，在拉升股价时，成交量会缓慢放大，股价被慢慢推高。当股价上涨到高位后，各种利好频传，引来场外的追涨资金，主力趁机大量派发手中的筹码，从而造成成交量放大，形成高位的堆量。出现高位堆量时，实战中要以控制风险为主，不宜追涨杀跌。

如图8-5所示的石大胜华，在上涨初期就出现了堆量的形态，股价随后出现了一波震荡上涨的行情。

图8-5 堆量

### 4. 成交量不规则放大或缩小

成交量不规则地放大或者缩小，一般发生在没有突发利好或大局基本稳定的情况下。成交量在风平浪静时突然放出历史巨量，随后又偃旗息鼓，恢复平静。这种情况一般是实力不强的主力通过这种手段在吸引市场关注，以便出货。如图8-6所示的中航高科，在股价运行过程中，成交量就出现了不规则放大或缩小。

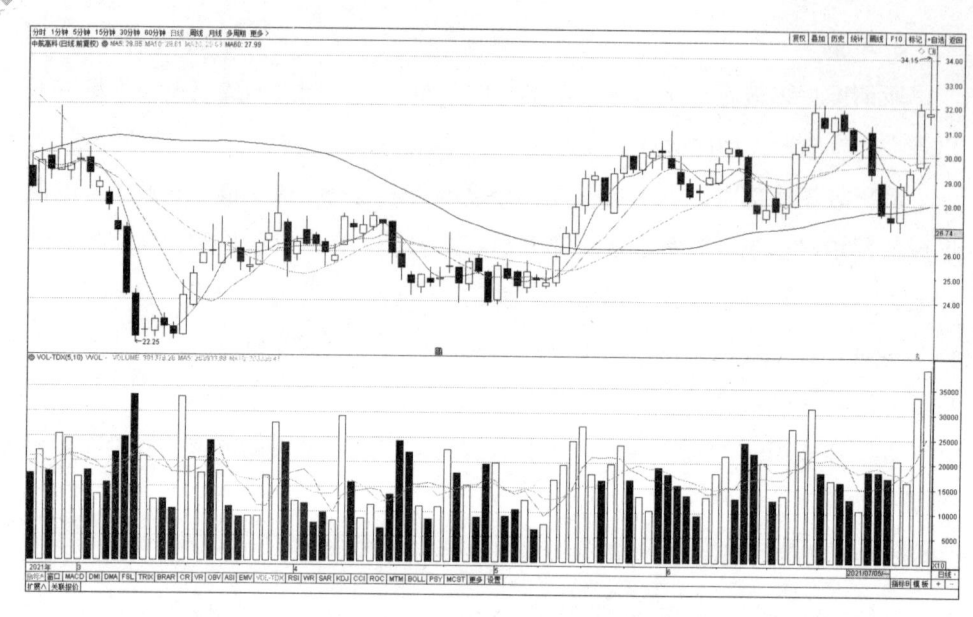

图 8-6　成交量不规则放大或缩小

## 二、反映成交量的指标

由于成交量非常容易造假，成交量在某种程度上不能完全反映市场且还会迷惑投资者，因此还要结合实际情况具体分析。常用的反映成交量的指标有三个：成交股数、成交金额、换手率。

### 1. 成交股数

成交股数即成交量中的"量"，是最常见的指标。该指标适合于个股成交量的纵向比较，即观察个股历史上放量与缩量的相对情况。但是，其最大的缺点在于忽略了不同个股之间流通盘大小不一的差别，不适合对不同个股进行横向比较，也无法准确反映主力的动向。

### 2. 成交金额

成交金额表示已经成交股票的金额数，直接反映了参与市场资金量的多少。该指标排除了大盘中由于不同个股间的价格差异带来的干扰，可以更直观地显示出大盘的成交量。在短期内股价变化幅度很大的情况下，成交金额比成交股数和换手率更能明确地反映出主力资金的进出情况。

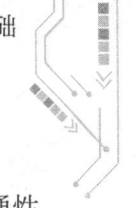

### 3. 换手率

换手率是指在一定时间内市场中股票转手买卖的频率，是反映股票流通性强弱的指标之一。该指标可以比较客观地反映个股的活跃程度和主力动态。换手率越高，说明该股的人气越旺盛，市场做多意愿越强；反之，则表示该股很少有人问津。短线投资者一般比较热衷于换手率较高的个股。

## 三、认识买盘和卖盘

买盘也就是大家经常所说的外盘，而卖盘就是所说的内盘。简单地说，场外资金进场买进成交的申报称为外盘，而场内资金卖出成交的申报称为内盘。如果股价涨停或者是跌停，那么以跌停板价格成交的申报都称为买盘，而在涨停板上成交的申报都称为卖盘。在成交明细中会用英文字母"B"和字母"S"表示，其中"B"是英文Buy（买进）的缩写，"S"是英文Sell（卖出）的缩写（如图8-7所示）。

图8-7 成交明细

通过外盘、内盘数量的大小和比例，投资者通常可以发现主动性的买盘多还是主动性的抛盘多，并在很多时候可以发现主力动向，是一个较有效的短线指标。但投资者在分析外盘和内盘时，要注意结合股价在低位、中位和高位的成交情况以及该股的总成交量情况。因为外盘、内盘的数量并不是在所有时间都有效，在许多时候外盘大，股价并不一定上涨；内盘大，股价也并不一定下跌。在大量的实践中，我们发现有如下情况：

① 股价经过较长时间的震荡下跌，处于较低价位，成交量极度萎缩。此后，成交量温和放量，当日外盘数量增加，大于内盘数量，股价将可能上涨，这种情况较可靠。

② 股价经过较长时间的上涨，处于较高价位，成交量巨大，并不能再继续增加，当日内盘数量放大，大于外盘数量，股价将可能持续下跌。

③ 在股价阴跌过程中，时常会发现外盘大、内盘小，此种情况并不表明股

价一定会上涨。因为有些时候主力用几笔抛单将股价打至较低位置，然后在卖一、卖二挂卖单，并自己买自己的卖单，造成股价暂时横盘或小幅上升。此时的外盘将明显大于内盘，使投资者认为主力在吃货而纷纷买入，结果次日股价继续下跌。

④ 在股价上涨过程中，时常会发现内盘大、外盘小，此种情况并不表示股价一定会下跌。因为有些时候主力用几笔买单将股价拉至一个相对的高位，然后在股价小跌后，在买一、买二挂买单，一些投资者认为股价会下跌，纷纷以叫买价卖出股票，但主力分步挂单，将抛单通通接走。这种先拉高后低位挂买单的手法，常会显示内盘大、外盘小，达到欺骗投资者的目的，待主力接足筹码后将迅速继续推高股价。

⑤ 股价已有了较大的涨幅，如某日外盘大量增加，但股价却不涨，投资者要警惕主力制造假象，准备出货。

⑥ 当股价已下跌了较大的幅度，如某日内盘大量增加，但股价却不跌，投资者要警惕主力制造假象，假打压真吃货。

## 第二节　成交量与股价的关系

成交量与股价之间的关系主要有量增价平、量增价涨、量增价跌、量缩价涨、量缩价跌、天量天价、地量地价等，下面我们一一进行分析。

### 一、量价关系的两种类型

#### 1. 量价同向

量价同向是指股价与成交量变化方向相同。当股价上升时，成交量也跟随股价增加，是后市继续看好的表现；股价下跌，成交量也随之减少，说明卖方对后市看好，持仓惜售，股价在下跌后很有可能发生反弹。

如图 8-8 所示的汉得信息，成交量与股价的变化方向始终一致，呈现出量增价涨，量缩价跌的形态。

图 8-8　汉得信息 K 线图

## 2. 量价背离

量价背离是指股价与成交量呈相反的趋势发展。通常分为两种情况：一是

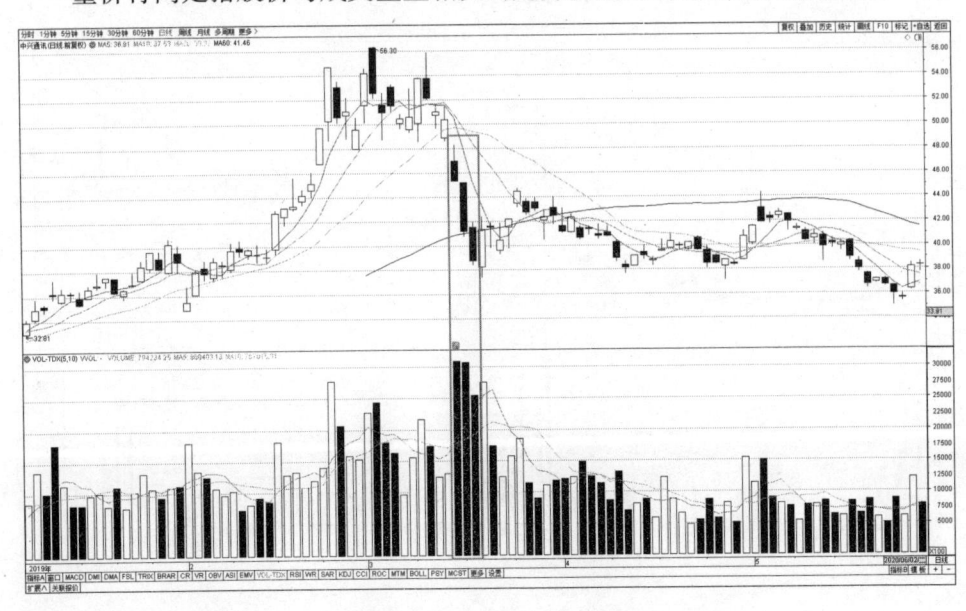

图 8-9　中兴通讯 K 线图

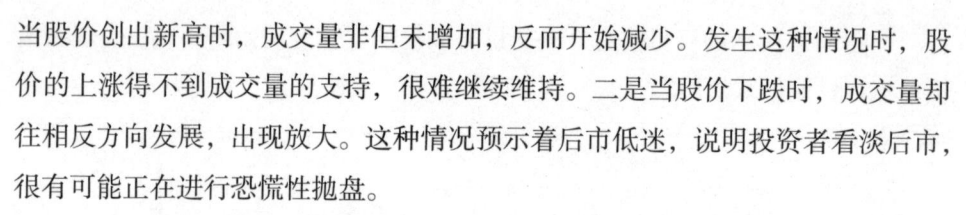

当股价创出新高时，成交量非但未增加，反而开始减少。发生这种情况时，股价的上涨得不到成交量的支持，很难继续维持。二是当股价下跌时，成交量却往相反方向发展，出现放大。这种情况预示着后市低迷，说明投资者看淡后市，很有可能正在进行恐慌性抛盘。

如图8-9所示的中兴通讯，股价经过一波上涨行情之后出现滞涨，整理几日之后出现连续放量下跌的形态，一举跌破60日线。出现这种情况，后市往往很难再有起色。

## 二、量增价平

量增价平是指成交量出现放大，但是股价仅维持在原来的水平上，并没得到成交量的支持出现上涨，投资者不宜跟进；如果出现在股价上涨后的高位，则很有可能是主力在出货，在主力出完货后，股价很可能发生反转，投资者应该提高警惕；如果出现在股价下跌后的低位或者在股价上涨的初期阶段，则很有可能是场外资金正在进场，进行打压建仓，一旦底部形成，股价很有可能出现大幅拉升，投资者可以密切关注，适当参与。

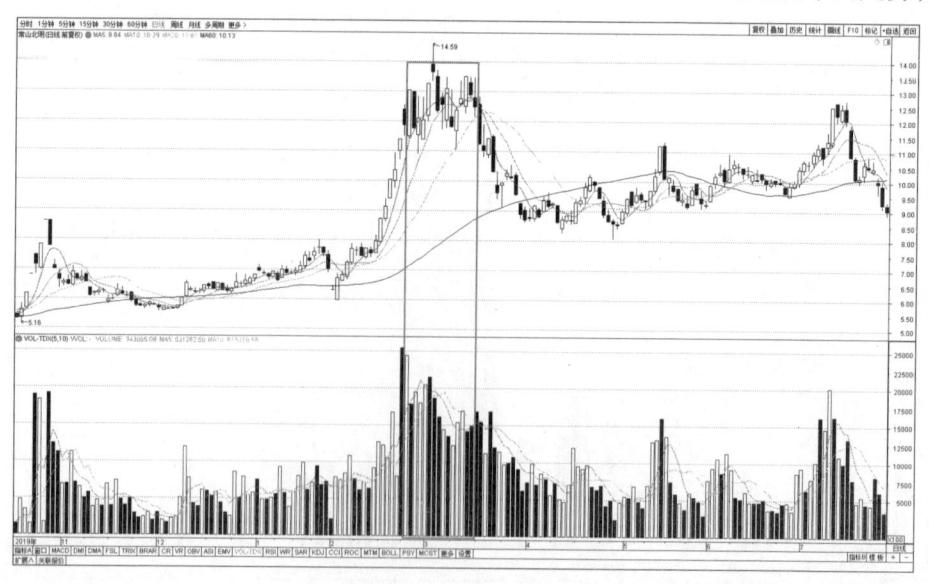

如图8-10所示的常山北明，在股价上升到高位时出现了量增价平的走势，

图8-10 常山北明K线图

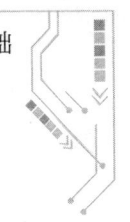

股价随后走出了一波下跌行情。

## 三、量增价涨

量增价涨是指在成交量放大的同时与股价也出现上升行情。这种量价配合的情况如果出现在股价上涨行情的初期阶段，后市一般继续看涨，投资者可以积极介入；若是出现在股价上涨后的高位，一般表示多方力量开始减弱，后市随时可能发生下跌，投资者应该尽快获利了结。

如图 8-11 所示的宜华健康，就是在行情启动的初期出现量增价涨。股价在经过长时间的下跌到达底部，此时开始有主力资金进场，成交量随之增加，股价在成交量的配合下向上运行。

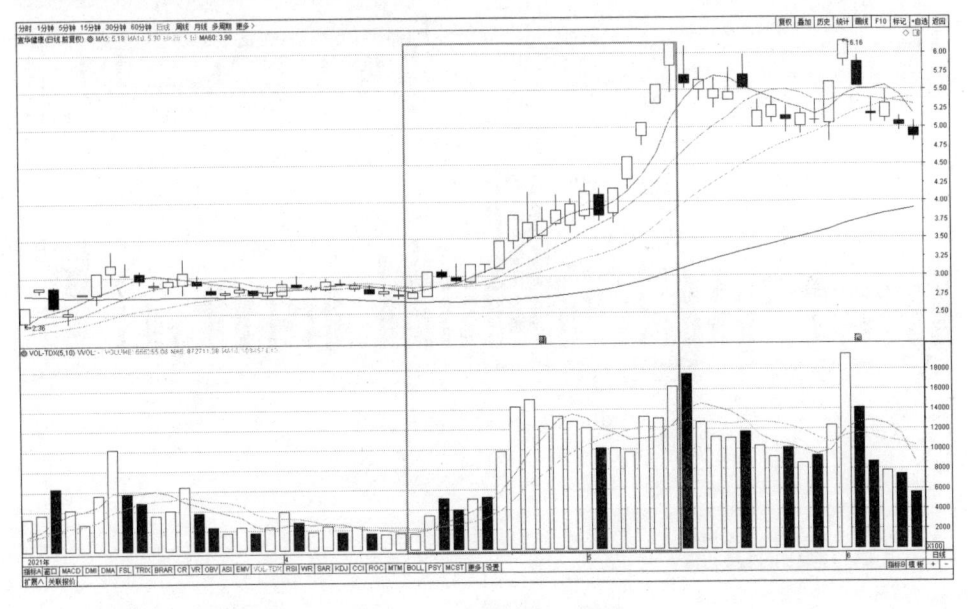

图 8-11 宜华健康 K 线图

## 四、量增价跌

量增价跌是指在成交量放大的时候，股价不涨反跌。股价出现与成交量相反的走势。这是种量价背离的现象，如果出现在股价下跌后的低位区域，很有可能是主力正在介入，预示着底部即将形成，股价很快会发生反转，投资者可以买进；如果出现在股价上涨后的高位，那么后市将出现下跌行情，是非常重要的卖出信号。

如图8-12所示的美的集团，股价运行到高位区域滞涨，经过短暂的整理之后连拉两根向上大阳线，并且突破了前期高点，看似来势汹汹的拉升，实则是诱多的陷阱，股价并没有继续向上拓展空间，而是在随后的几天内出现放量下跌。这种情况下，通常可以认为是主力在出货，投资者应该及时止损。

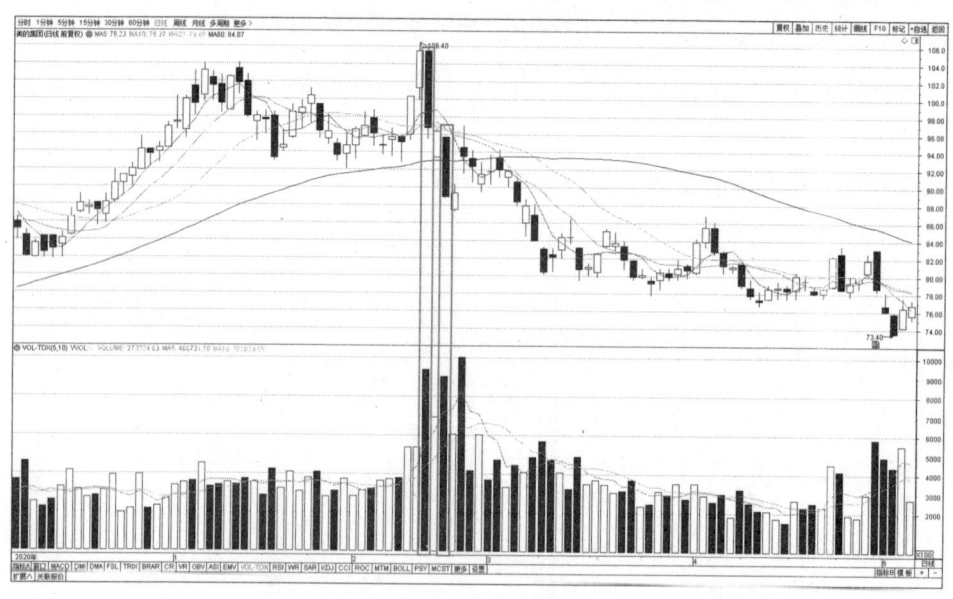

图8-12 美的集团K线图

## 五、量缩价涨

量缩价涨是指成交量出现减少或萎缩，而股价却出现上涨。量缩价涨可能出现在任何阶段，当然在不同阶段市场含义也有所不同。如果股价经过一波下跌之后，在反弹过程中出现了量缩价涨的现象，说明反弹没有得到市场的认可，通常反弹的高度并不会太高。如果在股价上涨的中途出现量缩价涨，若不是极度萎缩，一般说明主力筹码锁定良好，后市仍将上涨，但是此时股价有波动。而如果在股价刚从底部启动时出现量缩价涨的走势，甚至一开盘就涨停，说明主力筹码锁定相当死。出现这种现象时，往往预示着股价后期会出现大涨，投资者可积极介入。

如图 8-13 所示的合肥百货，在下跌过程中出现了一波小幅反弹，由于没有成交量的配合，反弹并没有持续。

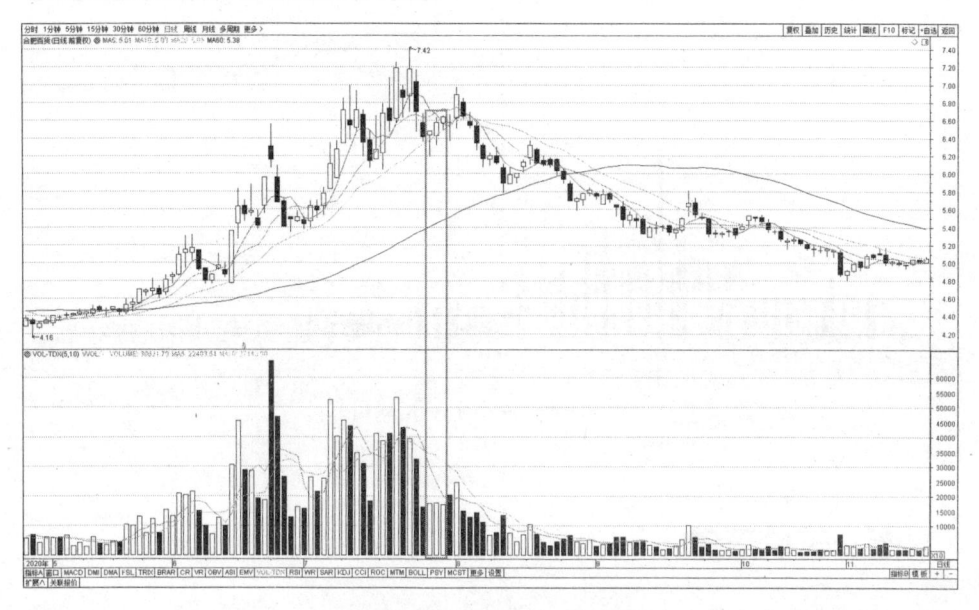

图 8-13　合肥百货 K 线图

## 六、量缩价跌

量缩价跌是指在成交量减少或萎缩的时候，股价也发生下跌，量缩价跌会出现在股价运行的各个阶段，其含义也因其出现的位置不同而不同。如果出现在股价下跌过程中，通常预示着股价将会继续下跌，因为缩量说明下跌过程中很少有资金流入抄底。但如果是经历了长期并且是大幅下跌后出现该现象，则预示着空方力量已经耗尽，后市很可能出现反弹或反转。如果在股价上涨的高位区出现该走势，预示着股价缺乏上涨的动力，一旦后市出现下跌，其速度将会很快，投资者要小心操作。

如图 8-14 所示的鄂武商 A，在股价上涨到高位之后，顶部出现了量缩价跌，股价走势随之反转向下。

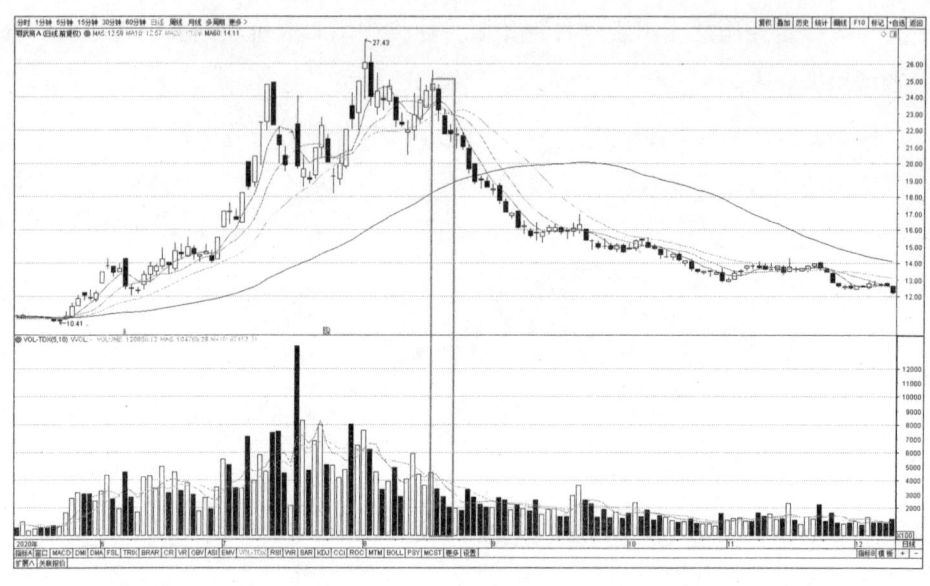

图 8-14 鄂武商 A K 线图

## 七、天价天量

天价天量是指股价在上涨到高位后放出巨量，股价也创出新高。这种情况

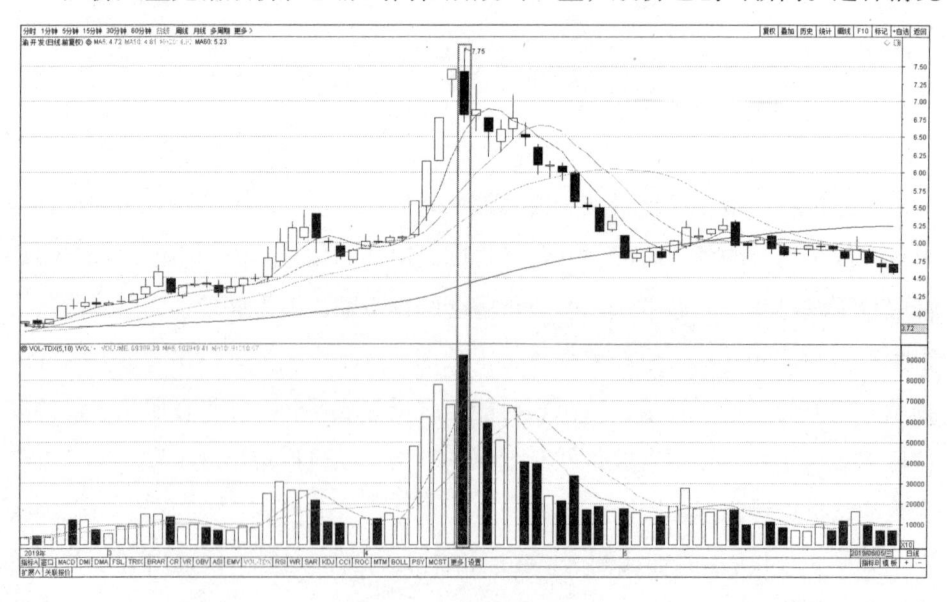

图 8-15 渝开发 K 线图

通常出现在股价上涨后的高位,是股价见顶的信号。如图8-15所示的渝开发,股价前期小阳线稳步向上推进,短暂整理之后向上放巨量突破,这种巨量持续了四天,最后放出天量后收出一根大阴线,说明多空双方较量达到一个峰值,接下来的走势证明空方占优,上涨动能枯竭,股价随即开始下跌。

需要指出的是,有时天量出现之后并不一定会同时出现天价,也有时天价出来之后过了一段时间才会出现天价。投资者不可拘于理论,过于教条。

## 八、地价地量

地价地量是指大盘或个股在市场低迷时,走出最低的价格,形成最低的成交量。此时市场的人气涣散,交投不活跃,如果出现地量地价,往往是长线投资者进场的大好时机。

地量可以出现在任何位置。一般出现在股价即将见底时的地量持续性较强,投资者如果在这一时期介入,只要能坚持一段时间,后市一般都会获利,当然最好是在股价拉升之前介入。在主力震仓洗盘的末期,也会经常出现地量。这一时期往往是中线进场的好机会。地量也会间断性地出现在股票拉升前的整理阶段,主力一般通过这种方式进行拉升前的试盘,如果投资者能在这一阶段的

图 8-16 梅雁吉祥 K 线图

末期跟上主力,后期将获利不小。

如图8-16所示的梅雁吉祥,股价在经过一段时间的下跌之后,成交量逐渐萎缩,随着股价的不断下跌,在下跌行情的末期出现了地量,投资者如果在此阶段大量介入,后市将获利不小。

# 第三节　不同市况下的量价特征

成交量与股价的关系,也会随着行情的演变而发生变化,下面我们来了解一下不同市况下的量价走势特征。

## 一、牛市的量价特征

牛市也称多头市场,指行情普遍看涨,延续时间较长的大升市。此时的买入者多于卖出者。牛市通常发生在经济大牛、市场环境向好。大多数上市公司业绩优良等情况下。其量价走势特征主要表现如下。

① 与价格走势的上升三波相对应,成交量也可大致分为三段,而且最大的成交量常发生在第二上升波中,其次是第一上升波,较少出现在第三上升波中。通常主力控盘的小型股不符合上述规则。

② 在高位经过一段时间缩量调整之后,突然放量,价格急速上涨,则可能是最后的疯狂,投资者不要追高。

③ 当股价已经震荡上涨很长一段时间,如果出现持续放量而价格上升缓慢或走平,表明主力资金在逐渐退场。

## 二、熊市的量价特征

熊市与牛市相反。股票市场上卖出者多于买入者,股市行情看跌,称为熊市。引发熊市的因素与引发牛市的因素差不多，不过是向相反方向变动。熊市的量价走势主要表现如下。

① 熊市初期肯定会有一个放量下跌的过程，这是因为资金大举退场的缘故，但并不一定就发生在跌破支撑位时。

② 熊市中段成交量往往无规律可循，因为此时多空分歧较大、入场意愿都很强。

③ 熊市中的反弹有时也会出现放量，但这种情况很少，这时投资者切不可认为价格反转。出现反弹的原因，一可能是技术上的修复，另一种可能是主力还有余货未出完造成的。

④ 在熊市末期，成交量通常会出现极度萎缩，大熊市更是如此，而且时间很长。如果出现破位下行、速度加快，成交量放大，则表明有资金入场抄底，底部很可能就在眼前，如果连续两日有价格企稳迹象，投资者可以适当入场。

## 三、平衡市的量价特征

所谓平衡市，也就是通常所说的"牛皮市"，是一种股价在盘整中逐渐下沉的低迷市道。此时的成交量都很小，也有时忽大忽小。在平衡市中，由于指数在一定区域内波动，除个别股票外，大多数股票的走势总是受制于大盘，股价在一定的区间内震荡，构成上有顶、下有底的盘局。对于主力来说，此时正是建仓布局的大好时机。平衡市的量价走势主要表现如下。

① 熊市末期进入平衡市时的成交量特征：在下跌趋势中的后期阶段，无论是大盘还是个股，其跌幅都已与同步成交量背离，并且从K线系统的排列和K线组合形态来看，股价走势已逐步构筑成多头态势。

② 一般在平衡市中，上涨和下跌的幅度较小，并伴随着地量，市场观望气氛浓重。在平衡市中一般很难出现龙头板块领涨，只会有一些前期的强庄股会出现反复拉涨的情况。

③ 大盘不会永远在平衡市中维持，早晚会做出方向性选择，在选择的同时常常会伴随利好或者利空消息出台。

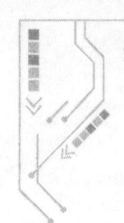

# 第四节　分时走势中特殊的量价关系

股价的即时走势动态，都会在分时走势图上呈现出来。投资者可以通过股价和成交量在分时走势图上的变化，来分析判断主力的控盘意图，预测股价的短期走势，分时走势图上显示出来的最关键的两个因素，就是价格与成交量。成交量变化的同时也伴随着股价的变化。下面结合一些具有代表性的案例进行具体分析。

## 一、开盘封涨停后缩量

这是投资者经常看到的一种现象，股价开盘不久就伴随着成交量的放大快速出现涨停，但当股价封住涨停之后，成交量却出现极度的萎缩，盘中的成交呈现出十分稀少的现象。

这样的走势往往是由于一些个股在遇到突发的利好消息之后，早上一开盘就大幅度高开，随着买盘越来越多，成交量在快速放大，股价也在这种供不应求的市场中被大幅度地推高直至涨停。由于受利好消息刺激，当股价封住涨停之后，大家一致看好股价的后期走势，都不想在这时出售手中的筹码，股价被封住涨停之后，成交量就一直处于萎缩的状态。

另外，还有一些个股是由于主力高度控盘，在其进行拉升时也会出现这种现象。主力在低位建仓之后，对个股高度控盘，或者在前期进行了充分的洗盘，达到了牢固锁筹的效果。主力在拉升股价时，开盘后即采取对倒的方式不断推高股价，再加上一批跟风盘入场买进，帮助主力把股价拉至涨停板，在这种情况下，成交量自然而然地就会迅速放大。当股价封住涨停之后，也不会有很多短线获利盘出逃，因此成交量会呈现出萎缩的现象。

不管是因为利好消息的刺激，还是由于主力高度控盘后拉升股价，个股出现这种量价走势现象，都标志着投资者看好股价的后期走势，个股受到场外资金的高度关注。只要当时股价不是处于市场高位，那么后市股价必然会上涨，至少短期内股价会延续上涨的走势，并且股价第二天往往会出现高开的走势。

如图8-17所示的英特集团，开盘后快速向上拉升，成交量迅速放大并封住涨停，随后成交量迅速出现萎缩。这说明盘中的抛盘相当少，投资者持股信心比较稳定，否则在股价封住涨停之后，必然会涌出大量的获利回吐盘。

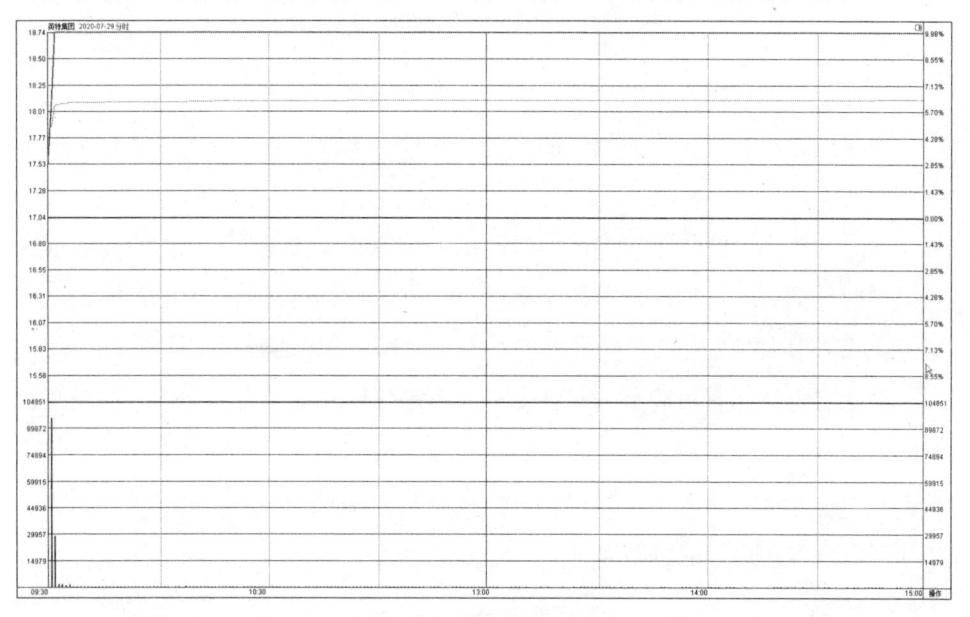

图 8-17　英特集团分时图

遇到这种走势时，只要此时股价不是在市场高位区域运行，那么一旦股价涨停之后迅速缩量，就可以挂单排队买进。如果是在上涨的途中，则买入后，在次日获利即出；如果是在上涨后的高位区域，则尽量不要追高。如果是由于利好消息的刺激出现这种走势，那么投资者要认真分析这个消息是否能构成实质性的利好，如果结论是肯定的，那么就可以果断跟进，否则，只能作为短线操作目标来关注它。

## 二、尾市快速放量涨停

有时股价在下午2点之前一直都处于低迷的运行状态，股价波动的幅度相当小，而且成交量呈现出极度萎缩的现象。但在下午2点之后，甚至是在收盘前半小时甚至几分钟的时间，股价突然向上放量拉升，一口气把股价拉至涨停；涨停之后，成交量又迅速萎缩。

之所以会出现这种走势，可以说明，肯定是主力所为，而且主力已经达到了高度控盘的程度。2点前，股价没有太大的幅度，是因为主力一直控制着股价在一个很小的范围内波动，或者没有参与，而是让散户自由交易，只有股价到了关键的点位，主力才出来干涉一下。哪怕此时大盘出现了明显上涨，该股也依旧处于这种波澜不惊的走势之中。而当大家都对它失去信心的时候，主力却突然在尾盘对股价进行大幅度的拉升，并且是迅速拉升，让投资者根本来不及作出反应。

这时的拉升，往往是主力采用对倒的手法把股价快速拉上去的，此时成交量呈现明显的放大，当股价被拉至涨停后，成交量又迅速萎缩。这表明在股价涨停之后，很少有主动性的抛盘出现，主力对筹码锁定得比较牢固。

除此之外，还有可能是一些资金实力不是很雄厚的主力所为，因为尾盘拉升的最大好处就是可以节省主力很多拉升股价的成本。在尾市拉升股价，很多投资者来不及作出反应，股价就已经涨上去了，因此可以避免一些抛压盘涌出，增加主力接筹和拉升股价的成本。

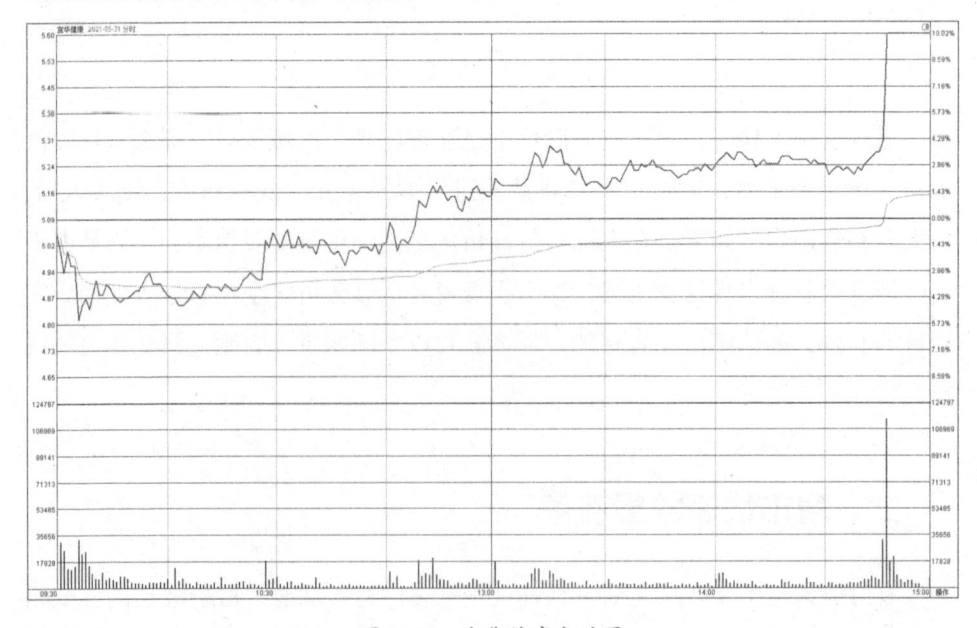

图 8-18　宜华健康分时图

当然，也不排除主力在出货的过程中采用这种手法拉盘，引诱投资者入场接盘。因此，投资者遇到这种走势的个股时，一定要看清楚股价所处的位置。如果是在股价刚启动的底部区域，或者是在股价上涨的中途出现这种走势，就标志着主力开始进入拉升阶段，后市股价将会持续向上攀升。如果是在股价经过大幅度上涨之后出现这种走势，那么投资者就要引起注意了，因为这很可能是主力在故意拉高股价，引诱投资者入场接盘，而主力的真正目的是出货，在这种情况下，后市股价很可能会出现下跌。

如图 8-18 所示的宜华健康，股价在整个上午的运行中都表现得较为低迷，股价大多数时间在前日收盘下运行。在 2：30 之后出现一波快速拉升，并且直接把股价拉至涨停板。

## 三、阶梯式放量

阶梯式是指股价在分时走势图上呈现出阶梯式的上涨，股价每上涨到一个台阶时就会走出一波整理走势，之后再次出现拉升，如此反复。当股价拉升时，成交量会出现放量的现象；当股价停顿整理时，成交量则会逐步萎缩。

股价在刚启动的初级阶段，或者在上涨通道中，经常会看到股价在分时走势图上呈现出这种震荡向上的走势。在股价波动的过程中，股价始终在分时均线附近波动，同时成交量快速萎缩。整理一段时间后，就会突然放量向上发动攻击，这时股价通常是直线式地上冲。但是股价冲高到一定幅度之后，会再次停顿下来震荡休整，成交量也同样快速萎缩。股价每次向上拉升时，都会呈现出直线式的拉升，但每次拉升的幅度都不是很大。从整个形态来看呈现出有规律的阶梯式上涨。通常出现这种走势，大都是主力所为。这种走势预示着主力向上拉升股价的意志很坚决，后市股价将会继续向上攀升。

如果是在股价经过长期上涨的高位区域出现这种走势，很有可能主力是想通过这种手法来吸引投资者入场跟风接盘，从而达到自己顺利出货的目的。

如图 8-19 所示的宝通科技，该股就是一个典型的台阶式拉升放量的例子。从图上可以看到，股价在当天的走势中呈现出阶梯式的上涨。

股价在开盘之后小幅下探后开始拉升，之后调整至前日收盘线位置遇到支

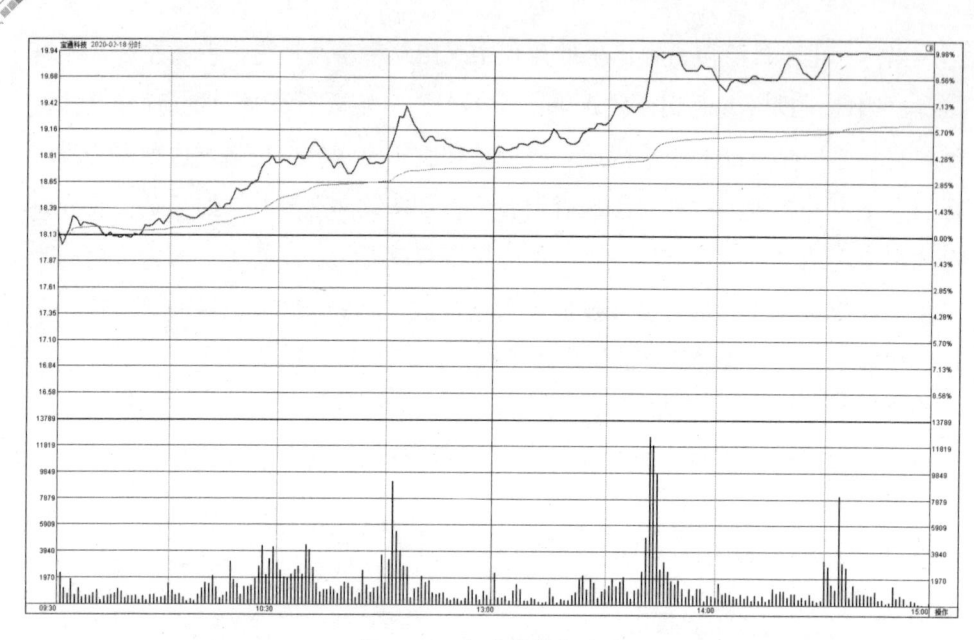

图 8-19　宝通科技分时图

撑，这期间成交量一直不大，可以看出在股价震荡的过程中很少有抛盘出现，说明大家的持股信心比较坚定。短暂的整理之后，开始一路震荡上行，说明主力对该股的控盘程度已经相当高。出现这种走势，标志着股价后期将会继续向上攀升，拉升股价将是主力控盘的主要目的。

投资者遇到这种走势的个股时，一定要分清此时股价处于哪个阶段，如果是在股价启动的初期，或者是在股价上涨的中途出现这种走势，只要股价在震荡的过程中不放量，投资者就可以在股价第二次上冲时果断买进。如果在股价震荡的过程中成交量放大，则应在第二天继续观察股价的走势。如果第二天股价能够继续走强，此时再买进不迟，因为出现这种走势，随后股价很有可能会先进入整理阶段。

## 四、早盘放量冲高回落

这也是很常见的一种趋势。早上一开盘，就伴随成交量的放大，股价快速拉升，挤进涨幅排行榜的前列，有的甚至会直接冲击涨停板，很容易引起投资者的注意。然后股价又快速回落整理，直至收盘都未能超过前期高点。

这种走势往往出现在股价的高位区域，股价经过长时间上涨，或者经过短期内的快速拉升，主力获利颇丰，在高位区域出现这种走势，往往预示着主力在拉高出货。在开盘后半小时内，主力往往会把股价拉高至涨幅榜前列，目的不是要拉升股价，而是要吸引投资者的注意力，引诱投资者入场接盘。开盘时的放量其实是主力采用对倒的形式造成的，再加上场外的投资者看到价涨量增，就会认为量价配合良好，纷纷入场接盘。

股价在快速冲高之后很快就出现回落，随后股价始终围绕分时均线来回波动，在这个过程中，成交量会呈现出时大时小的状况。在股价震荡的过程中，成交量不会出现明显的放量，否则投资者很容易看出主力控盘的目的；股价在震荡的过程中也不会出现太大的波动，以便激起投资者的幻想，积极入场接盘。

股价运行到市场高位时出现这种走势，十有八九是主力在出货。主力故意拉抬股价，以引诱投资者跟风。有些主力甚至会在开盘后迅速把股价拉至涨停板，然后再回落震荡，在震荡的过程中不断地给投资者制造希望，从而在震荡过程中逐步把筹码转手给入场的投资者。在高位区域出现这种走势，预示着股价后期出现下跌的可能性极大。对这种走势的个股，投资者一定要谨慎对待。

当然，在股价上涨的初期也会出现这种现象，此时主力的目的主要是通过

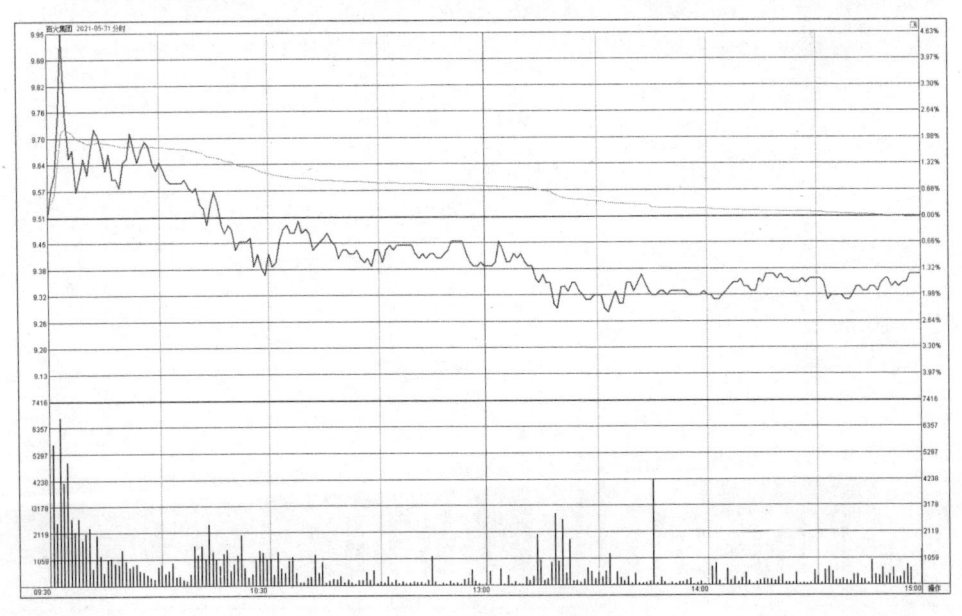

图 8-20　百大集团分时图

这种方式来试盘。如果在股价冲高回落震荡的过程中出现了大量的抛盘，那么后市股价将会继续震荡，甚至会出现一段时间的调整；如果在冲高回落震荡的过程中抛盘很稀少，那么后市股价将会进入拉升阶段。

如图 8-20 所示的百大集团，在该股的分时走势图上可以看到，股价一开盘就出现了大幅度的放量冲高，但很快就出现了回落，随后一直维持震荡下行的走势直到收盘。

从图上可以看到，股价开盘后就呈现出直线式的上涨，成交量也迅速放大，并且明显能看出是大手笔的买卖导致的成交量放大。这种快速的冲高以及大手笔的买卖，明显是主力在采用对倒的手法来拉抬股价。如果这种走势出现在股价上涨的高位区域，那么主力的这一举动明显就是引诱投资者跟风追涨，也很容易看出主力的真正目的其实就是出货。

当遇到类似走势的个股时，一定不要被这种冲高的走势诱惑而轻易入场操作。一定要看清楚此时股价所处的位置，然后决定如何操作。在股价经过大幅度上涨的高位区域出现这种走势，只要股价回落后，在上午 10：30 还没有再次拉上去，投资者就要果断出局，不要对后市抱有什么幻想。如果这种走势出现在股价上涨的初期，则有可能是主力在试盘。如果在股价震荡的过程中很少有抛盘出现，并且第二天股价仍然走强，就可以果断买入。如果在股价震荡的过

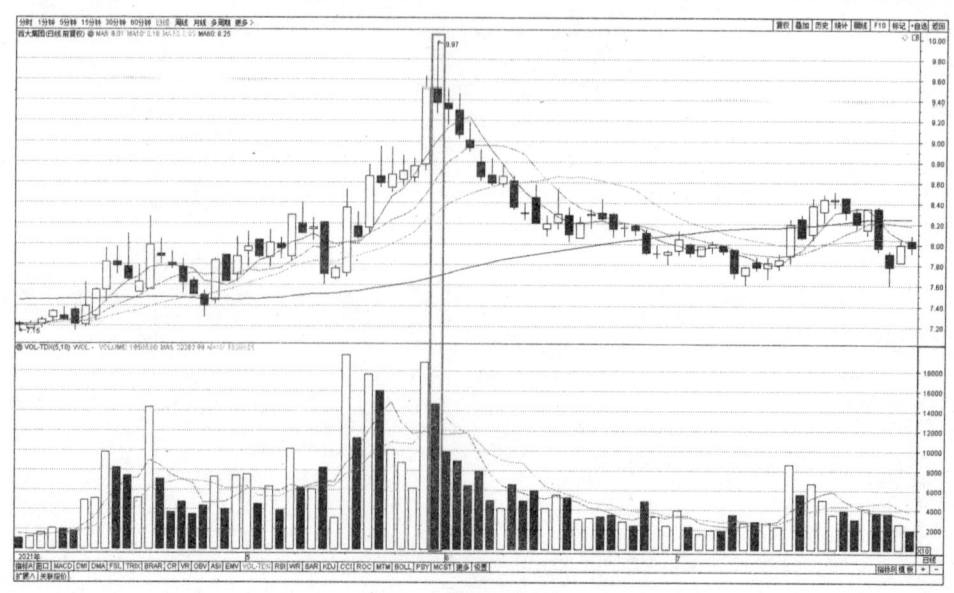

图 8-21　百大集团 K 线图

程中出现了大量的抛盘，主力则会进行再次洗盘，此时投资者就不要急于入场操作，应等待主力洗盘结束后再考虑买进。该股当天的K线图如图8-21所示。

# 第五节 巨量的市场意义

所谓巨量其实是一个相对概念，通常所说的就是占其流通盘10%以上的当日的成交量。巨量主要有巨量上涨和巨量下跌以及巨量价平等。

## 一、巨量上涨

对此种走势的研判，应该分作几种不同情况来对待。一般来说，上涨过程中放巨量通常表明多方力量使用殆尽，后市继续上涨将很困难。另一种情况是逆势放量，在市场一片喊空声之时放量上攻，造成了十分醒目的效果。这类个股往往只有短短几天的行情，随后反而加速下跌，使许多在放量上攻那天跟进

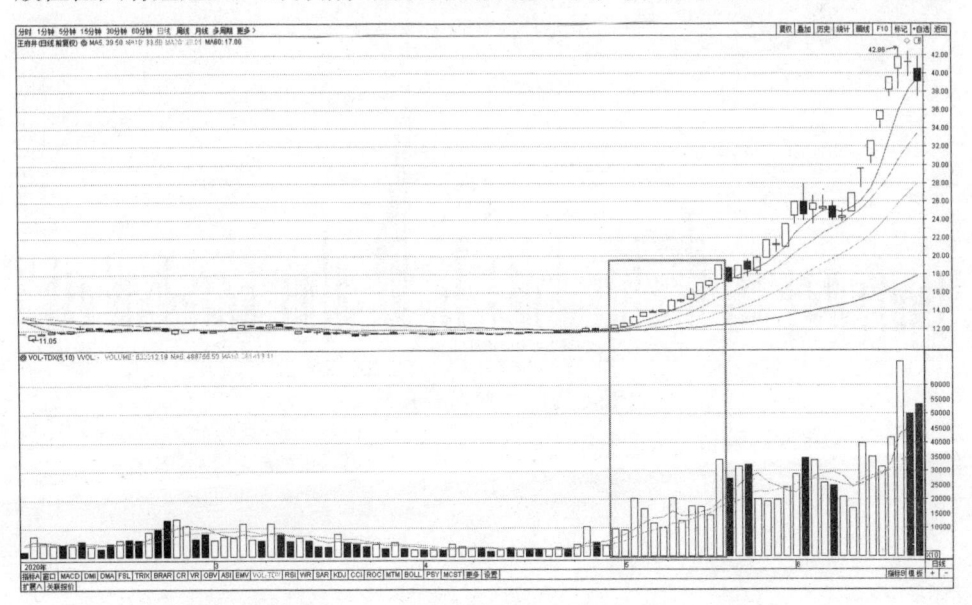

图8-22 王府井K线图

的投资者被套牢。而在底部区域的巨量上涨，则意味着后市将有更大的拉升空间。正所谓"高位之量大，育下落之能；低位之量大，藏上涨之力"。

如图8-22所示的王府井，就是由于一些政策的利好，在底部出现了巨量上涨的形态。

## 二、巨量下跌

对于巨量下跌，也要看其所处的位置，如果是下跌过程中的巨量，一般多为空方力量的最后一次集中释放，后市继续深跌的可能性很小，短线的反弹可能就在眼前了。如果是高位拉升后的巨量下跌，则十有八九是主力在拉高出货。果断清仓是最明智的选择。

如图8-23所示的中炬高新，就是在主力拉升后出现这种巨量下跌的形态。

图8-23　中炬高新K线图

# 第9章 量价关系实战技法

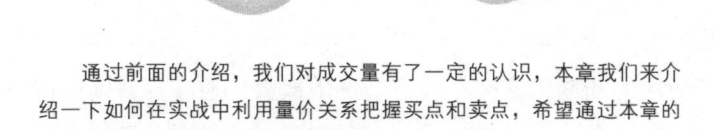

通过前面的介绍,我们对成交量有了一定的认识,本章我们来介绍一下如何在实战中利用量价关系把握买点和卖点,希望通过本章的学习能帮助读者朋友进一步理解好量价关系。

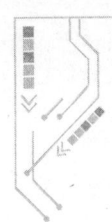

# 第一节 根据成交量来选股

## 一、从成交量变化中寻找黑马股

作为投资者，都希望能通过某种技术分析，寻找到黑马股。投资者可以通过成交量的变化来寻找黑马股，因为成交量的变化早晚要在股价上体现出来。然而，实际运用时却并不那么容易。因为大多数黑马股的形成都会有一段时间的"培育过程"，而作为投资者最难熬的就是这个"培育过程"。那么如何拨开重重迷雾看到真实的本质，又如何以成交量变化来捕捉黑马股呢？下面我们来一起研究黑马股形成前后成交量的特征。

**1. 初期阶段**

在黑马形成的初期，成交量会有节奏地放大。通常在其前期的形成阶段会出现逐渐放量的现象。一般来说，出现不规则的放量时，股价会逐渐形成上升通道，主力的意图开始逐渐暴露出来。这种形态表明主力已经没有多少时间耐心地慢慢进货了，不得不将股价一路推高进货。因此，从黑马形成与成交量的关系来看，主要还是表现出涨时有量而跌时无量，只有当成交量出现均匀、持续地放大时，行情才能连续上扬，也才能出现大黑马。

**2. 中期阶段**

黑马形成的中期，成交量通常会极度萎缩。它对于判断主力的建仓成本有着重要作用。大部分股票都有一个密集的成交区域（刚上市的新股除外），股价要突破该区域需要消耗大量的能量，而它也就成为主力重要的建仓区域，主力往往可以在此处以相对较低的成本收集到大量筹码。主力在建仓后都要进行打压洗盘，成交量大幅萎缩，而当成交量再度放大时，就说明主升浪就要到来了，投资者可放心介入。

**3. 后期阶段**

在形成黑马的后期，往往是缩量拉升，放量出货。当一只股票进入主升浪之后，由于主力控盘程度较高，成交量便保持均量或缩量的状态，当股价进入派发区域后，投资者应特别注意成交量的变化，如果某日的换手率在10%以上时，投资者应考虑减仓。在主力开始建仓后，哪个区域的成交量越聚集，则主力的建仓成本就越靠近这个区域，因为无论是真实买入还是主力对敲，均需耗费成本，密集成交区也就是主力最重要的成本区。累积的成交量和换手率越高，则主力的筹码积累就越充分，而且往往实力也较强。此类股票一旦时机成熟，就很可能一鸣惊人，成为一匹"超级大黑马"。

## 二、从成交量中寻找强势股

成交量不仅是技术分析的重要指标，同时也是选择强势股的一项重要指标。所谓强势股是指在股市中稳健上涨的股票，强势其实是相对于弱势而言的，它是一种实力的体现，在股票市场上那些能坚持做强势股的投资者，收益肯定会比一般投资者高。通常成交量符合下面变化规律的，往往就会成为强势股。

① 前期上涨趋势很好，遇大盘调整时，回到了重要的支撑线就会反弹，升势会延续。当大盘一好转，股价立即放量拉升。

② 在快速下跌的过程中，成交量迅速萎缩到了地量，最好在前期高点最大成交量的1/5以下。

③ 近期的热点题材。

符合以上三点的股票，有可能成为近期的强势股。但投资者需要注意的是，经过较长的时间震荡下跌才出现缩量的股票不用考虑、跌幅过大的股票不用考虑、下跌放量的股票不用考虑。

## 三、根据换手率选股

换手率是指在一定时间内市场中股票转手买卖的频率，是反映股票流通性强弱的指标之一。其计算公式如下：

$$换手率 = 成交量 / 流通总股数 \times 100\%$$

利用换手率来选择股票有时比技术指标和技术图形更加可靠。其数值越大，不仅说明交投活跃，还表明交易者之间换手的程度。一般来讲，利用高换手率选择热门股的方法主要有以下几种。

① 选择由众多主力持有的市场普遍看好的换手率高的股票。股票的换手率越高，意味着该只股票的交投越活跃，投资者购买该只股票的意愿越高，属于热门股；反之，股票的换手率越低，则表明该只股票很少人关注，属于冷门股。被众主力机构选中的股票一般能代表股市的一种动向，投资者若能与主力不谋而合，往往就能降低系统风险，提高资金回报率。而单个主力拥有的股票，其控股能力强，易拉抬和打压，系统风险较大。

另外，换手率高的股票尤其是新股，由于筹码得以充分消化，抛售压力越来越小，所以通常会有较好的表现，同时也能从换手率中看出大众对它的追捧。高换手率的股票走势形态如图9-1所示。

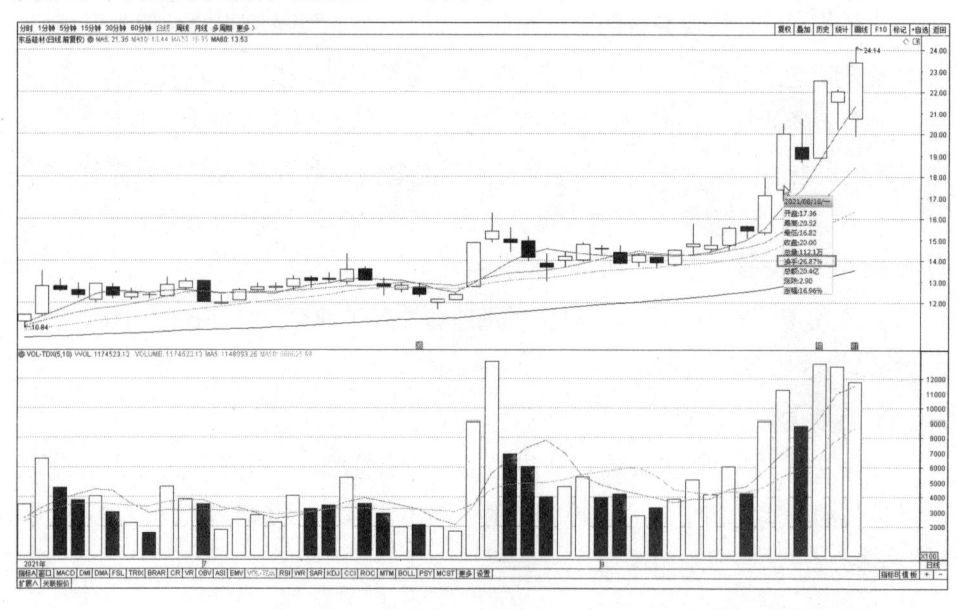

图 9-1　高换手率

② 对于换手率高的个股也要有所区分，一种是刚刚放量的个股；另一种是放量时间相对较长的个股。但如果只是充分换手却不涨，反而应该引起投资者的警惕，或者调低对其的盈利预期。而对于一批面临退市风险的 ST 股，尽管它们的换手率也很高，投资者还是敬而远之为好，这是由于其未来的风险实在较大，主力对倒自救、吸引跟风也就只是一种无奈的选择。

③ 有些股票可能会借助某些消息，在一两天内出现高换手率，但难以维持

长久，多有借消息出货的迹象。因此，投资者操作时应选择一段时间内换手率较高且有上涨趋势的股票，这类股票行情发动时涨幅往往高于大盘。

④ 将换手率与股价走势相结合，可以对未来的股价做出一定的预测和判断。某只股票的换手率突然上升，成交量放大，可能意味着有投资者在大量买进，股价可能会随之上扬。如果某只股票持续上涨了一段时间后，换手率又迅速上升，则可能意味着一些获利者要套现，股价可能会下跌。

通常，换手率可以按照以下规则划分：

① 换手率小于3%，属于冷清不活跃股。但有两种不同情况需要细心区别，第一种情况是无主力的散户行情；第二种情况是曾放出巨量成交上涨后，却在高位以极小换手率横盘者，有可能是主力已控盘，之所以不放量，说明他还不想出货，期望创新高。

② 换手率在3%~7%，属活跃股。表示有主力在积极活动，至于主力的意图是什么，则必须结合前期走势来判断。

③ 换手率大于7%，经常超过10%，为高度活跃股，这表明筹码在急剧换手。这里面也包含两种情况：第一，如果发生在高位，尤其是在高位缩量横盘之后，很可能是主力出货；第二，如果发生在低位，尤其是通过第一个阻力区时，很可能是强势主力积极进货。

## 第二节　根据成交量把握买点

### 一、股价回落时缩量的买入技巧

通过前面的学习，我们已经知道，在股价运行的每一个阶段，都会出现缩量的走势，但在不同阶段出现缩量，其代表的市场意义有所不同。下面主要介绍一下股价回落过程中出现缩量时的分析和操作技巧。

一些个股经过一段时间的上涨之后，主力往往会让股价徘徊不前，以清洗盘面上的浮筹，在这个过程中，成交量会呈现出萎缩的状态，同时股价维持在小幅度范围内波动。从成交量的变化以及股价的运行情况来看，说明此时持股者信心比较稳定，否则在股价停顿不前的时候，就会不断地抛售筹码，这样必然会导致成交量放大。因此，在这个过程中成交量出现萎缩，可以断定盘中的浮动筹码不是很多，股价经过洗盘之后，将会再现一波上涨行情。

如图9-2所示的川金诺，该股就是在上涨初期出现了缩量回落的走势。在这个阶段，股价小幅度回调，成交量迅速萎缩。但经过几天的整理之后，股价再次向上拓展空间，并走出了一波上涨行情。

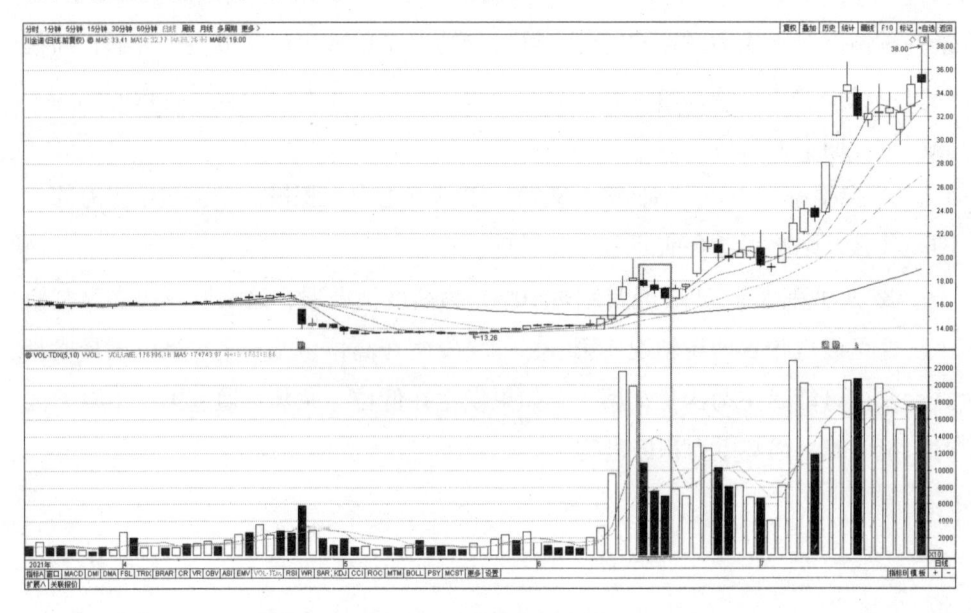

图9-2 川金诺K线图

再来看另一种情况。股价从底部启动逐步向上运行，当运行到重要的均线附近时，有些个股会出现股价上涨受阻回落的走势，但在回落过程中，成交量却没有放大，反而呈现出萎缩的现象。这说明虽然附近有一定的压力，但是盘中的抛盘并不是很多，表明持股者的信心比较坚定。

如图9-3所示的科大智能，股价经过长期的下跌，在底部区域形成一个多重底，期间成交量缩小至地量水平，随着筑底成功，股价开始小幅放量上涨，至60日线附近受阻，股价在60日线附近窄幅整理，成交量呈现出萎缩的状态。经过短暂的整理之后，股价再次向上发动攻击，走出了一波大幅度的上涨行情。

第 9 章　量价关系实战技法

图 9-3　科大智能 K 线图

在实际操作过程中，如果涨升到 60 日线、半年线、年线附近时出现缩量回落的走势，未进场的投资者不要急于买进，持股的投资者也不要过度恐慌。只要在股价回落的过程中不出现放量，就不会出现大幅度的回落。一旦股价回落企稳后再次向上发力，就是最佳的买点。稳健型的投资者也可以待股价放量突破时买进。

同样，如果在股价上涨的中途出现这种缩量整理的走势，只要股价是在小幅度的范围内波动，持股者就不要担心，一旦股价放量向上拉升，就标志着洗盘结束，新一轮上涨行情开始了。投资者也可以在拉出一根放量上涨的阳线时入场。

## 二、把握底部放量时的买点

当股价下跌了一定幅度以后，就会吸引主力入驻建仓。这时，股价的下跌趋势就会逐步减缓。当主力基本完成建仓任务时，股价会逐步进入筑底阶段，在这个阶段，股价下跌的幅度会明显放缓，有些甚至会出现横盘整理的走势。在筑底阶段时，成交量会呈现出萎缩的状态，因为大量的筹码已经被主力锁定了，而能够坚持下来的投资者，他们的持股信心大都是很坚定的，不会在这个阶段往外抛售筹码，因此成交量就不可能出现放大。

筑底成功之后，主力就会向上发动攻击，试图把股价拉离建仓成本区域。此时主力会采用对倒的手法来拉升股价，因此收盘时会收出一根放量的阳线。出现这种走势，就称为底部放量。

如图 9-4 所示的西安旅游，经过一轮下跌行情之后，成交量也呈现出萎缩的现象。短暂的筑底之后，主力就开始向上拉升股价，此时成交量出现了明显的放大，如果后面几日能够维持较大的成交量，往往标志着主力正式启动行情。

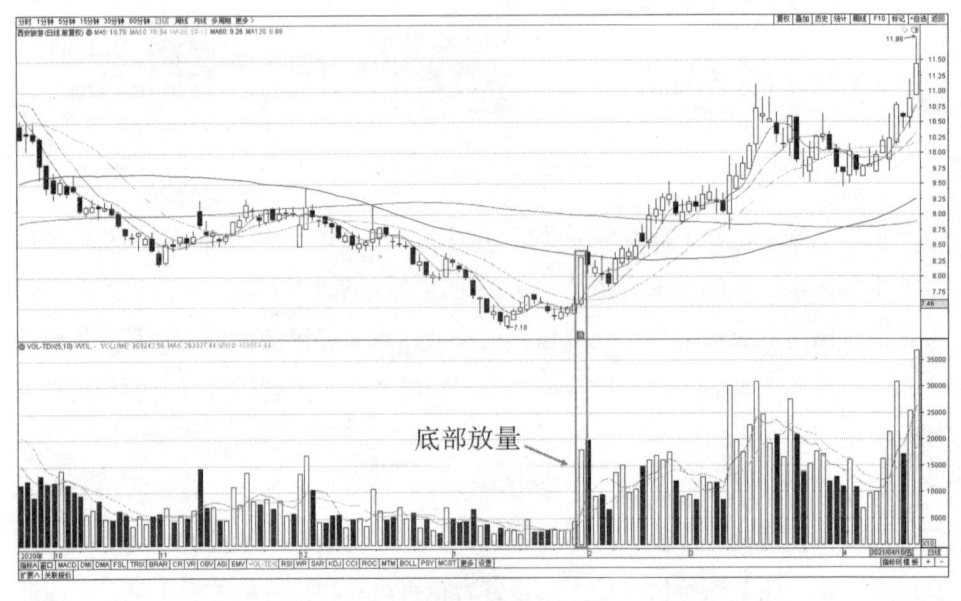

图 9-4　西安旅游 K 线图

## 三、把握缩量涨停时的买点

我们经常会看到，一些个股经过长期下跌之后，就会逐步地出现反转，股价慢慢地向上攀升，呈现出反弹的走势。在反弹的过程中，突然某天出现一开盘就涨停的现象，并且股价也是全天都被封在涨停板上，成交量呈现出萎缩的状态。在出现涨停走势之前，股价拉出了一根放量的长阳线。

也有一些个股在底部区域经过充分的横盘整理之后，突然出现放量阳线将股价向上拉离整理平台。随后的第二天，股价一开盘就出现涨停的走势，并且在全天的运行中股价都被牢牢地封在涨停板上，并且成交量也始终处于萎缩的状态。

在上面所说的两种情况中，出现这种走势，都标志着该股已经有主力入驻，并且此时主力基本建仓完毕，而且达到了相当高的控盘程度。这标志着股价即将出现一波上涨行情。

如图9-5所示的大连友谊，在股价经过一波下跌行情之后，直接进入反弹行情，在反弹过程中股价出现了这种缩量涨停的走势，说明主力并不想在底部耽误过多时间，后市基本上会以震荡上行为主。

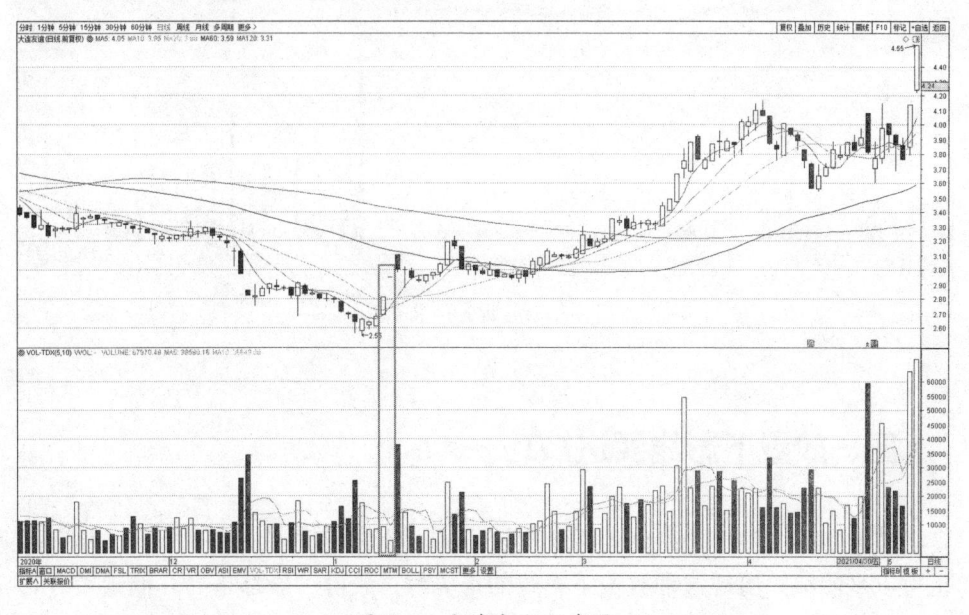

图9-5　大连友谊K线图

底部的缩量涨停，往往比放量更为可靠，特别是经过长期下跌之后的缩量涨停，说明主力已经在下跌过程吸足了筹码。

如图9-6所示的电能股份，经过一段时间的横盘整理之后，也出现了缩量涨停的走势。在横盘整理的过程中成交量出现萎缩，可以看出持股者的心态比较稳定，而该股在打开涨停之后，仍有较大的涨幅。

在实际操作过程中，如果是在经过一段长期的下跌行情之后，股价在底部区域进行了一段时期的充分整理，之后出现这种缩量涨停的现象，投资者在当天就可以果断买进。如果是在长期下跌之后的反弹过程中出现这种走势，那么只要在这之前的一天收出了一根放量的长阳线，投资者就可以在出现缩量涨停的当天果断地挂单买进。

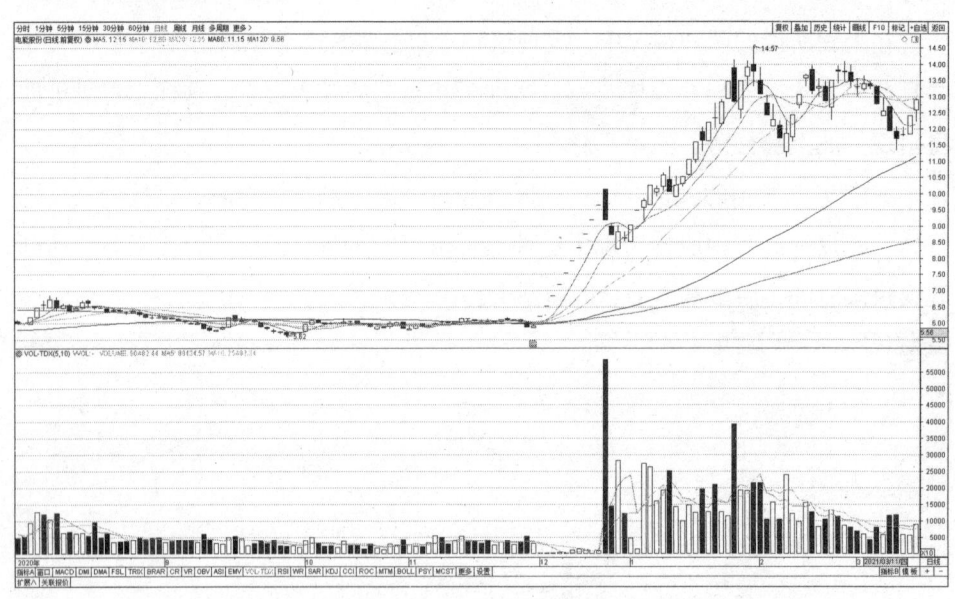

图 9-6　电能股份 K 线图

## 四、放量下影线买进技巧

这里所说的放量下影线，是在股价上涨的途中出现的，K 线既可以是阳线也可以是阴线。出现这种放量下影线的走势时，股价一般都是高开低走，有时甚至会出现快速下探，然后很快又被拉起，从而形成了这种放量下影线的走势。

在上涨的中途出现这种走势，通常是主力洗盘导致的，特别是经过几天的加速上涨之后出现的放量下影线。但需要注意的是，这种放量下影线只有出现在股价上涨的中途才有可能是主力洗盘导致的。如果出现在股价上涨的高位区域，就很有可能是主力出货时故意收出的，以此引诱投资者去接盘。

如图 9-7 所示的 *ST 厦华，是在股价上涨的过程中出现了放量下影线的走势。股价刚刚脱离底部区间，并出现连续的涨停，每次下影线都会伴随成交量的放大，说明虽然多空存在分歧，但在多空双方的争夺中，明显多方占优，后市仍可以继续做多。

在实际操作的过程中，投资者一定要注意观察股价在分时走势图上的变化。如果股价下跌是由于大量对倒盘导致的快速下探，在下探时卖盘上有很多大手笔的挂单，并且股价跌下去之后，盘中很快就出现了大买单封住股价的下跌空间，随后股价逐步回升，或者是被大买单直接拉起，就可以断定是主力洗盘导致的。一旦后市股价重新启动向上行情，投资者就可以果断买进。

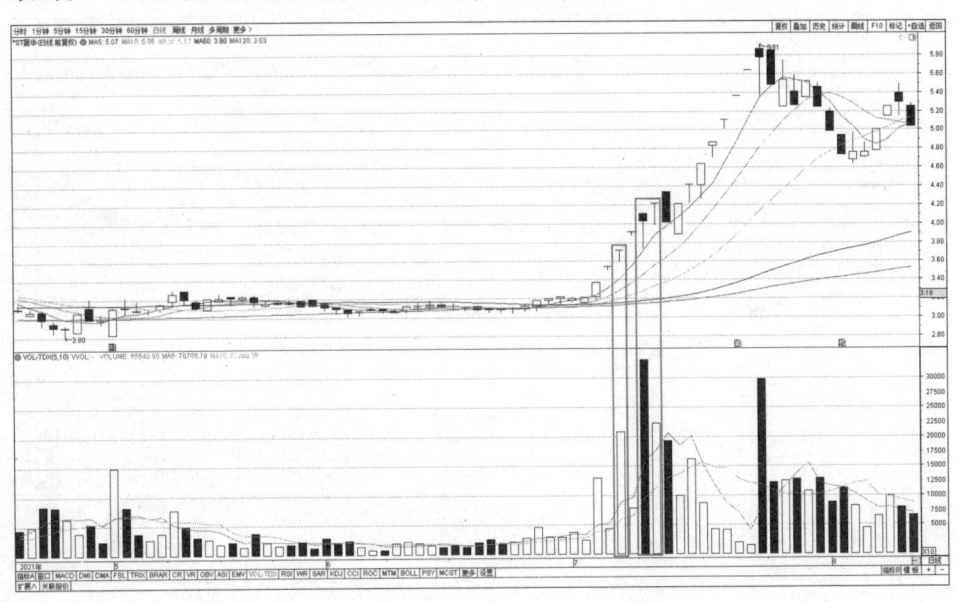

图 9-7　*ST 厦华 K 线图

## 五、放量上影线操作技巧

这里所说的上影线，主要是指上涨过程中的上影线。可以是阳线，也可以是阴线。当股价从底部向上不断攀升，就会积累不少的获利盘，很多短线投资者就会考虑获利了结，因为他们无法判断出这波上涨是反转还是反弹。特别是当股价运行到半年线附近时，由于这个位置附近积累了大量的前期套牢盘，这些套牢盘很容易出现松动，从而就会导致大量的抛售筹码，再加上短线获利筹码蜂拥而出，股价就会在这个位置附近受到压力而回落，从而形成这种放量的上影线。出现这种走势之后，股价一般会出现回落，只要在回落的过程中成交量没有明显放大，那么回落的幅度就不会太大，后市股价必将继续向上突破半年线的阻力，最终走出一波上涨行情。

如图9-8所示的弘业股份就是经过长期下跌之后出现了反转行情。股价稳步向上，当股价运行到半年线附近时，在股价快速冲高的过程中，盘面出现了大量的抛售筹码，股价受到压制回落，最终收出一根带长上影线的放量阳线，但次日便突破了半年线的阻力。

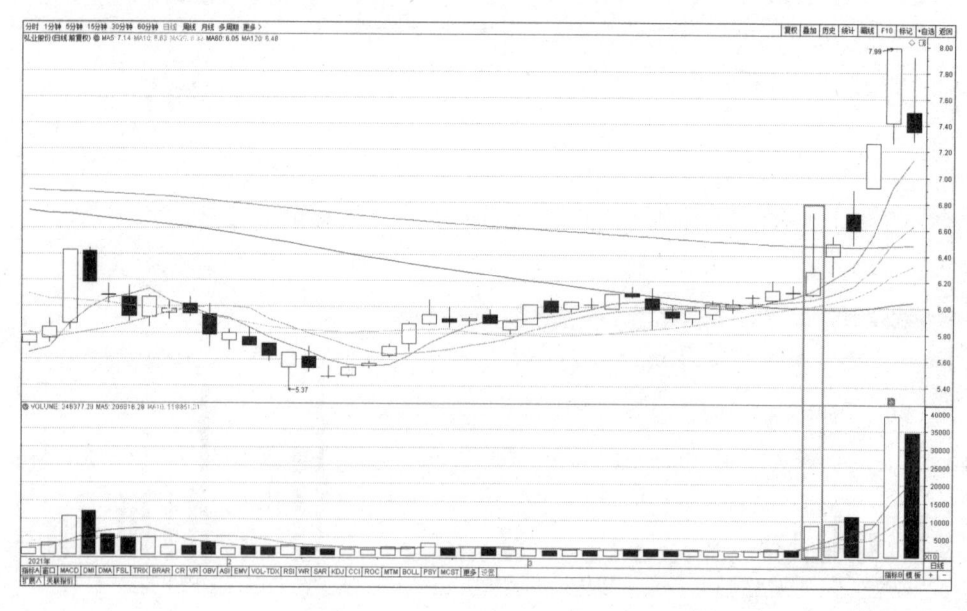

图9-8　弘业股份K线图

在实际操作过程中，在出现放量上影线的当天，如果股价在分时走势图上呈现出快速上冲，并且在上冲过程中不断有大手笔的买单将股价拉高，但在股价上冲到一定高度之后就逐步震荡回落，此时很少有大量的连续卖单抛出，就可以断定股价的回落是由于前期的套牢盘以及短线获利筹码抛售导致的。持股者不必过度恐慌，通常股价经过回落整理之后，会再现一波上涨行情。持币者此时不要着急入场，因为后面很有可能会有短暂的调整，可以在股价回落企稳之后买进，稳健型的投资者可以在股价放量向上成功突破半年线之后入场。

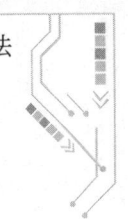

## 第三节　根据成交量把握卖点

### 一、高位放量破位时卖出

当股价运行到高位区域时，由于缺乏继续上涨的动力，于是出现震荡不前或者是横盘整理的走势，之后股价直接跌破这个高位平台，并且在下跌的过程中，成交量出现了明显的放大。出现这种走势，标志着上涨行情结束，是一个转跌信号。

其实在高位横盘整理期间，正是主力悄悄出货的时候。等到股价放量破位下跌时，就标志着主力已经基本上把筹码抛售完了。利用这种方式出货，每天的量都不会很大，有些狡猾的主力甚至会使成交量呈现出缩小的状态，因此投资者就会误认为这是主力在洗盘，于是纷纷入场买进主力抛售出来的筹码。投资者遇到这种走势的个股时，一定要特别谨慎，因为出现这种走势，往往接着会引发暴跌行情。

如图9-9所示的银江股份，就是一个典型的高位放量破位的例子。股价在运行到市场高位区域时，出现了一段时间的震荡整理，某天突然出现了一根放量下跌的大阴线，跌破60日线支撑，随后继续跌破半年线，尽管接下来有小幅反弹，但受制于60日线的压力，股价一蹶不振。

在实际操作过程中，如果遇到这种走势的个股，投资者一定要高度谨慎。一旦股价出现放量破位下跌的走势，就要果断卖出。第二天，如果股价出现低开，那么投资者在开盘时就要立刻卖出，此时不要对后市抱有任何幻想。如果出现这种走势的第二天股价出现反弹，只要没能突破前一天的最高点，反弹受阻，投资者就要立刻卖出。

图 9-9　银江股份 K 线图

## 二、缩量破位时卖出

在操盘过程中，经常会看到这种情况，股价在下跌通道时会出现一段时间的横盘走势，横盘过程中成交量一直处于萎缩的状态。一部分投资者看到股价维持缩量横盘的走势，就会误认为是主力在建仓，于是纷纷买进。然而买入之后股价不但没有上涨，反而出现下跌并且跌破了这个整理平台，而且在下跌的过程中，成交量是呈现缩量的现象。出现这种走势，就称为"缩量破位"。在股价处于明显的下跌通道时出现这种走势，那么股价不但不会止跌回升，反而会继续下跌，甚至会出现加速下跌的走势。

如图 9-10 所示的华星创业，就是在横盘整理的末期出现了这种走势，从图中可以看出，股价在横盘期间一直受 60 日线支撑，而当股价在跌破 60 日线的时候并没有出现放量。股价向下破位之后，便引发了一波加速下跌行情。

当投资者遇到在下跌过程中出现横盘整理的个股时，一定不要轻易买进，特别是该股处于下跌通道时。一旦股价向下破位，持股者就要立刻卖出，不要被成交量萎缩所迷惑。成交量出现萎缩说明盘中的交易很清淡，主力已经在股价刚开始下跌以及股价反弹时把大量的筹码出掉了，因此就会造成这里的缩量破位下跌走势。特别是在横盘之后突然出现一根放量上涨的大阳线，而后紧跟着出现一根向下破位的缩量阴线时，更应该果断出局。前面出现的放量阳线一定是主力的诱多动作，主力以此来引诱投资者去接盘，这往往标志着主力的出货已经进入尾声了。

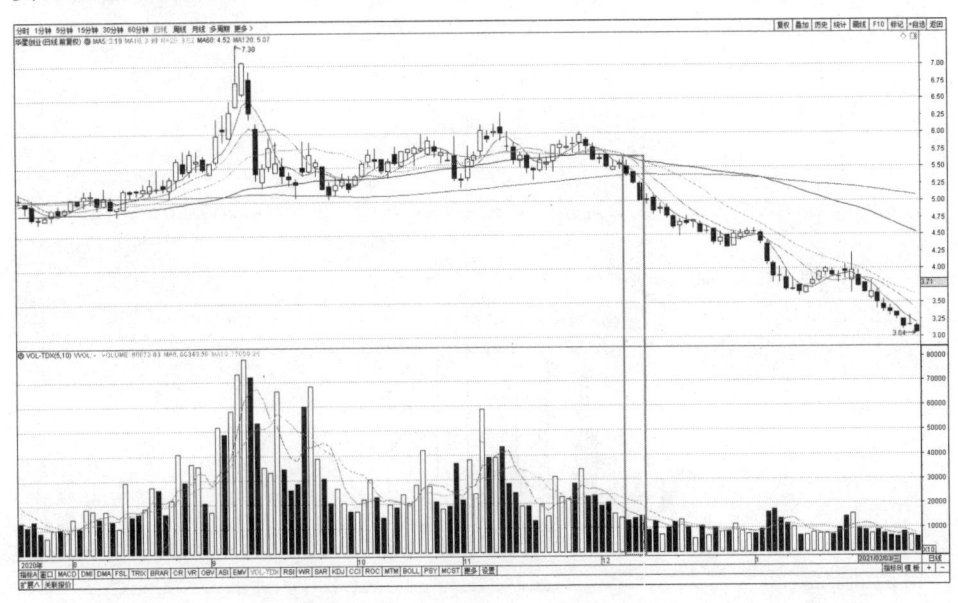

图 9-10　华星创业 K 线图

## 三、高位快速缩量卖出技巧

当股价经过一波大幅度的上涨之后，买盘会逐渐减弱。此时，不管场内还是场外的投资者，首先要考虑的就是风险问题，所以入场热情远不如以前。而此时主力也不会主动地吃进筹码拉抬股价了，反而会不断地隐蔽出货。在这些因素的作用下，成交量就难以出现放大。没有成交量的支撑，股价也难以继续向上拓展空间。

有些个股在运行到市场高位区域时，会出现无量空涨的走势。即当股价经过大幅度上涨之后，会出现一个短暂的整理，在整理之后，股价继续向上攀升，但成交量却出现了快速萎缩，故称为"高位快速缩量"。当个股出现这种走势时，标志着股价的上涨即将接近尽头，很快就会迎来下跌行情。

如图9-11所示的王府井，该股经过一波上涨行情之后，股价运行到高位区域时，就出现了这种走势。这通常是主力惯用的一种出货手法，很多投资者都会被主力的这种出货手法所迷惑，以至于在高位去接主力的抛盘。该股在经过短暂的整理之后，股价就出现了向下破位，从而引发了一波下跌行情。

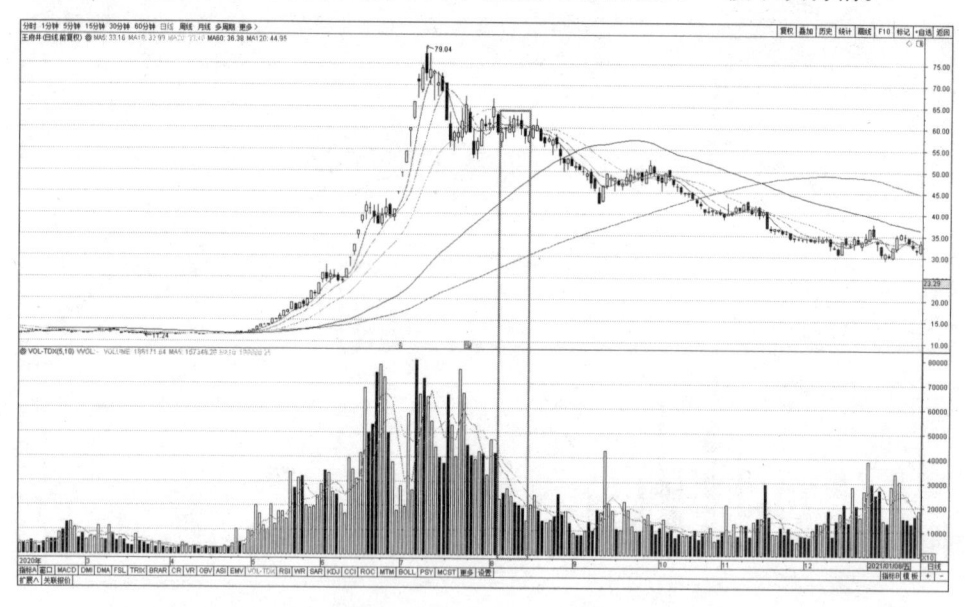

图9-11 王府井K线图

在实际操作过程中，在高位区域时，股价在继续上涨过程中如果出现快速缩量，一旦股价上涨无力，投资者就要立刻卖出。如果是股价运行到高位区域时出现快速缩量的现象，持币者最好不要参与操作，特别是出现缩量横盘整理的走势。一旦股价缩量整理或者是上涨之后调头向下时，投资者就要立刻卖出。而有些个股经过缩量整理之后，会出现放量向上的假突破。如果拉出一根放量的大阳线，紧接着第二天股价出现走弱并且跌破这个整理平台，投资者就要果断卖出，不要对后市抱有任何幻想。

## 四、顶部巨量阴阳逃顶技巧

顶部巨量阴线或者阳线，通常出现在股价经过一波大幅度上涨之后，或者加速上涨过程中。主力通过拉高股价来制造做多气氛。投资者看到股价在不断地上涨，就会抵挡不住诱惑而纷纷入场，特别是在加速上涨之后出现一根放量上涨的大阳线时，更会导致一批投资者入场去接主力抛售出来的筹码。主力正是抓住了投资者贪婪的心理，以及对成交量的片面理解，得以顺利出货。然而在出现放量的阳线或者是放量的阴线之后，股价却一落千丈，最终导致高位接盘的投资者深套其中。

所以，股价在高位区域加速上涨的过程中，突然出现放量的走势，投资者就要特别留神，这往往是主力出货末期的特征。其实在股价进入快速拉升之前，主力就开始出货了。有些个股在加速拉升的过程中，成交量并不会出现明显的放大，反而会呈现出缩量的现象，这样就更能引诱投资者在高位接盘。

如图9-12所示的中炬高新，就是在股价连续拉升之后的顶部区域出现了放量长阴。从图中可以看到，股价之前一直处于连续上涨的过程中，在出现这根阴线的前几天，量价出现背离现象，紧接着的这根巨量阴线连破三根均线，次日又向下跳空开盘，宣告本轮行情的终结。

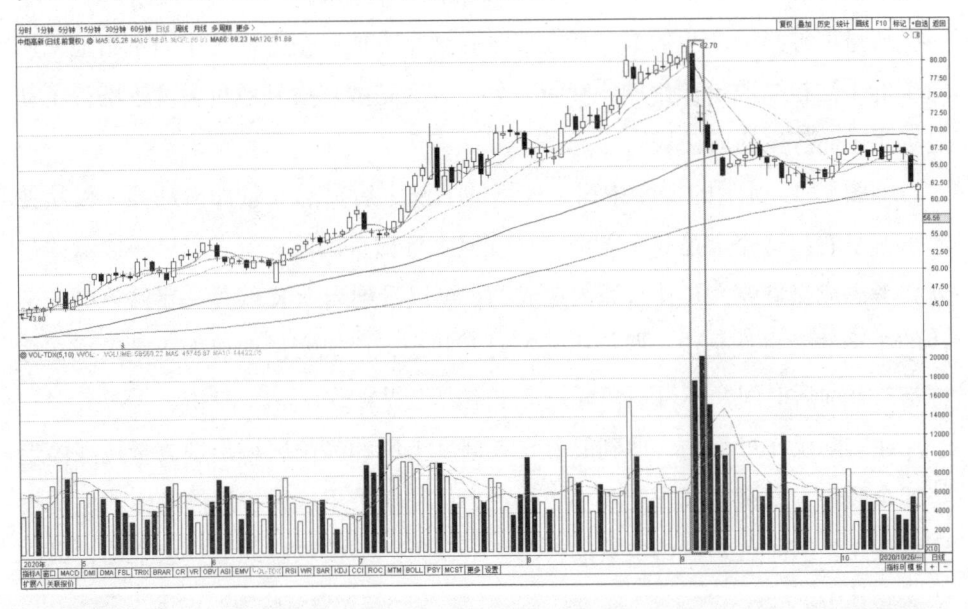

图9-12 中炬高新K线图

在实战中，当股价运行到市场高位区域，特别是在股价经过连续涨停之后的高位，突然某日出现一根放量的长阴线，投资者在出现放量长阴线的当天就应该果断地卖出。如果当天没有卖出，第二天股价低开的话，那么开盘后应该立刻卖出，不要有过多的犹豫。对于稳健的投资者来讲，往往不会卖得那么早，但是一旦股价跌破 20 日均线，就要无条件卖出，哪怕是买在高点被套，也要果断地斩仓出局。

## 五、放量涨停出货卖出技巧

当主力把股价拉升到一定高度之后，接下来的目的就是要想方设法地出货，在出货的过程中，聪明的主力会在神不知鬼不觉的情况下，将自己手中的筹码抛售给散户。在这个过程中，为了掩盖自己出货的迹象，主力就会不断地制造陷阱，出货时，股价往往会继续维持上涨的走势，甚至会在出货的后期直接把股价拉至涨停板。这样一来，场外的投资者看到股价冲击涨停，就会认为后市股价必将再现一波上涨行情，进而入场，主力正好趁这个机会把筹码一一抛售给这些投资者，导致成交量在涨停当天迅速放大。

放量涨停当天产生的成交量主要来自两个方面：一方面是主力不断地采用对倒的手法拉高股价产生的成交量，另一方面是散户看到股价大度上涨，主动进场买进而产生的成交量。

如图 9-13 所示的 *ST 中房，连续的上涨之后突然放量冲击涨停。仅从技术形态来看，这完全是一个看涨信号，但次日却直接低开低走以跌停收盘，这就要考虑成交量放大是什么原因造成的。可以看到当天 K 线是一字涨停打开形成的 T 形线，也就是说，股价当天有打开状态，而成交量的放大正是出现在涨停被打开前后时间，不得不怀疑是由于主力出货导致。

在实际操作过程中，遇到股价在大幅度上涨的高位区域出现放量拉涨停走势的个股时，投资者就一定要小心，主力往往会采用这种拉涨停的方式引诱投资者接盘，从而达到自己出货的目的。很多抵挡不住诱惑的散户会上当，最终会深套其中。

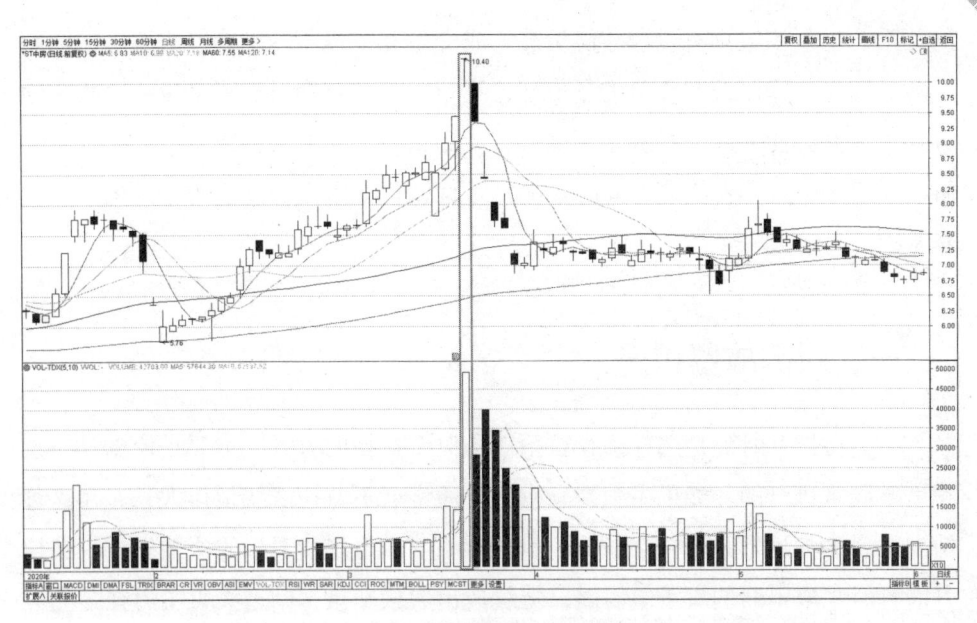

图 9-13 *ST 中房 K 线图

实战中，高位突然出现这种放量拉涨停的走势，一定要注意观察股价在分时走势图上的动态。如果在冲击涨停的过程中，盘中出现了大量的对倒盘，基本上可以断定是主力在出货了。此时投资者可以在出现这种走势的当天，在涨停时果断卖出。有些个股在放量涨停后，往往会有个冲高的过程。投资者遇到这种走势的个股时，一定要密切关注盘中的一举一动，一旦后市股价上涨无力，就要立刻卖出。而如果涨停后第二天股价出现大幅度低开，甚至是跌停开盘，那么投资者就应该在股价上冲的过程中卖出。如果当天没有上冲，则收盘前一定要卖出。

## 第四节　不要掉进成交量的陷阱

虽说"什么都可以骗人，唯独成交量不会骗人"，然而事实真的那么简单吗？很多时候"真实"的成交不一定是"真正"的成交量。因此成交量与股价的关系，也不一定只有量增才能价涨，成交量萎缩也不一定会造成股价的大幅下跌。如果一味地按照经典的量价理论进行操作，就会发现成交量会在很多地方存在虚假，使一部分投资者深受其害。那么主力是如何在成交量方面设置陷阱，对于中小投资者应该怎样防备呢？下面我们来了解一些主力常用的成交量骗术。

## 一、对倒放量拉升

主力在拉升时，是选择锁仓拉抬还是对倒拉抬的方式，主要是依据其控盘程度不同来进行的。如果主力持仓有限，通常就不敢把战线拖得太长。在这种情况下，主力通常采用放量拉升。利用投资者"量增价升"的惯性思维，在拉升股价时采取不断的大手笔对敲，持续放出大成交量，制造买盘实力强劲的假象，以吸引场外跟风盘进场，从而趁机出货。短线量增价升的走势往往可以迅速激发市场人气，因为主力持仓不大，常常可以在一片短线看好声中完成派货。这种拉升方式被称为对倒拉抬，因为在放大的成交量中有一部分是主力对敲做出来的。

当股价已经上涨幅度很大，在高位放出巨量甚至是天量拉升时，投资者就要注意减仓或者清仓了，此时的放量极有可能是主力对倒出货造成的。如图9-14所示的深南电A，股价自高点震荡下跌至第二个平台时止跌，并且成交量呈现地量状态，给投资者造成一个见底的错觉。随后成交量急剧放大，股价也快速拉升，更会让人感觉前期是一个真正的底部。但股价在前期高点附近却停止不前，随后走出一波大幅下跌的行情。

究竟如何看待这个时期的巨量呢？我们不妨把其K线图的范围扩大一些。从图9-15可以看出，当时出现的所谓的"底部"实际上仍然是一个较高的价格区域，而这时的成交量很大一部分是由于主力对倒产生的，其目的无非是借此次的抬拉将手中的筹码以高价卖出。

第 9 章 量价关系实战技法

图 9-14 深南电 A K 线图

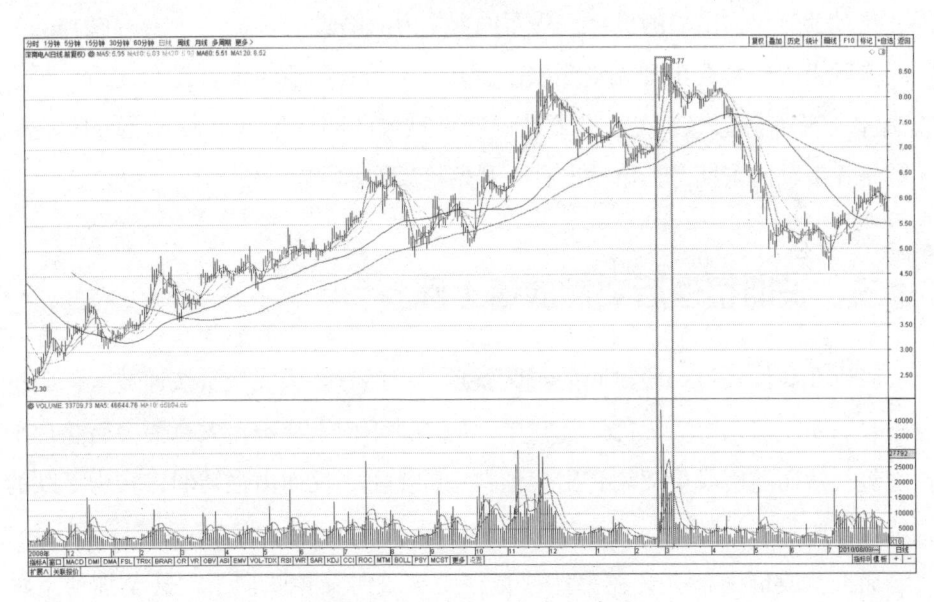

图 9-15 深南电 A 长期 K 线图

## 二、缩量小幅下跌

这里的缩量主要是说市场里的各种投资者看法基本一致，大家朝一个方向看时，很少有人买或卖，这样就造成了有股票的不卖、没股票的买不到，自然也就没量了。实际上，缩量要远比放量的真实性可靠。因为主力可以通过对倒产生放量，然而缩量却是真的。它只有两种可能性：一种是投资者看法一致导致交易萎缩，另一种就是由于主力高度控盘而产生的。缩量下跌是指股票价格或大盘指数在下跌的同时，成交量相对前几个交易日有明显下跌。对于大盘而言，缩量下跌通常是个调整过程或分歧阶段，短期涨跌要看后面的消息方向：利空消息将导致下跌，反之则向上。放量下跌后继续跌的可能性比较大，但不是一路下跌到底，而是会在中间出现短暂的调整，那是出现下跌后多空分歧造成的。

成交量萎缩往往意味着抛压在减弱，属于正常的量价配合关系。然而许多累计升幅巨大的个股主力机构就是利用投资者的这种惯性思维，利用缩量阴跌的方式缓慢出货，让高位套牢的投资者产生缩量不会深跌的麻痹思想，丧失警惕，错过及时止损出局的机会，从而掉入主力的陷阱。

实际上，经常会出现无量阴跌的现象，只有在出现恐慌性抛盘之后，再次放量才会有所企稳。其实放量下跌说明抛盘大的同时接盘也大，反而是好事，尤其是在下跌的末期，其显示出有人开始抢反弹。

## 三、长期整理后突然放量上涨

股价在高位经过一段时间的震荡整理，突然有一天成交量快速放大，股价也跟着一路上涨，第二天仍然会在惯性的推动下向上突破，大有要突破整理平台之势，然而随后股价却没有出现预料中的上涨，反而由强转弱，转为下跌的行情。

那么，股价为什么会在突然放量往上突破时又掉头向下，甚至加速下跌呢？实际上，这就是主力利用成交量精心设计的陷阱。这是由于主力在久盘以后仍找不到做多的题材，如果强行上攻就会造成自身的被动。甚至还有利空消息已经提前被主力知道，为了尽快脱身，不得已采取滚打自己筹码的方式，造成成交量放大的假象，引起短线炒手关注，诱使人们盲目跟进。这时，主力只是在启动时滚打了自己的股票，在推高的过程中，许多追涨的人接下了主力的筹码。那些在追涨时没有买到股票，然后就将买单挂在那里的人更是加强了买盘的力量，并为主力出货提供了机会。主力就是这样利用量增价升这一普遍被人认可的原则制造了假象，达到出货的目的。

如图9-16所示的福能东方，在经过一段时间的整理后，突然放量向上突破，且超过前次高点，大有要突破平台继续上攻之势。然而，这却是主力精心设计的一场骗局。随后股价并没有想象中的继续向上拓展空间，而是一路阴线下跌，此时如果出手不及时，就会被深度套牢。

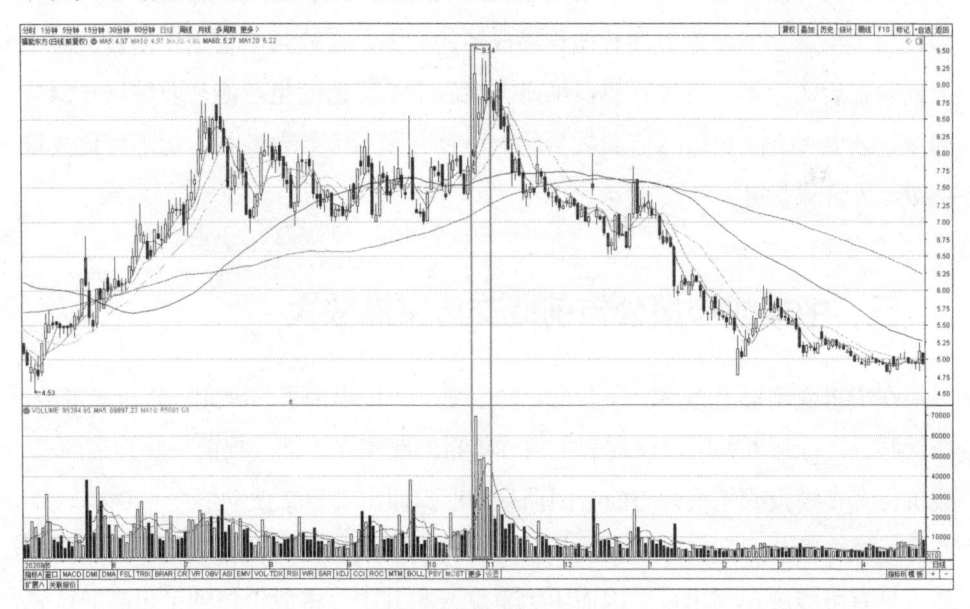

图 9-16 福能东方 K 线图

## 四、高送配除权后放量上攻

在大比例送红股、用公积金转送和配股消息公布前，股价通常都被炒得很高了。这时候，主力再拉抬也没有什么意义，而股价大幅上升后，追涨买进的人会越来越少。所以股价要在高位企稳一段时间，等待送红股或公积金转送的消息。一旦消息公布，炒高了的股票大幅除权，使价位降到很低，30元的股价，10送10就只有15元了。这时候，主力利用广大中小散户追涨的心理，在除权日大幅拉抬股价，造成巨大的成交量。道理和手法跟上述两个陷阱设置时

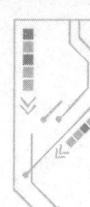

如出一辙。当散户幻想填权行情到来时，主力却乘机大肆出货。

许多股票在大幅除权后，的确会有填权行情，但要具体对待。一般来说，除权前股价翻了一番、两番甚至三番的股票很难立即填权。此外，除权后股本扩大到9000万股，甚至上亿股的股票，除权后也难以填权。只有那些在除权前主力吸纳很长时间，正准备大幅拉升的股票在除权后才有可能填权。

值得注意的是，主力利用除权后的成交量放大制造陷阱，有可能在除权当天进行，也可能要过几天，要根据当时的大局而定。有的一次出货不尽，就在除权后多次震荡，设置各种看似筑底成功的假象，在放量上攻途中出货。对于大幅除权后的股票，投资者要仔细研究其股本扩张速度是否能和业绩增长保持同步，还要考查除权后流通股数量的大小及有无后续炒作题材，切不可见放量就跟，见价涨就追。

## 五、中报或年报公告前成交量突然放大

在中报或年报公布前，许多企业的业绩已经做出来了。因此，公司董事会、会计师、会计师事务所以及发表中报或年报的新闻媒体都会提前一步知道消息，股价也会在中报或年报公布前会因消息的泄露而出现异常波动。

业绩好的公司，其经营状况早就在各券商和大机构的调研之中，其经营业绩也早有可能被预测出来。因而主力早就入主其中，将股价拉到了很高的位置盘整，等待利好公布出货。但也有一些上市公司信息披露保密工作做得好，直到消息公布前几天才在有关环节泄露出来。这时，主力要在低价位收集筹码已经来不及了，可是优秀的业绩又确实是做短线的机会。因此，一些资金会迅速进入这些股票，能买多少买多少，股价也不急不火地上升，成交量温和放大。待消息公布时，投资者一致认同该股值得买入时，该股会在涨停板位置高开。然后，先期获得消息的人会将股票全部抛出，做一个漂亮的短线投机。

还有一种情况是，报表公布前，某只股票本来一直阴跌不止，形成下降通道。但中报公布前的某一天，该股突然以压低价开盘，或在盘中狠狠地打压，造成股价异常波动，以吸引市场人士关注。随后，该股会有大量的买单或者卖单同时出现。成交量猛增，股价也在不断推高。这时，广大投资者认为该股中

报或年报一定会公布业绩有重大改善，于是想博一下该股的报表，做一次短线炒作，在当天大胆跟进。岂料第二天，该股放量不涨，有的甚至缩量盘跌，随后更是一路加速下降。待公布业绩时，该股业绩大滑坡，股价无量下跌，有的甚至连连跌停，使投资者深度套牢。之所以出现这种情况，通常是该股先前已有部分机构被套，但考虑到该股一直业绩不错，希望报表公布前有些表现。而实际上，临近报表公布时，被套主力也知道该股业绩不好，解套无望，只好反手做空，以降低持筹的成本。于是，主力利用报表公布前许多短线炒手博消息的爱好制造成交量放大的假象，自己实际上在推升股价的过程中出得多进得少，减少筹码。第二天仍有可能勉强推高，但因出得多进得少，成交量不能有效放大，甚至缩量，引起市场人士警惕。这时主力又利用手中剩下的筹码反手做空。特别是在业绩滑坡的消息公布后，散户出现多杀多的现象，主力也顺势以连连跌停的方式封杀股价，致使一些投资者失去理智，在连连跌停后仍然在跌停板上挂出卖单。这时候，主力见做空成功，又会低价位加倍买入股票摊平成本，以图在下一轮行情中获利。

## 六、利用消息制造陷阱

股市中的消息是满天飞，这些消息当然有真有假，有的利好消息发布时股价已经上涨了很大幅度，显然是主力早就知道了该消息；而有的利空发布时股价也跌了很多，也就是说这个利空消息主力很可能早就知道，早已经完成出货，而当利空出来散户大量抛售的时候，主力往往会再次趁机打压，在低位吸筹。

常见的消息陷阱有借利空大幅杀跌和借利好放量大涨。借利空大幅杀跌往往出现在大盘和个股已经持续下跌之后，一旦出现利空消息，主力经常喜欢采取放大利空的操作方式，利用大手笔对敲来打压股价，刻意制造恐慌性破位下行或大幅杀跌，诱骗持股心态不稳的散户纷纷抛售股票，以达到快速收集筹码的目的。另外，主力在建仓后进行震仓洗盘时，也会经常采取这种手法。

借利好放量大涨，一般是当个股在公布中报、年报优异业绩之时，以及重大利好消息或有题材出现之前，主力机构都能提前掌握各种利好消息而提前推升股价，一旦利好兑现，就会利用人们纷纷看好买进的这一时机顺势放量上涨，趁机减仓或出货。

所以投资者可以使用"利空买入，利好卖出"的反向操作技巧：如果有利空消息的话，就是散户进货的好时机。在极度强势中，每次出利空都会当利好消息去炒；在极度弱势中，利空绝对是买货机会，而不是卖货时机。当然这还要看消息出现的时机，如高位的利好可能会被主力利用出货，而低位的利好，则很有可能会引发一轮上涨行情。如图9-17所示的华辰装备，则是由于国家要重点发展工业母机的政策利好引发的一轮大幅上涨。

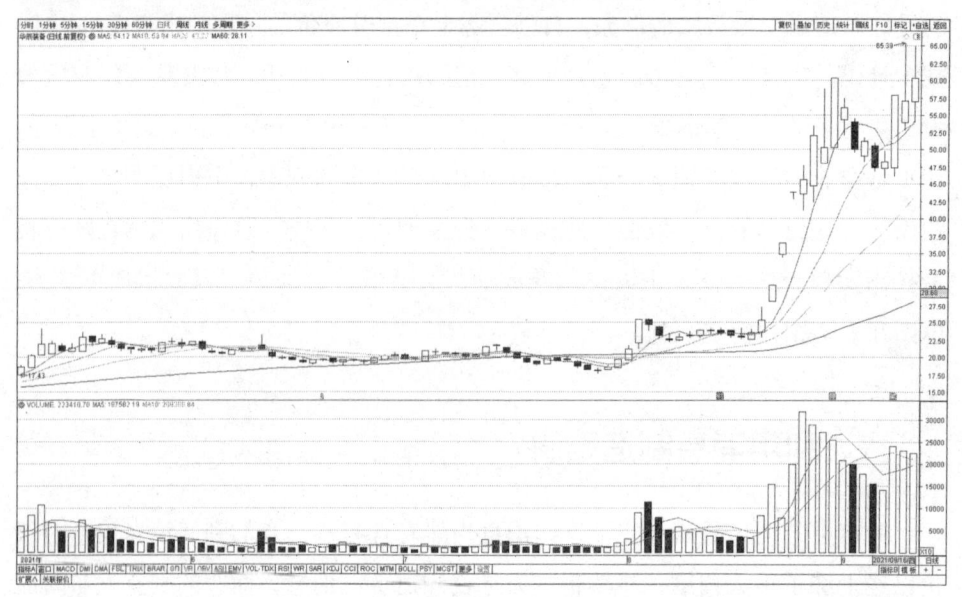

图9-17 华辰装备K线图

# 第10章 认识主力

主力是证券市场中一个特殊的群体,他们有着巨额的运作资金、得力的团队、操作上有着周密的计划。从一定程度上讲,正是因为主力的存在,才使得股市充满活力,存在获得暴利的可能性。那么究竟什么是主力,主力又有着什么样的特征,其操盘过程又是怎样的?本章我们就来认识主力。

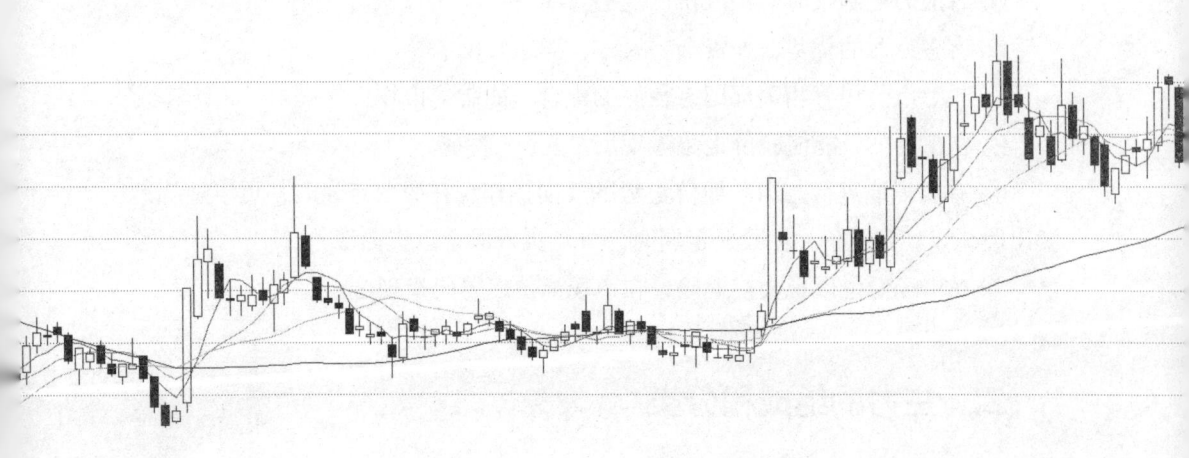

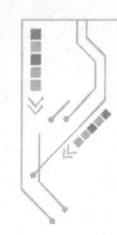

# 第一节　认识主力

主力是股市中一个神秘的概念，他们往往不是一个人，而是一个有组织的团队。在国内的众多股票中，可以说基本上每一只股票都有主力的存在。他们是股市里的希望，也是股市里的灾难。但是，没有主力就没有暴利，没有暴利就没有市场角逐的热情。下面我们首先来了解一下什么是主力。

## 一、主力的概念

证券市场是一个博弈的市场，总是会有资金雄厚、条件特殊的主力可以操纵股价，从博弈的另一方获取收益，股市"主力"概念由此而来。具体而言，主力是指以获取最大利益为目的，利用自己所拥有的资金、信息、技术、人才等优势，以各种不同的方式和手段，有计划、有组织地在某一个特定的环境中控制某类股票的股价走势的团体。

主力具有如下特点：

① 有能力控制某时期内股价的走势。
② 有多方面的优势，如资金、人才、消息、技术等。
③ 与上市公司等相关部门有较好的配合，能制造市场炒作题材。
④ 在市场中，能使股价走势表现出"主力"特征。
⑤ 有意识地进行与当前股价走势的反向操作。在股票走强时，可以适当地卖出股票以稳定股价；在股票走弱时，可以买入股票以提高股价。
⑥ 在市场低位以现金换筹码，在市场高位以筹码换现金。

## 二、主力的组成和分类

**1. 主力的组成**

主力往往是一个团体组织，其中包括总管、调研人员、公关人员、资金调度人员及操盘手五类。各类人员分工明确,都承担着不同的任务和职责。每一类人员未必是一个人,也可能是几个人组成的一个小组。

各个职位的主要职责如下:

(1) 总管

其主要职责是主持整个操作过程的全局,把握大的方向,起着决策主导作用,是操作活动的核心,贯穿于整个活动的始终。总管有权决定操作的股票品种、操作时机、持仓的数量、操作手法、出货方式、资金调度以及人员安排。

(2) 调研人员

其主要职责是与上市公司进行沟通。通过调查、分析、归纳,提出一些有价值的建议和意见,并做进一步的研究,给总管提出防范风险的措施。

(3) 公关人员

可以看作是由主力派出的"外交官",他们负责接触上市公司、咨询公司、电台、电视台、散户、大户、专家、股评家以及传媒等,从而贯彻和执行总管的意图,很多消息的发布均是他们所为。

(4) 资金调度人员

资金是主力操盘的根本保障,为了使资金保持充足,他们就需要有专门的资金调度人员与银行和其他金融机构打交道,以保证及时地供给资金。

(5) 操盘手

其主要职责是按总管的指令进行现场买卖,他们的作用不可低估,这是因为操盘手的水平高低将直接影响股价的走势,甚至是盈利的多寡。

**2. 主力的分类**

根据持股时间将主力划分为:短线主力、中线主力、长线主力。

短线主力运作周期从2天到30天不等。重势、重概念、重技术形态、持仓量少、严格止损是这类主力的鲜明特征。一般控盘程度为1%~10%,建仓时间为1~10天。

中线主力运作周期大致为一波中级上升趋势的始末,在牛市中可能是3~6个月,在熊市反弹期里可能是30~60天。一般控盘程度为10%~30%,建仓时间为10~30天。

长线主力运作周期大致为一个牛市的始末,甚至只要上市公司基本面没有恶化，就有可能长期持股并做少量的波段性操作。一般控盘程度为10%～50%，建仓时间为1～12个月。

# 第二节 主力的基本常识

接下来，我们来了解一些与主力有关的基本常识。

## 一、主力的公共关系

主力操盘是一个非常复杂的系统工程，它涉及很多方面。主力在操盘过程中，投入一定的人力、财力、物力，联络和搞好公共关系是操盘成功的必要手段。主力会借助各种力量，调动一切可以调动的资源来支持和协助自己的整个操盘活动。总体来讲，主力需要打通以下几个方面的公共关系。

### 1. 与上市公司的关系

主力在操盘前，首先要了解流动盘筹码的分布情况，尤其是前100名最大筹码持仓量的情况，为日后操作提供第一手资料。这就需要主力与上市公司搞好关系，以获取必要的信息。因此，上市公司的经营状况、重大事项的发生，主力会为发布消息、制造炒作题材提供方便。这样主力就与上市公司形成了一个特殊的利益共同体，结成一种特殊的同盟，通过利益的互动，最终实现坐庄计划。

通常，主力与上市公司的特殊同盟关系有三种情况：上市公司本身就是主力，主力寻求上市公司的合作，上市公司主动寻求与主力合作。

### 2. 与股评的关系

在我国证券市场中，有着数以千计的股评家，他们身上均有着这样那样的光环，由于股评家自己的特殊身份，不可避免地与主力有着错综复杂的关系。主力希望股评机构介绍他们操作的股票，使大家知道这只股票，主力需要出货或是想让股票上涨时，也会要求股评家来"吹捧"，以减轻自己的资金压力。这些时候，主力会给股评机构一些利益。而有些股评家也可凭借与主力的良好关系，在资金拆借、会员理财、对外咨询业务上获利。但是大多数股评家还是能保持诚实正直的职业操守的，他们利用自己所学的知识为投资人提供服务。

股市中有两种股评不可信：一是那些与个股有利害关系的股评家的股评不可信，这些股评家大多数都有明显的"黑嘴"行为；二是神话级的股评家不可信，即有的股评家能准确地预测某只股票股价的拐点，大可不必当真，因为股价的趋势和大致运行规律虽可以预测，但绝不可能做出非常精确的判断。

### 3. 与媒体的关系

在现代社会中，媒体越来越显得重要了，尤其是在股市中。主力与媒体建立良好的关系，可以借助媒体传播、发布利好或利空等各类消息。主力想要唱多时，可以通过传媒快速传达利好消息；主力想要唱空时，也可以通过传媒向外传播利空消息，以此来迷惑散户，扰乱散户的投资行为，这样就有利于主力按自己的规划布局市场。

主力的主体不同，其实力表现就会有差异，这样他们所选择的公关对象也是有差异的。通常，资金实力较小的主力，公关的重点一般会放在上市公司；上市公司自己操盘的，公关对象主要是主承销商；炒板块的主力重点是传媒和专家；资金实力雄厚、目标远大的主力，才可能调动市场上一切公共关系来为自己所用。

## 二、主力的资金安排

资金是主力操盘时所面临的首要问题，也是主力在市场中获取利润的有效工具，整个操盘过程其实就是围绕资金和股票不断循环的过程。通常，操盘资金少则几千万元，多则数十亿元，往往会分为以下三部分。

### 1. 建仓资金

建仓资金是主力在股价处于低位区间用来购买股票所花费的资金，它一般是主力的自有资金。在建仓阶段（通常也包括试盘和整理的过程），建仓资金将全部转换为股票，也只有在主力有了足够多的低价股票之后，才容易以此为筹码从外部筹集到更多的运作资金。通常，建仓的时间要以主力的控盘程度而定，

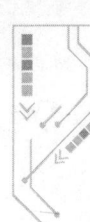

控盘程度深的建仓时间往往比较长，反之则较短，但还要看市场持股者的稳定程度；而控盘程度又与建仓资金息息相关，控盘程度越深所需的建仓资金就越多，反之则较少。

### 2. 拉抬资金

拉抬资金是主力在推高股价的过程中所花费的资金。当主力在个股中拥有了大部分流通股票之后，是可以计算出拉抬资金的。拉抬资金所承接的股票就是那些少量的外部流动筹码，因此拉抬资金的数额一般不会特别大。主力在拉抬股价的时候往往是需要环境配合的，但拉抬时间一般短于建仓时间，甚至只有几天到十几天。从资金的性质来说，拉抬资金可以是主力的自有资金也可以是拆借而来的资金，常常在资金与股票这两种形态里转变，以高抛低吸的方式拉升股价。对于同时操控几只股票的主力来说，拉抬资金就需要讲究效率了。如果主力炒作的几只股票属于同一板块，那么拉抬的资金就会有一个比例分配的问题，因为只有同时拉升股价才能看到板块联动的效果；如果主力炒作的是几只非同一板块里的股票，那么拉抬资金即可全力拉高一只股票后，再撤出来去拉下一只股票，实现一笔资金轮番拉抬的目的。

### 3. 预备资金

预备资金是指主力在操盘过程中为预防突发性危机而准备的资金。这笔资金数量一般较少，没有特殊情况发生，主力一般不会动用。由于是预备性资金，所以这笔资金可能从头至尾都派不上用场，但如果主力没有这笔资金，其操盘心理和操作策略都将受到一定的影响。

资金的性质往往会导致股票的运行表现截然不同。如果是自有资金，那么主力往往敢做长线，目标股常常表现为"慢牛"形态，以缓慢推升为主；如果多是拆借资金，则主力多数会选择做短、中线，目标股常常会大起大落。此外，主力如何分配资金也往往决定了股票的表现方式。如筹码锁定多而流动资金少的主力，往往不会利用股价的短期波动来挣钱，所以股价就没有短期的暴涨暴跌现象，即使一路上升也往往不会引起市场的注意；当主力不想做长线时，就会把资金用于短线炒作，故而拉抬资金充裕，个股涨势迅猛，但往往涨得快跌得也快，经过一段时间之后，股价往往从哪里涨起来又回到了哪里。总体来看，市场上的股票表现要么雷同于此二者，要么就会介于这两者之间。

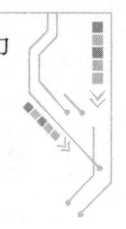

## 三、主力的操盘特点

在股市中,大多数散户由于心理素质和技术能力等问题,很难斗过主力,也很难在跟进过程中有可观的收益。因此,散户跟随主力炒股,常需忍受主力的种种折磨。散户要想学会跟随主力炒股,就需要了解不同主力的操盘特点。

(1) 短线主力操盘特点

短线主力不太在意股票的控盘程度,而主要关注的是股票的涨势。短线主力大致可分为两种:一是抢反弹的短线主力,在股票下跌过程中抢反弹的,这类短线主力会在广大散户抢反弹之前入场,等散户开始抢反弹的时候出局;二是炒题材的短线主力,在个股发布重大利好消息前拉高吃货,或在重大利好发布后立即拉高吃货,之后迅速拉升股价,并在股价上升过程中快速离场,所以股市上流传着"利好兑现便是空"的说法。

(2) 中线主力操盘特点

跟短线主力不同,中线主力一般会对某个板块中的个股进行轮番炒作。中线主力看好的是大盘的中级行情,或者是看好有题材可以炒作的个股。

中线主力建仓时不会短时间内大量买进,往往要在底部潜伏一两个月来完成建仓,并且中线主力所持有的筹码数量也不会很大。当大盘趋势走好,或者个股出现利好消息时,主力则借机拉高股价,再通过行业板块的联动效应,在很短的时间里获取利润,之后迅速出局。中线主力操盘要依赖外界的力量,如大盘走势向好、个股出现利好消息等,而不只是依靠主力自己的资金力量,所以这类主力操盘的风险一般都比较大,控盘行为比较谨慎。

(3) 长线主力操盘特点

长线主力往往不看重个股的题材,而看重上市公司的业绩。长线主力选择的个股,基本上都是有优良业绩支撑的股票。长线主力具有很强的资金实力,且从入驻到出货这一过程的操作时间较长等特点。同时,普通散户在K线走势形态上能更清楚地分析出主力是处于收集筹码、洗盘、拉升、出货等操盘过程中的哪个阶段。

市场上出现的那些黑马股,大部分都是从长线股中产生的。因为长线主力持股时间比较长,并且主力对后市的预期涨幅也比较大,这就要求主力能够对

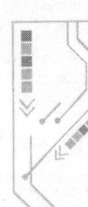

该股绝对控盘，因此主力就要不断地收集筹码，以达到绝对控盘的程度。在这种情况下，有时股价从底部算起已经涨了一倍，主力还在不断地收集筹码。同样，在出货的过程中，长线主力的操作过程也是相当漫长的，而且到后期，主力会不计成本地抛售。长线主力的这些操作特点，应该引起投资者的注意。

## 四、主力的操作时机

主力操作讲究天时、地利、人和，因为在股市上的操作时机，往往决定了操作的成败，"择时"常常比"择股"更重要。通常，主力操作时会选择以下时机进入：

（1）在新股上市时入驻

新股上市时，里面没有主力，也没有套牢盘，且当日成交汹涌而股价定位模糊，同时新股流通盘小、股本扩张能力强。于是，主力往往会介入那些市场前景好、同时市盈率也比较合理的新股。新股的主力大多数是主承销商，也就是券商，因为他们知道这些个股的底细。

（2）内部消息尚未公布时入驻

主力进入目标个股前，往往会对目标个股进行深刻的分析与了解，甚至去上市公司做详细的市场调查。在上市公司的业绩基本面出现重大改观，但消息还未在二级市场上表现之前，主力便会乘机介入，先行一步。其后随着利好的不断出现，二级市场股价重新定位，股价上涨也就在情理之中。

（3）个股发布利空消息时入驻

在中级、大行情中，主力会在个股利空消息发布时入驻。因为大势向好，个股上涨成为顺其自然的事情。由于有些主力准备不足，牛市初期踏空，便发布个股利空消息，以扰乱散户的心理，影响他们的操作，使其纷纷抛出筹码。主力便会趁机大量吸筹，进入目标股，为后市上涨做好充分准备。

（4）在市场调整时入驻

若大行情已经持续很长时间，比较优质的个股一般会被其他主力霸占，如果又有主力想入场，那么就只能等行情上升途中的调整时期进场，然后坐等大势再次走好，抬高股价。

(5) 宏观政策调整时入驻

宏观经济、政府的政策方针是决定主力能否愿意及顺利入驻的关键，它直接或间接地影响着主力操盘的信心和操盘策略。当宏观经济已经运行到最低谷或经济开始复苏的初期，市场大多数散户都经历了漫长的熊市套牢，心理上遭到沉重打击，极度悲观，对市场看空，忍痛割爱，纷纷抛出手中低廉筹码。此时主力会乘机收集筹码，等待反弹，当散户觉察时，股价已经上涨很高。所以主力在宏观经济处在不乐观的情况下一般不会轻易介入。

(6) 熊市末期，个股严重超跌时入驻

当熊市到来时，主力一般很少入场。等到跌无可跌的熊市末期时，主力就会逢低吸纳，这时的宏观经济面和政策面也有了回暖的迹象。通常，主力在这一阶段所吸纳的筹码是最低价的。

## 五、主力的优势与劣势

### 1. 主力的优势

认识主力、了解主力，这对散户来讲有非常大的作用。在掌握了主力的操作意图和操作手法后，散户就可以以正确的操作理念来控制自己的操作行为。其中，主力的优势主要表现在以下几个方面。

(1) 有充足的资金

作为主力应具备雄厚的资金实力或拥有强有力的融资能力，这样操作才会无后顾之忧。由于他们持有相当大的资金，可以尽可能多持有流通筹码，他们能很清楚地知道散户的持仓量。

他们通过高抛低吸、逢低建仓、逢高出货等操作策略及科学的投资组合，从而有效地规避风险，获得最大的收益。

(2) 有优秀的人才

通常，主力都拥有高素质的人员团队，既有专家又有专业技术人员为其服务，其人才优势比较突出。如优秀的操盘手、行业分析师、政策研究员及高级公关人才等都是主力重点招揽的对象。

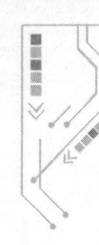

(3) 有快捷的信息

主力的信息优势体现在以下几个方面。

一是可以在第一时间获得信息。主力通常具有丰富的专业信息渠道，并有研究人员进行市场调研。

二是有条件制造信息。主力对目标公司的炒作方式正在不断变化，由过去单纯的在市场上收集、拉高、派发演变为参与公司管理，甚至给上市公司当推销员，左右大众对上市公司的市场评价，从而达到成功炒作的目的。

三是能够控制市场信息。通过对倒放量、控制价格、改变技术形态这些手段来制造多头或空头陷阱，使中小散户出现判断失误，达到收集或派发筹码的目的。

四是很容易掌握筹码分布状况。主力能够通过现有的市场技术手段和自己对筹码的控制程度，了解中小散户的持筹情况，从而做到知己知彼。

(4) 较低的成本

主力通过长期振荡、打压等方式可以获得较低成本的筹码。此外，主力可以反复地做波段操作降低成本，在不丢失筹码的情况下高抛低吸得到差价，从而进一步降低成本。

(5) 盘面优势

由于主力拥有大量的筹码，盘中的一举一动可以清楚掌握。如买一、买二、买三中的托单和卖一、卖二、卖三中的抛单，多少是主力自己的，多少是散户的，主力一目了然。股价上升到了什么价位会遇到强大的抛压，下跌到什么价位会出现强大的反弹，只有主力清楚。散户仅凭公开的技术分析去研判，往往会落入主力设下的陷阱。主力在操盘中，股价未到高点便已开始撤退，或未到低点却偏偏转身而上，从而使散户追撤不及。

### 2. 主力的劣势

主力有优势也有劣势，虽然主力在操盘过程中能够充分利用自身的优势来弥补劣势，但仍然有兼顾不到的地方，而这恰恰为散户提供了可以利用的机会，这也是散户跟随的切入点。

(1) 资金成本压力大

主力的资金虽雄厚强大，但都是有时间成本的，如主力融资得到的绝大部分资金的利息是高于同期贷款利息的。在这种沉重的利息负担下，如果无法及时兑现出局，其压力之大是可以想象的。虽然这些资金在短时间内确实能发挥强大的威力，但是如果时间拖久了，主力就会不堪重负。这一特点反映到市场中的表现就是在长假来临前，会有部分主力将资金撤出股市，股价自然也就会相应回落。

此外，主力大多设置了庞大的咨询机构，聘请了若干投资顾问和操盘手，要花相当大的代价去和各方搞好关系，并且每一次控盘动作都需要成本，所有这些，注定给主力最后的毛利还要大大地打上一个折扣。

(2) 船大难掉头

对于主力来讲，较大的持仓量是其主要的弱点之一。正是由于持仓太重，主力要想全身而退、成功兑现离场并非一件易事。主力在操纵股价走势过程中会玩很多花样，使用许多指标。这其中任何一招一旦被散户识破，散户就不会在远离股票价值的高位接过这最后一棒。在这个时候，主力也无可奈何，主力就会被关在自己亲手制作的套子里，靠对倒维持股价。

在遇到突发事件时，主力无法及时有效地规避损失，容易引起其他主力的参与并分享成果。在每波行情见顶之后，总会有一些主力因操作失误而重仓被套。如果大盘处于极度弱势，则主力的处境就更艰难。因为这时若一味将股价维持在高位，则控盘成本太高；若顺势将股价打至低位，又可能遭到其他主力的伏击，从而丢掉部分低价筹码。

(3) 技术指标易留痕迹

主力在操作过程中，操盘行为在股票走势图上必然会留下痕迹，一旦被散户识破，就会给散户提供赚钱的机会。操盘一定要拉抬股价，如果主力不造势，就很难有高位派发的机会。同时，主力完成目标股的操盘全过程，需要足够的时间和空间，在这个较长的周期中，就给散户提供了足够的赚钱机会。此外，如果上市公司不配合主力，目标个股中早已有别的主力潜伏，这些都将增加主力操作的难度。

# 第11章 主力的建仓手法

主力要想操控股份，首要任务就是要收集筹码，为了收集到足够的筹码，主力会采用多种手段。有时会采取打压的方式逼迫散户交出筹码，有时则会不惜成本将股价拉高迅速获得大量筹码。本章我们就来了解一些常见的主力建仓手法。

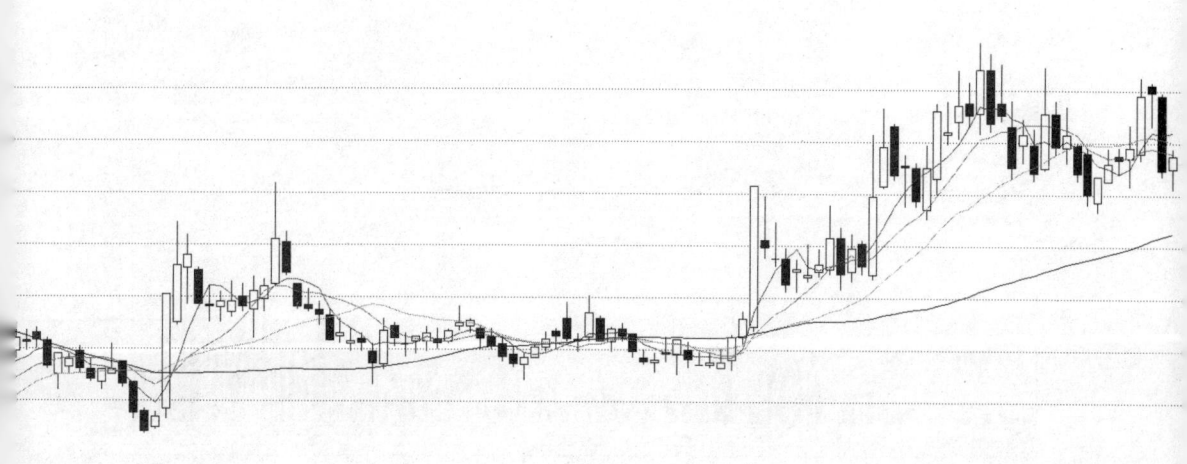

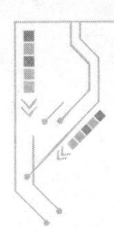

# 第一节 主力建仓的常用方式

## 一、低位横盘建仓

股价经过长时间的下跌，主力开始入驻建仓，由于主力的入驻，强大的买盘使股价表现得十分抗跌，使得股价开始止跌企稳，但主力此时并不想将股价抬高，于是控制股价在一个范围内形成横向盘整格局。图形上形成一个明显的平台或箱底的形态，股价方向不够明确。这种方式往往时间较长，一两个月、半年甚至更长，期间股价起伏较小，也没有明显的放量。但是，如果单纯横盘的话，将使市场中的抛盘迅速减少，不久就会出现没人抛售的现象，这时只能采用震荡的手法，逐出部分意志不坚定的投资者，成交量会略有活跃迹象，但由于没有大阳线、大阴线，不容易引起短线投资者的注意，使主力在横盘中吸

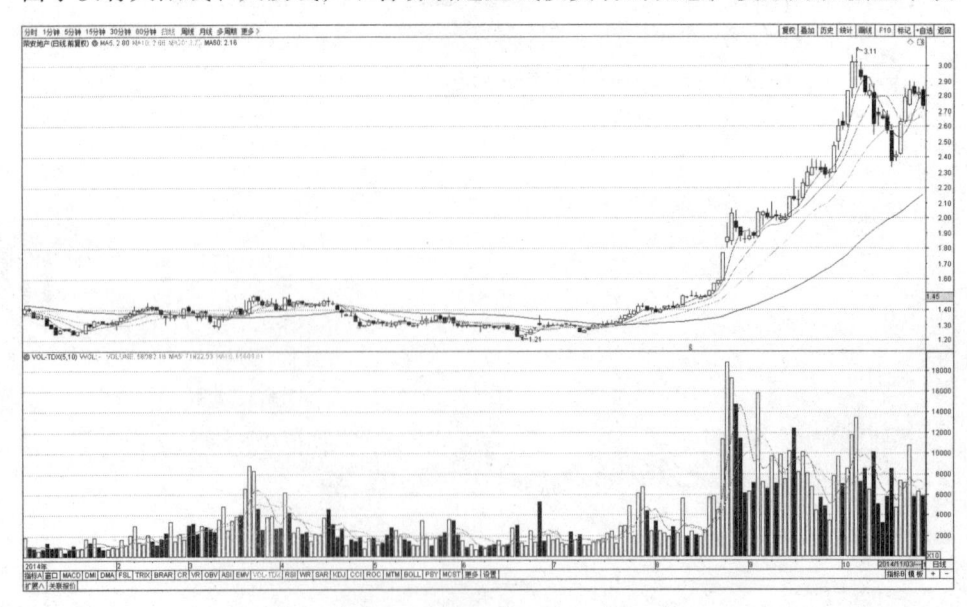

图 11-1　荣安地产 K 线图

货的意图得到极好的隐蔽。在低位长期横盘的股票一旦启动，其涨幅往往十分惊人，对于中长期投资者而言，是一种很好的选择。

采用这种方式建仓，主力更多的时间只管吃货，并不主动抬拉股价，所以在主力建仓阶段，个股走势给人的印象非常低迷，等到拉高的时机到了，主力则会突然行动，以迅雷不及掩耳之势，短短几个交易日就将股价大幅拉高。

如图11-1所示的荣安地产在一段时间内的吸货走势图，经过长时间的下跌之后，开始横盘探底，这时主力开始隐蔽潜伏建仓。为了消磨散户耐心，主力减少横盘震荡的幅度，使得博取差价的参与者如食鸡肋，最终将筹码交给主力。

## 二、中位横盘建仓

通过中位横盘建仓的主力，在前期已经收集到了一定的筹码，但由于仓位还不够，于是利用手中的筹码，在中部位置构建一个滞涨式的中继整理平台，在平台整理的过程中完成建仓的目标。主力采用这种方式建仓，所需要的时间一般都比较长，有时需要一两个月或者更长的时间。

利用中位横盘建仓，主力主要是以时间来换空间，以此拖垮散户的持股信心，在中继平台整理期间，盘面上股价会表现出十分疲惫的走势，持有该股的投资者因为长时间赚不到钱，耐不下心来，于是抛售出局。场外持币的投资由于找不到赚钱的机会，也都不愿意进场抢筹。从成交量上来看，没有明显的放大和缩小，通常是维持在一定的范围内波动。尽管有时出现放量，也不足以改变其运行形态。

如图11-2所示的华懋科技，主力就是采用了这种建仓方式。主力在其中采用中继平台方式建仓，通常是股价经历了一波拉高后进入整理平台的，因此，盘面上会呈现出停止向上拓展空间，但同时又封住了下跌空间的现象。此时，股价会在一个幅度比较小的范围内缓慢波动。

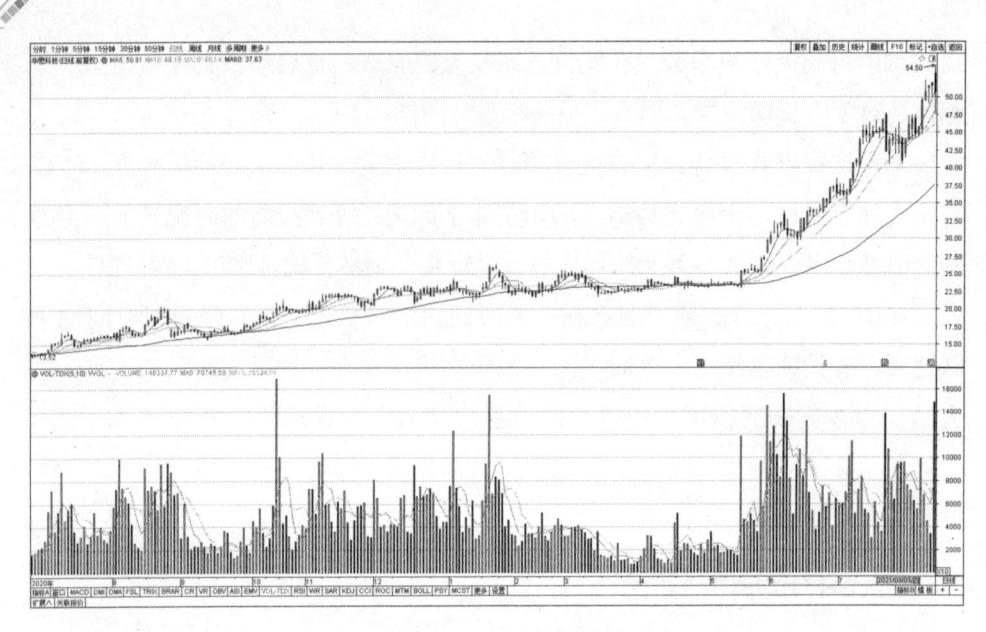

图 11-2　华懋科技 K 线图

通常采用这种方法建仓，不但需要的时间比较长，而且股票在这个过程中也不会有大的起伏，所以投资者要是过早参与的话，从时间成本上来讲是不划算的。最佳的入场时机是在出现放量拉高股价时，此时投资者就可以进场跟进。不过需要注意的是，如果这种形态出现在个股股价已经上涨了比较大的幅度，就不要轻易做出买进的决策了。因为这时候很可能是主力采用横盘的方式出货，而横盘之后的放量则很可能是一个骗局。

## 三、推高式建仓

主力采用这种方式，主要是因为股价已被市场慢慢推高脱离底部，且市场前景看好，投资者更愿意持股，主力只能逐步推高股价进行收集。采用此方式建仓的前提，通常是在大势中短期已见底，并开始出现转跌为升的迹象时进场，成交量缓慢温和放大。在图表上会出现阶段性特征，即进二退一或进三退一，先拉出两三根小阳线，再拉出一根小阴线。由于主力无法在相对底部吸到足够的筹码，因而成本较高，风险也相对较大。因此主力在选股时必须配合丰富的市场题材，否则得不到市场的认同，根本没有获利派发的空间。

通过股价的缓慢上涨，主力可以达到边建仓、边洗盘、边换手的目的。操作上，投资者在这种情况下应该买阴不买阳，即在股价下跌收阴线时买进，不在冲高阳线时介入。同时以中、长线操作为主，待放巨量时分批出局。

如图 11-3 所示的酒鬼酒，该股经过一段时间的下跌见底，这时主力开始建仓进入。为了不引人注意，主力采取缓升方式推高股价，从成交量上看，也有明显的放大，为后期拉升赢得了底部筹码。

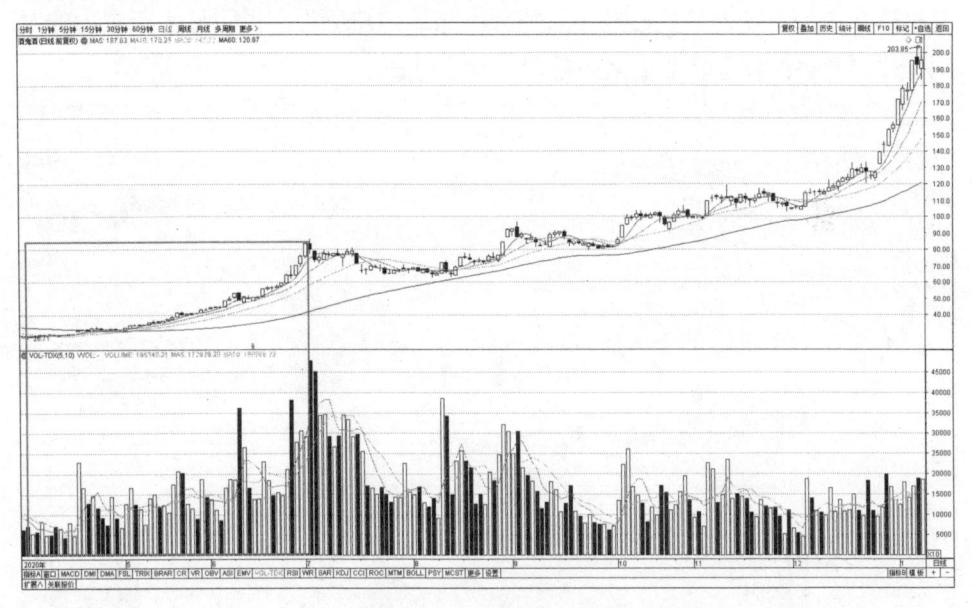

图 11-3　酒鬼酒 K 线图

## 四、跌停式建仓

股市中个股涨停或跌停是经常出现的。显然，在已经跌停的情况下，作为卖方，无法通过压价与其他卖方竞争，要想获得较大卖出机会，只有抢时间早些时候以跌停价挂卖单排队，越早越好，因为晚了就有可能卖不掉。

跌停式建仓的主要操作手法是：主力在跌停板价位处挂巨额卖单，吓得散户纷纷以跌停价杀出。此时，主力悄悄撤掉原先挂出的巨额卖单，然后填买单将散户筹码一一吃进，与此同时，再挂与撤单大小相近的卖单在后，在表象上没有明显变化。这一过程可以反复进行，直到吸足筹码，或大多数散户发觉时为止。

遇到跌停的情况，投资者要进行综合分析，不可盲目地杀跌，以防上当受骗。要分析跌停的原因，并结合价位高低和成交量的大小、换手率大小，然后再做决定。

如图11-4所示的ST天马，在经过了长期的下跌之后，突然连续几天放量大幅波动，图中标示区域更是以跌停收盘，其形态足以让散户抛出筹码出逃，而主力借此完成建仓。其实仔细分析不难得出，底部的突然放量从哪里来呢？经过这么久的下跌，显然已经不是疯狂抛售的散户所为，很明显来于主力的对倒操作，其目的就是吸取更多的筹码，完成建仓。

图11-4　ST天马K线图

## 五、拉高式建仓

这种建仓方式大多出现在大盘下跌阶段末期和平衡市况中，或冷门股和长期下跌的股票。主力出其不意，在被市场认为是不可思议中将股价迅速抬高，足以表明主力强大的实力。甚至个别凶悍的主力可以使股价连续冲破前期阻力，从而顺利完成建仓。主力之所以这么没有耐心和散户玩时间换空间的游戏，就是要赢得时间。其原因往往是该股背后蕴藏着重大题材，一旦公布将直接导致

第 11 章 主力的建仓手法

股价大幅上升，时间较为仓促，来不及于低位吸筹或出于严格的保密需要，担心其他资金在低位抢筹码，提前打市场的"突袭战"。从逻辑上说，既然主力肯出高价急速建仓，表明股价未来应该有极大的涨幅，拉高建仓事实上反映了主力急于吸货的迫切心态，如果将来没有极大的上升空间，主力又怎么可能把大量的资金投入其中呢？

采用这种方式，主力通常会速战速决。通过短短几天甚至是一两天时间，快速放大量拉出几根大阳线甚至是涨停板，将股价迅速拉高到目标位，然后再通过大幅震荡，形成高位平台或旗形整理态势，通常散户会认为这是主力要出货，纷纷抛出手中的筹码，而主力则悄悄接手散户获利盘。其实，这才不过是上涨的开始。这样做尽管成本要高一些，但是大大缩短了建仓时间。

如图 11-5 所示的国际医学，主力就是采用这种方式，尽管连续拉升建仓，但从后面的走势可以看到，上涨才刚刚开始。

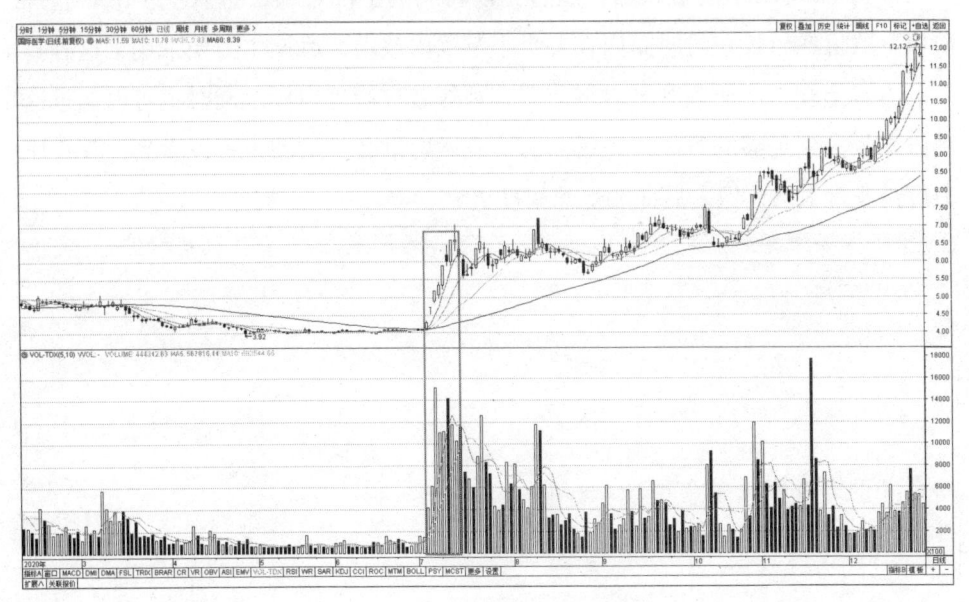

图 11-5　国际医学 K 线图

## 六、打压式建仓

打压式建仓通常出现在上涨途中，经过一段时间的上涨之后，主力突然将股价迅速打压，逼使散户抛出手中的筹码，图上会出现直线式下行。采用这种方式，股价常是暴涨暴跌。主力运用手中已有的筹码，通过对倒的方式向下不计成本地大幅打压，同时在此过程中完成筹码的收集。这种走势使散户在心理上完全崩溃，纷纷争先恐后地出逃，而主力则一一笑纳。这种收集方式如果发生在大盘向下调整时，或是个股有较大利空出现时，效果更佳，但要求主力控筹程度高，实力强大。而且这种情况跌幅不会过大，时间也不会太久。因为过分地打压只能使更多的卖盘涌出，吃进的筹码将比预期的要多得多，将很难控制局面。另外若是实质性利好时，还会有对手抢货，从而造成筹码损失。

从成交量上看，主力为了制造恐慌，往往会采用对倒放量进行打压，但通常开始跌的时候，往往是缩量。作为散户，如果还是浅套，股价又刚刚起跌时，可以斩仓出局，待低点补仓介入。如果股价跌幅已达到50%以上，则不宜盲目杀跌。

如图11-6所示的五粮液，经过一段时间的上涨之后，进入一个平台整理阶段，股价在较长一段时间内在一个小范围内波动，后期主力便采用了这种打压的方式建仓，这样做既可以将前期获利的散户清理出局，同时也可以通过这种方式收集到足够的筹码，为后面的拉升做好准备。从图中可以看到，其打压力度是非常大的，但是后面的上涨幅度更大。

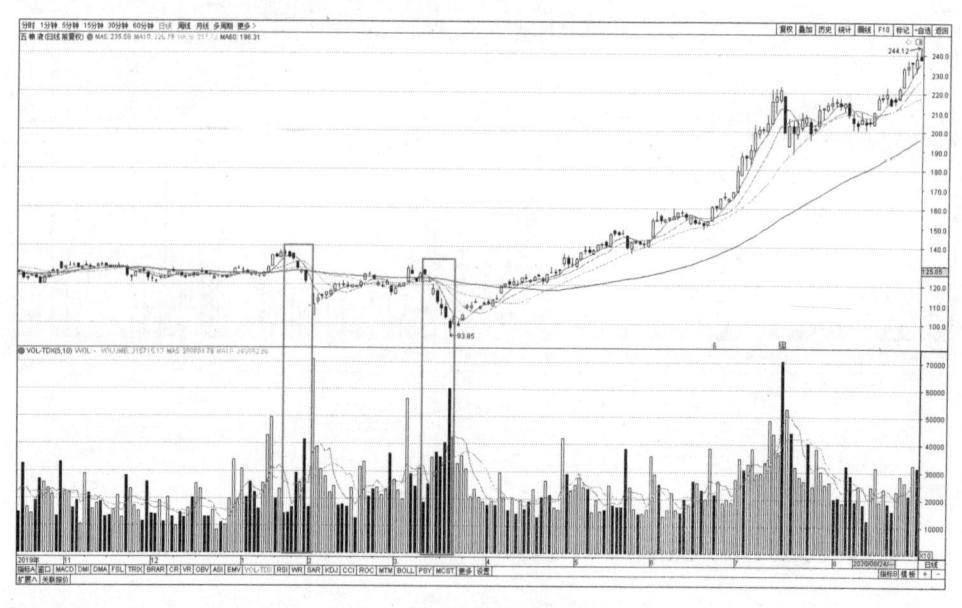

图11-6 五粮液K线图

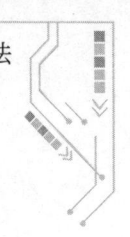

## 第二节 主力建仓时的特征

### 一、主力建仓时的盘口特征

在交易过程中，无论是主力还是散户，其买卖行为都会表现在分时走势图中，所以盘面是股票散户交流的窗口，也是观察主力一举一动的窗口。盘口的信息就是分时走势图上显示的五档买卖队列。

对于每只股票来讲，是否有主力进入，都会通过盘口信息表现出来。可以说，盘中的每一笔成交，主力的意图都显示其中，散户只要能够读懂盘口的信息语言，就可以在股市中生存。

通常，主力在建仓时，盘口都会表现出以下特征：

(1) 主力在卖一位置挂上大单，而在买一位置挂上相对较小的买单

有些主力会在卖二、卖三、卖四、卖五上都挂上大单，显示该股票抛压很重，以此恐吓投资者抛出手中的筹码，达到主力建仓的目的。比如某只股票，在卖一9.30元处挂上7000手的卖单，而在买一9.28元处挂上1000手的买单。一旦盘中出现9.29元的卖单，就会马上被主力吃掉。主力以这种手法不断地向上撤单，比如突然撤掉卖一9.32元处的卖单，卖一处的价格就变成9.33元了。盘面上出现这种情况，是主力吃货建仓的明显特征，当然，其前提是股价不是处于被炒作后的高位。

(2) 股价处于低位时，在盘口出现对倒单

在建仓的过程中，主力会采用对倒单来打压股价，以便在低位买到更多的筹码。在K线图上会出现小阴线和小阳线交错出现的情况，并且股价会沿10日均线不断上扬，同时，盘面上会出现大的成交量。

(3) 股价经过一段下跌后，盘口上出现大单

比如某只股票经历了一段长时期的下跌过程后，股价开始企稳，盘口上卖

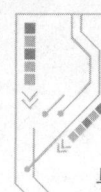

单处出现很大的卖单,而下面的买单很小。不久后,盘口上却出现很大买单,直接把上面的大卖单一口吃掉。出现这种盘口迹象的话,就是主力建仓吃货的特征。

(4) 收盘前瞬间打压股价

若某只股票在收盘前股价瞬间下跌,是主力建仓时常用的一种手法。在尾市收盘前几分钟,突然抛出一笔或几笔大卖单,而且卖单同成交价相比降低了很大价位,这样就可以使股价在瞬间被砸到低位,如图11-7所示。主力在收盘前瞬间打压股价,目的是让散户来不及做出反应,迅速把股价打压下去,使日K线形成光脚大阴线、十字星阴线等较难看的图形,使持股者产生恐惧心理。持股者看见盘面上出现这种情况后,会认为股价很可能在次日出现大跌,在次日开盘后,主力则会先打压股价,使其呈现出下跌的态势。这个时候,其他持股者就会纷纷抛出自己的筹码,主力就一一吃进。这种情况如果出现在周末的话,效果会更好。

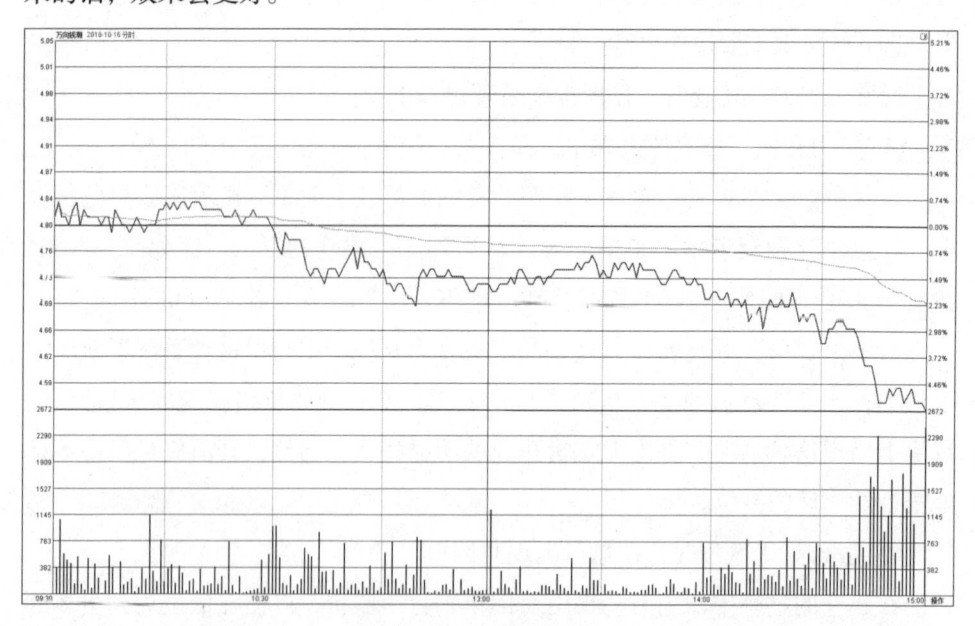

图11-7 万向钱潮分时图

(5) 股价在下跌过程中出现大买单

某只股票在下跌过程中,盘口上的买一、买二、买三处出现大的买单的话,这是主力建仓护盘的特征。但要注意,出现这种情况,股价不一定能马上企稳,因为在股价下跌过程中，光靠主力护盘是护不住的。主力出面护盘后，一般股价还会有下跌空间。如果遇到这种情况，应该密切留意，一旦市场转强，这种股票会有很不错的表现。

以上分析的几种盘口特征，都是主力建仓阶段经常出现的，也是判断分析主力建仓行为最基本的盘口信息语言。作为散户来说，要想在跟随主力过程中获得不错的收益，必须长期跟踪某只股票，紧盯盘口，并在实践中不断探索，不断提高，这样才能及时掌握主力的动向。总体来说，散户成功跟随主力的基本功，就是读懂盘口的语言信息。

## 二、主力建仓时的 K 线特征

没有主力入驻的股票，它的 K 线图形态就毫无规律，即使股价有相对底部出现，那也只是暂时的。在底部区域，股价也许会有反弹，但很快又会继续下跌。一旦某只股票有主力进入，那么在主力建仓的过程中，就会在日 K 线图上留下踪迹。因为，K 线走势图能够把每天股价的走势情况完全记录下来，经过一段时间的运行后，其图上就会形成一种特殊的形态或区域。不同的 K 线形态具有不同的含义，散户可以通过分析它的形态变化来判断出盘中的一些规律和主力的动向。

主力在建仓一只股票时，其 K 线经常会在低位收出小十字星，或者是小阴线、小阳线实体。这是因为，一方面，主力需要将股价压低后慢慢地吸筹，但又不想在收盘时收高股价，否则会提高日后收集筹码的成本，就在临近收盘时把股价打压到开盘价或接近开盘价的价位，这样就会形成十字星；另一方面，主力要使建仓行为更隐蔽些，以便在盘中悄悄吸纳便宜的筹码，因而对股价的打压不敢过于放肆，吃货也不敢过于疯狂，所以这个时期股价的振幅大都比较小，因此会在收盘时收出十字星 K 线。到了建仓阶段后期，K 线图中就会出现实体较长的阳线，或者是上影线较长的 K 线，这表示主力已经准备开始大的行动了。

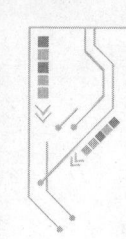

## 三、建仓完成时的特征

### 1. K线走势独立于大盘

在市场中，个股一般都是跟着大盘呈正向走势，即大盘涨，个股也涨；大盘跌，个股也跌；大盘呈平衡震荡，个股也为上下震荡的平衡式。然而在市场中，某些个股走势我行我素、独来独往，走出独立的行情。这种情况下，表明个股基本上已经被主力控股，并且已经完成了建仓工作。

### 2. 放小量拉出大阳线

主力进入目标股收集筹码，在经过一定时间与空间的收集工作后，如果主力某日用较小的资金就能使股价涨停，这表明市场中绝大多数筹码已经流入主力的手中，其具备了绝对的控盘能力，能够在市场中随心所欲地画走势图。这也说明主力筹码的收集工作已经进入尾声或者结束了。

### 3. K线走势起伏不定且成交量萎缩

主力在收集筹码的末期，为了洗掉市场中的获利盘，便会使用少量筹码来做走势图。从日K线上分析，股价起伏不定，在一个箱体内做震荡走势，上涨到箱顶止涨，下跌到箱底止跌。在分时走势图上，震荡幅度更大，走势似波浪式的翻腾，委买、委卖之间的价格差距非常大，给人一种莫名其妙的感觉，成交量有时也不规则，市场中的筹码极少。

# 第12章 主力的试盘手法

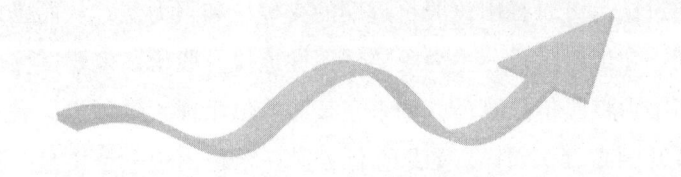

试盘主要是主力对即将展开的下一步操作计划做一些试探性的操作，以便制订下一步操作计划。在建仓期、拉升前期、出货期等阶段都有可能试盘。那么主力通常都是如何进行试盘操作的，在试盘时又有哪些盘面特征呢？本章我们就来对这些问题做些介绍。

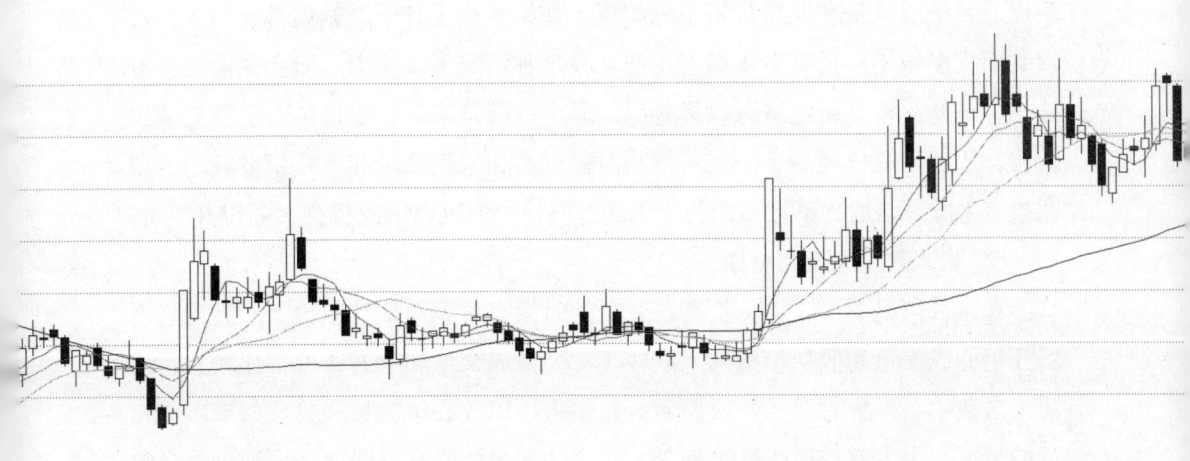

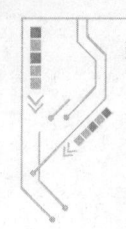

# 第一节 主力试盘的目的

通过试盘主力可以达到以下目的:

**1. 测试目标股是否存在其他主力**

如果一只股票有其他主力的存在,那么就会打乱主力原先制订的操作计划;如果一只股票有多个主力并且相互制约的话,该股甚至有可能形成鸡肋股票。

**2. 测试支撑位和阻力位**

主力通过试盘可以找出该股价近期的支撑位和阻力位,从而确定以后补筹的价格区间。在试盘阶段,主力既要试探性地拉升股价,也要试探性地往下打压股价,当主力将股价拉高后,如果在某一价位出现大量抛盘,表示这一价位是阶段性吸筹的高点;同样,如果在低处某一价位出现大量接盘,则可以判定该价位是吸筹的低点,从而确定后期补筹的价格区间。

**3. 测试市场反应**

(1) 观察该股的卖压程度和持股心态

通常,主力会采用在开盘的时候就对股票价格进行有意识的打压,然后观察以后几笔成交量和股票价格下跌幅度。如果成交量和下跌幅度都比较大,可以判断大多数中小投资者不愿意持股,在这种情况下,主力一般会采取两种方法:一是趁此机会通过洗盘收集筹码,另一种就是采取护盘措施,也就是减少抛售,或者让散户换换手,使股价相对稳定。如果成交量和下跌幅度较小,说明投资者看好该股,不轻易抛售手中的筹码,主力可以借此机会大幅拉升股价。

(2) 测试散户的追高意愿

在这种情况下,主力一般会在开盘的时候有意识地抬拉股价,然后观察以后几笔的成交量和股票价格的上升幅度。如果成交量和上升幅度都比较大,说明大多数中小投资者对这只股票看好,主力可以放心地抬拉股价。如果出现相反的情况,主力就有可能继续洗盘,一直到散户认同这只股票,出现价涨量增现象为止。

(3) 观察散户是否有追涨不杀跌或者杀跌不追涨的心理

这种方法也是通过抛售或者买入股票观察投资者的心态。如果出现大笔买单后投资者纷纷仿效，争相买入，股票价格出现量价齐升的情况，并且当日股价始终在上一交易日价格之上运行，说明投资者宁愿追涨而不愿意轻易抛售手中的股票，这时候主力完全可以趁机大力拉抬股价。如果出现大笔卖单之后投资者也纷纷卖出，股价出现价跌量增的情况，而且股票价格始终在前一交易日收盘价之下运行，说明投资者不愿意追涨，而是想尽快脱手，套现出局，在这种情况下，主力则会借机洗盘，之后放出一些利好消息，然后再进行拉抬股价。

**4. 确定筹码分布**

试盘阶段，主力会在风平浪静时突然将股价进行大幅拉升，然后再让其自然回落，以此来测试盘中筹码的抛压情况。在K线图上会显示出一根长长的上影线，目的是测试盘中抛压大小。如果在拉升时有大量的抛盘出现，说明在该价位以下，主力可以展开打压清洗浮筹的动作。如果拉升时抛盘较少，表明该股价以下的筹码比较稳定，此时主力建仓任务如果还没有完成的话，就必须考虑以更高的成本进行拉升，完成建仓任务。

主力在试盘的过程中，必须了解除自己手中之外的筹码的分布情况，是集中于大散户手中还是小散户手中，若集中在大散户手中的话，主力则要破坏其持股计划，以免将来拉抬股价时遇到阻力。在试盘的范围内，主力可以根据上档筹码抛压的轻重以及下档买盘的支撑力度，确定其中可能有多少筹码会吐出，有多少筹码能够被自己吸纳，从而决定后续建仓的具体方案。

# 第二节 主力试盘的方式及方法

## 一、主力试盘的方式

主力试盘的方式只有两种：一种是采用打压的手段试盘，一种是采用拉高的方式试盘。

### 1. 打压试盘

即主力通过把股价向下打压，以查看市场跟风的抛盘有多少，测试市场筹码的稳定程度以及持股者的信心和容忍度，同时也可以测试出市场的承接力量有多大，看出有无机构或大户进场等状况。

这种方法是在开盘后不久就用对倒的手法将股价小幅打低，来测试盘中浮动筹码的多少。如果立即引来大量的抛盘出场，说明市场中浮动筹码较多，不利于主力推高股价，那么主力会稍做拉抬后进一步打低股价，以刺激短线客离场，洗清盘面。

如果主力的打压未引出更大的抛盘，股价只是轻微下跌，并且成交量迅速萎缩，说明市场中持股心态稳定，没有大量浮动筹码。当洗盘已经持续了一段时间，且整体看成交量已萎缩到一个较低的水平，不久主力就会展开大幅拉升行情。

### 2. 拉高试盘

即主力将股价急拉到某一高位后放任自流，以此来测试市场接单和抛盘的状况。接单多表示买盘跟风踊跃，市场看好该股；抛盘多表示外部浮筹较多，筹码不稳定；若是接单多抛单也多，则说明浮动筹码不稳定，但市场看好者众多。得到以上信息后，主力就可以重新制订操作战术了。

盘面看到的成交方式通常是这样的：主力先行挂单，对敲买卖推高股价，这个过程中产生的成交量，基本是主力用自身筹码和自身资金在活动。如果大多数人逢高减磅，那盘面抛压将很沉重。

如果盘面出现抛压沉重的状况，主力通常会有两种选择：

一是快速拉高封上涨停板。这主要是为了虚张声势，拉抬股价，以减轻抛压。这时候走势图形上呈现的是某天股票拉涨停后又恢复下跌，而成交量则处于缩量状态。

二是快速拉高而当天又快速滑落。目的是当天快速收回资金，以保持仓位的稳定性，图形上呈现放巨量的长上影线。接着几天任由股价飘摇下跌，让散户在该股中成交，使得该股行情继续冷淡下去，逐渐消磨持股者的耐心。

而如果在试盘中散户追高意愿强烈，主力往往就此展开拉升行情。在盘面中，伴随成交量的不断放大，股价持续上升，股价将在主力与散户合力买盘的推动下步步走高。

至于在何时、用什么方法试盘也是大有讲究的。一般情况下，主力会在大盘强势时往上急拉股价，在大盘弱势时往下急压股价，在大盘盘整时使股价上蹿下跳；同时利用利好消息急拉股价，利用利空消息急压股价，利用板块走势来同步测试股价反应等。

## 二、主力试盘的方法

### 1. 金针探底

所谓的金针探底，是指主力让股价只维持一瞬间的快速下探，然后就快速将股价拉起来。这样，就会在K线图中形成带有长下影线的K线形态，形态类似一根针。之所以又快速拉起股价，主要是为了防止那些有良好技术功底的散户识破主力的试盘意图后进场抢筹码。

使用这种方法试盘，一是可以测试股价下档的支撑力度以及持股者的信心。如果支撑力度很强，那么股价很难快速地跌下去。同样，如果投资者的持股信心很坚定的话，那么盘面上也不会有很多卖盘。二是可以看出场外资金对该股的关注度。如果该股引起了场外资金高度关注的话，那么在股价快速下跌的过程中，就会有很多散户进场抢筹码，此时的成交量也会明显放大。

主力采用这种方法试盘通常有两种模式。一种是股价稍微高开或者是稍微低开，或者以前一天的收盘价格开盘，开盘后股价走势窄幅波动。随后，盘中就会出现一笔或者多笔大的卖单，将股价一下子打压下去几个点。很快，股价又被拉起来。收盘后，K线走势图上就留下了一根带长下影线的阳线或阴线。另一种模式就是在开盘时股价大幅度跳空低开，并且以非常快的速度呈现直线式的下跌，随后股价又被快速地拉起来，或者是震荡回升。下午收盘时，股价会收在前一天的收盘价之上，因此会在K线走势中收出一根带长下影的阳线。采用这种方式试盘，主力是想测试下档的支撑情况和盘中的持筹稳定程度，同时又不想让那些识破其试盘意图的散户在股价下探的低位捡到便宜筹码。

如图12-1所示的南极电商，经过一段时间的下跌之后，主力便采取了这种方式进行试盘，当日以长下影线报收。在确定底部之后，主力开始发动攻势，开启拉升行情。

图12-1　南极电商K线图

散户如果遇到以这种方法试盘的个股，千万不要盲目地在股价快速下探的过程中进场操作，因为主力经过这样的试盘，如果测试出下档的支撑力度不是很强，或者是盘中的恐慌性筹码比较多的话，那么主力会继续向下试盘。散户此时买进的话，就可能被主力拖住。除非对盘面情况把握得相当准确，才可以在这个时候进场买入。如果在探底的过程中抛盘不大，下档买盘又很积极，同时在股价下探的过程中成交量明显萎缩，并且第二天股价又以阳线报收，这个时候才是最佳的买入时间。

**2. 双针探底**

该方法与金针探底大同小异。"双针探底"，顾名思义，就是在连续一段时间内出现两次金针探底的现象。这两次既可以是相隔几天，也可以连续两天。若双针探底的位置能够保持平行，更能证明原投资者持有筹码的稳定性和下档踊跃的承接力。双针探底比起金针探底给人的感觉更为牢固、稳健和踏实。

双针探底式试盘的个股中，有的时候会出现两根下探针最低价格相同的情况，这是主力在试探前一次低位的承接盘是不是依旧很强烈。如果股价再次回落到这个价位，能够引来很多买盘，并且盘中的抛盘并不是那么多，就说明股价在这个位置的支撑力度相当强。如果价位回落到这个位置时，买盘并不是那么积极，并且盘中的抛盘情况很严重，就表明股价在这个位置得不到有效的支撑，那么主力会继续向下试盘寻底。

图 12-2　招商港口 K 线图

图 12-3　华邦健康 K 线图

如图12-2所示的招商港口，在经过连续大幅下跌之后，下跌动能出现衰竭，成交量也达到了地量，呈现出底部特征。为了测试是否到达底部，主力连续两天采用了金针探底的方式，两天的最低价位基本相同。在探明了底部之后，便开始了拉升的行情。

如图12-3所示的华邦健康也采用了双针探底的方法。在探明底部之后，股价开始企稳反弹。与上例不同的是，该股是在隔了三个交易日后进行的二次探底。

在实战过程中，如果遇到双针探底的形态，首先要判断该股是不是处于主力试盘阶段。如果确定是主力在试盘，也不要轻易进场操作。因为主力若要拉升，只有在试探出下档的承接盘力度很强，抛盘比较小的时候才会进行，所以，我们应该等到股价开始走强并进入上涨趋势后再进场操作。

### 3. 低开阳线

低开阳线是指股价以大幅低开的形式开盘，低开幅度一般在3%以上，开盘后股价一路走高，最终收盘时收出一根阳线实体，当天的开盘价格就是当天的最低价。采用这种方法试盘，主力既可以在大幅度低开的过程中收集到廉价筹码，又不会引来大量的短线跟风盘，也不会在试盘过程中流失筹码，并且还可以测试出筹码的稳定性和盘面的支撑力度。

主力在采用试探上档压力盘的方法来试盘时，若是出现很多短线跟风盘，就会有较多的短线获利盘，这样就会造成主力拉升成本的增加。为了在试盘过程中不引起其他机构和主力的注意，造成在打压股价的过程中流失过多筹码，主力就会采取这种低开阳线的试盘方式进行试盘。

采用这种方法试盘，一般都出现在下跌式建仓或者是横盘建仓的个股当中。当主力建仓即将结束时，就比较关心股价是否还有再继续下跌的动力。采用这种低开的方式试盘，就可以观察出股价的下跌动力是否还存在。投资者在操作过程中遇到这种方式试盘的个股时，应该密切关注低开试盘后的股价走势。一旦试盘后股价开始走强，说明主力开始进入拉升股价的阶段了，此时我们就可以放心进场享受拉升的乐趣了。

如图12-4所示的新洋丰，在经历了一波较大幅度的下跌之后，主力就利用了低开阳线的方法试盘，随后反转进入震荡上升的通道。

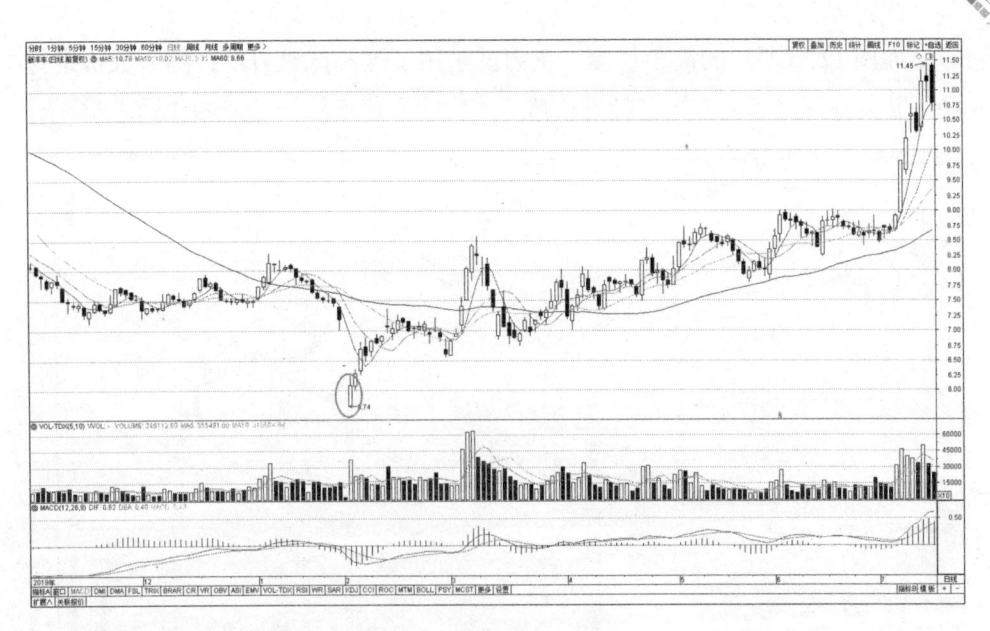

图 12-4　新洋丰 K 线图

### 4. 高开阴线

"高开阴线"就是开盘的时候股价大幅跳空高开，但是在开盘后股价并没有再继续上攻，而是出现盘中震荡单边下滑，并且 K 线上显示的是一根高开低走的大阴线。不过收盘时其实当天的股价相对昨天的收盘价并没有下跌多少，有部分个股相对昨天的收盘价还是上涨的。

通常，投资者买进股票后，很少有人会在赔钱的情况下就快速地割肉出局，而是经历了一段时间的煎熬之后才下决心割肉出局。而主力正式抓住了散户的这种心态，在试盘过程中会让股价大幅度高开后低走，并且在收盘的时候收出一根大阴线。主力通过这样的试盘方式，就能够测试出那些处于犹豫和徘徊边缘的散户们的心态。

如果股价在大幅度高开低走之后出现大量抛盘的话，说明盘中的浮动筹码比较多，散户持股心态不是很稳定，主力就会继续向下试盘寻找支撑点。如果股价大幅度高开低走之后，盘面上的卖盘稀少，说明盘中散户的持股心态很稳定，浮动筹码也比较少，主力接下来就很有可能进入拉升阶段。因此，散户在操作过程中遇到这种走势时，就应该特别留意盘面的动向，一旦股价开始走强，就要立刻进场操作。

如图 12-5 所示的高争民爆，主力就采用了这种试盘方法，随后股价进行了短暂的整理之后便开始了拉升行情。

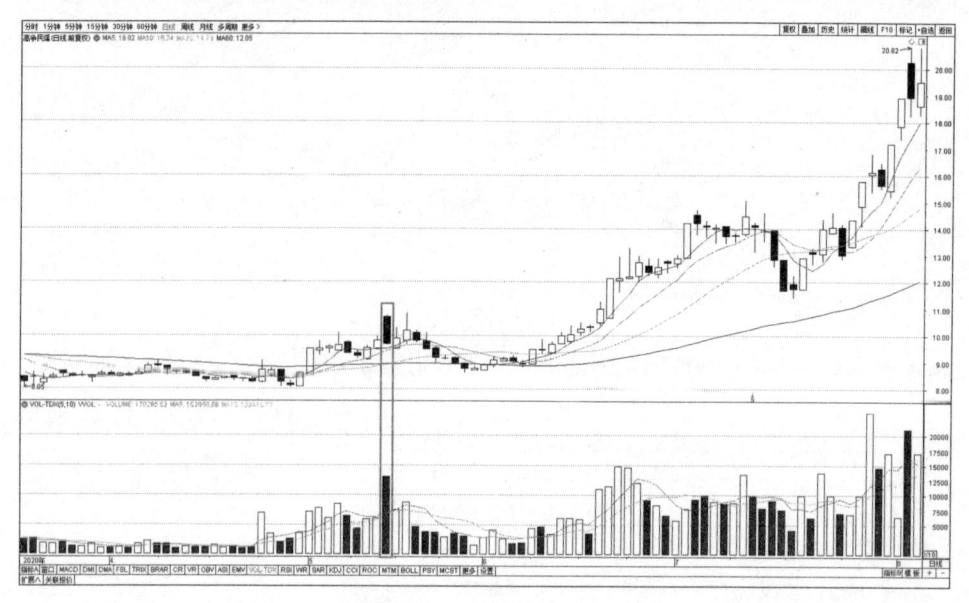

图 12-5　高争民爆 K 线图

**5. 长上影线试盘**

这种方式一般出现在上涨过程中。由于积累了一定的获利盘，主力想要继续拉高，就要测试一下上方获利盘的抛压。如果抛压很轻，说明多数人仍然看好，这时就可以继续借势向上拉升。而如果出现较重的抛压，主力往往会暂时停止拉升转而进行洗盘整理，待浮动筹码出局后再做拉升。

该手法表现在分时图中为瞬间冲高，然后震荡回落，收盘时留下一根长长的上影线。如图 12-6 所示的伊之密，主力就是在一波上涨之后采用了这种试盘的方法。这种方式试盘之后，主力并没有马上进行拉升，而是做了一定的调整，继续清洗浮动筹码，然后再做拉升。

图 12-7 的弘信电子则是在底部整理期间突然向上做了一次试盘动作。一般在经过一段时间的整理之后出现这种试盘动作，往往预示着距离拉升的时间不远了。从图中也可以看出，试盘之后没过多久，股价便开始了第一波的上涨。

第12章 主力的试盘手法

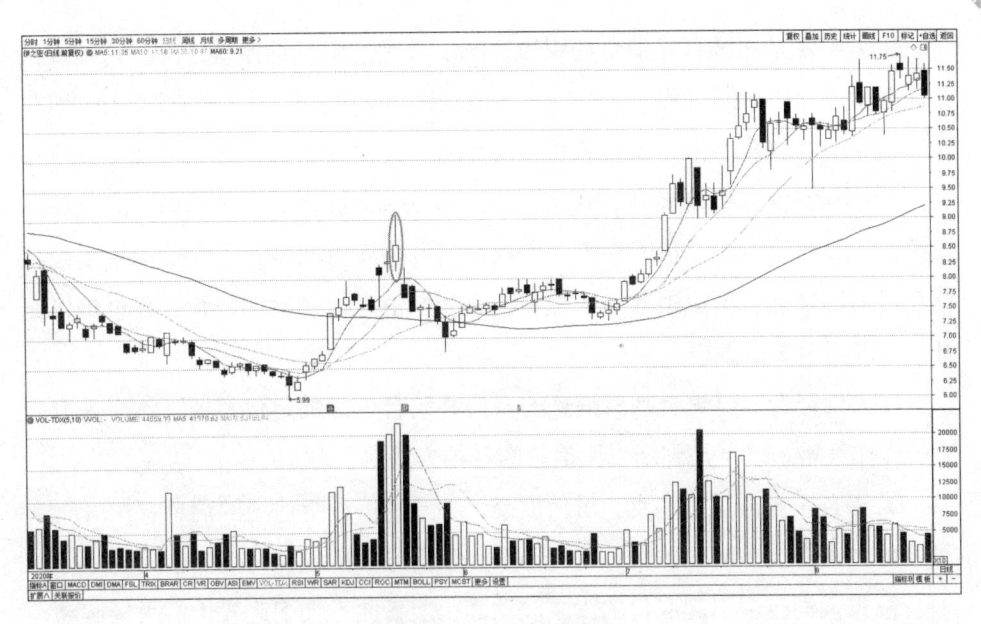

图12-6 伊之密K线图

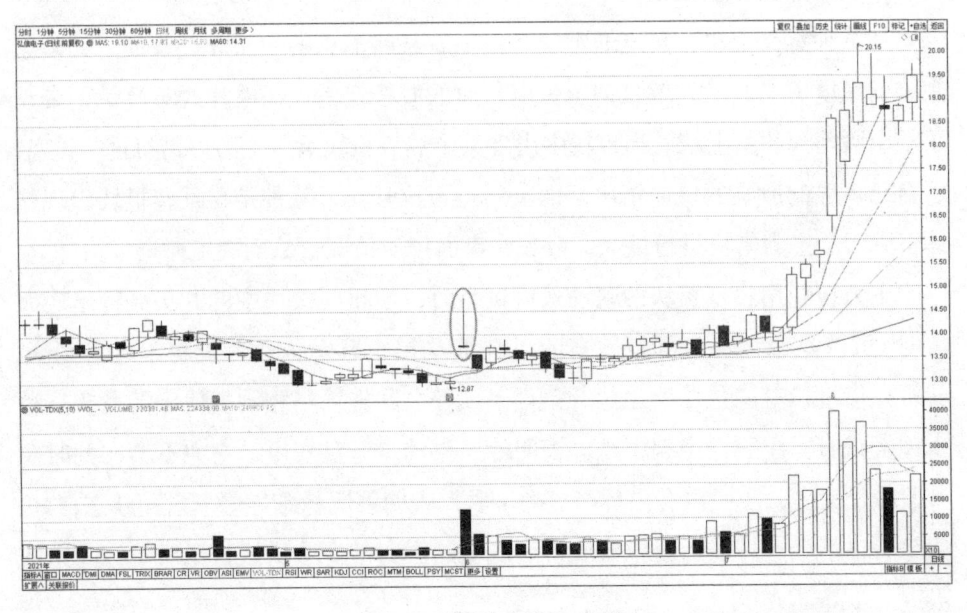

图12-7 弘信电子K线图

**6. 利用消息试盘**

一般来说，一条实质性的利好或利空消息，都会引发股市的大涨或大跌，改变原有的走势，让投资者甚至是主力都难以捉摸。

主力主要是测试利好消息的跟风情况以及利空消息的抛盘情况。这种试盘方法既可以加快时间进程，又可以真实地测试出盘面的轻重，其意图十分明显。

消息往往有真有假，投资者在进行分析时还要注意这一点，体现在成交量上面，假利空消息跌幅较浅，一般在10%～20%，量能不大；真利空消息跌幅较深，一般超过30%，量能放大。真利好消息持续时间较长，股价很快复位甚至超过前期峰点，可以追涨介入做多；假利好消息持续时间较长，股价难以回升，可以割肉杀出做空。

作为投资者，要学会判断消息的真假并结合盘面的量价特征，然后采取相应的操作策略。以下是判断真假消息的几种方法：

① 来自正规渠道的消息，可信度高，不要轻信道听途说的消息。
② 真消息会大涨大跌，一去不回头，假消息虚涨虚跌，很快会反转运行。
③ 重大消息会引起股价的大幅波动，一般新闻不会引起股价的大幅波动。

### 7. 利用热点板块试盘

从某种意义上讲，热点通常也是伴随着某些消息的发布才产生的。如国家实施的家电下乡政策，就带动了家电行业的股票走俏，而医疗改革政策则带动了整个医药板块的上涨。当市场中出现某个热点板块后，主力可借机进行试盘，看自己入驻的股票的反应情况，以决定是否拉升。另一种是在某些板块出现整体下跌时，主力借机进行试盘，以观察盘面抛压情况，从而决定撤退或留守。

主力在利用热点板块的联动效应试盘时，当相同板块中的龙头品种出现大涨时（可以是放量，也可以是缩量），庄股如果也蠢蠢欲动，说明跟风盘踊跃，就可以借机拉升股价，反之拉升条件不成熟。同样，当相同板块中的龙头品种出现大跌时，庄股也出现下跌，表明筹码松动，抛盘较重，主力不会在此时拉升股价。反之，庄股没有出现明显的下跌，表明筹码稳定性好，盘面状态良好，但主力也不会选择在此时拉升股价。聪明的主力甚至会借机打压股价，高抛低吸进一步降低成本。

投资者应紧跟龙头品种，紧紧跟随主力。若买入的不是龙头股票，则要密切关注龙头股票的走势，一旦龙头股票出现走弱，就应及时离场。因为板块中的非龙头股票的起涨时间比龙头股票晚，涨幅比龙头股票小，但下跌通常比龙头股票早。

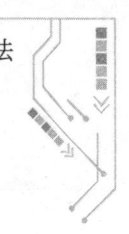

# 第三节　试盘时的盘面特征

尽管主力会采用多种掩护方法，尽量不让散户察觉到他们的操作手法，但即便是再狡猾的主力，散户还是能在盘面上找出一定的规律和特征的。下面我们来从成交量、K线特征、分时线走势特征等来进行观察，以做出正确判断，采取相应的跟进策略。

## 一、成交量特征

主力在试盘的过程中，要想刻意让股价出现异常走势，就必须采取特殊的手段，使股价走势出现异动。而这就需要其刻意地打压或拉抬股价才能实现。在这个过程中，成交量呈现出放大的现象，并且经常会出现大手笔的成交。主力试盘时，K线走势上经常出现带长上影线和下影线的K线形态，成交量上也会反映出一些特征。出现带长上影线的K线走势，说明主力在测试上档压力位的阻力情况，如果这个时候成交量放出巨量，就说明上档压力比较沉重。

另外，投资者在跟庄操作的过程中，要仔细观察这些成交量是怎么产生的。如果这些成交量大部分是主力对倒产生的话，就说明主力的试盘手法比较凶悍。同时，虽然成交量明显放大，但放大的成交量并不是抛压盘导致的，也就是说上档的压力并不是很沉重，盘中的抛压盘也比较轻。主力用这种大量的对倒盘来试盘的目的，一是可以测试出上档的压力情况，二是可以让成交量出现放量的现象，这样可以避免很多的短线跟风盘。当主力测试下档的承接力度和恐慌情况时，在成交量上也会呈现出一些特征。如果在股价下探的过程中出现缩量，但在股价快速回升的过程中出现放量的话，就说明在股价下探过程中，盘中筹码很稳定，恐慌性的抛盘很少。在回升的时候出现放量，说明下档的承接力度相当强，经过这一番测试，主力很可能就会立即进入拉升的阶段。反之，主力就会继承向下测试，以寻求股价的支撑点位。

在主力试盘的过程中，投资者应该采取多看少动的策略，因为主力在试盘的时候，不会让散户有获利的机会。因此，在这个阶段投资者应该把精力放在看盘上，等到主力试盘完毕，并且开始准备拉升的时候，再寻找机会进场操作。对于做短线的投资者，如果能够准确地判断出下档的支撑力度相当大的情况，也可以在主力下探试盘的时候进场操作，赚取其中的差价。做中长线投资的朋友可以在主力不断向下试盘的过程中，趁机收集一些廉价的筹码，因为主力经过建仓，在试盘过程中不会让股价有较大幅的下跌。

## 二、K线特征

主力在试盘过程中，也会在K线走势图上表现出一定的特征，投资者在跟庄操作过程中要准确地把握主力的意图，就要仔细研究K线图的走势，从而在主力试盘的过程中制订正确的策略。

其实，无论主力在建仓过程中采用什么样的建仓方式，在试盘时，日K线表现出来的特征基本上都是类似的。主力在试盘的时候，股价在分时走势图上

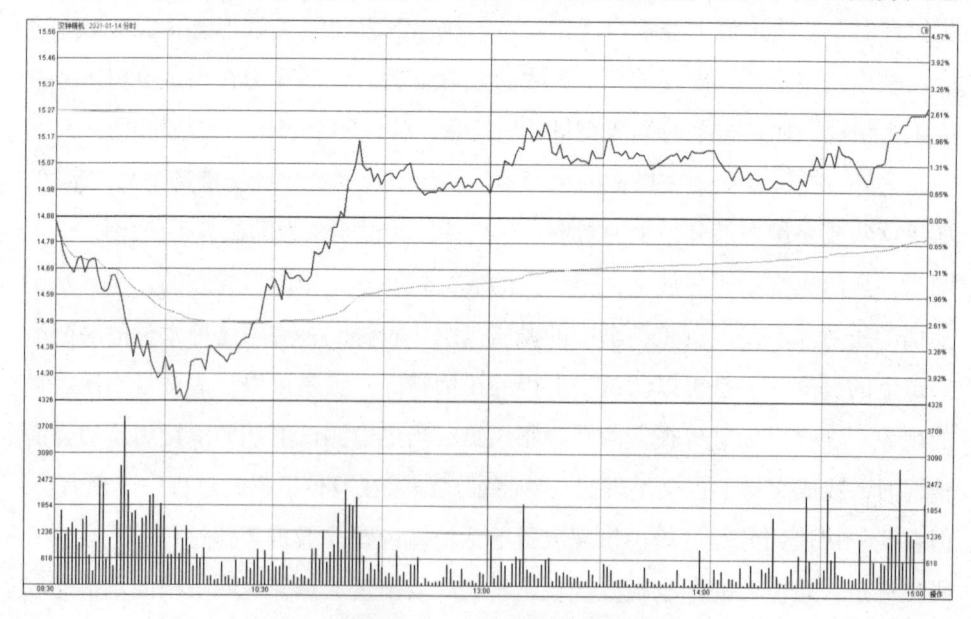

图 12-8　汉钟精机分时图

会表现出上蹿下跳的现象，股价上下波动的幅度相对也比较大，经常会出现异常的走势，比如突然出现大幅拉升以及大幅下跌的走势形态。当股价运行到重要的压力位置时，股价会出现快速拉升，上攻压力线的阻力位置，然后又会快速回落，最终收盘时候，一般都会收出一根带长上影线的K线。同样，当股价运行到重要的支撑位置时，股价会突然出现快速下跌，击穿这个重要的支撑位，随后股价又会很快被拉起。收盘的时候，就会收出一根带长下影线的K线。如图12-8所示的汉钟精机，就是击穿支撑位后快速拉起的走势。这些都是主力在试探压力位置的阻力情况以及下档支撑位置的承接情况。

投资者要根据盘面上表现出来的特征，判断主力试盘的手法和效果以及主力接下来将会采取什么样的动作。根据这些分析、判断结果，散户才能决定自己的操作策略。所以，跟庄操作不是一朝一夕的事情，要想提高跟庄操作的成功率，必须要不断地学习，随时观察盘面上的一举一动，然后做出准确的分析、判断。

## 三、分时走势特征

### 1. 莫名其妙的拉高或打压股价

在大盘或大部分个股走势比较平静的时候，在个股分时走势图中，股价会莫名其妙地突然大幅拉高或大幅下跌，这种异常现象的出现，说明有主力对该股票感兴趣，或者是在进行试盘。此时，散户应注意对该股的异常现象，并且在今后一段时间密切关注其后续走势，以便在时机最好的时候展开跟进。因为，出现这种走势的股票，很有可能会演变成黑马股。

### 2. 股价全天维持上下震荡

主力试盘时，在全天的分时走势中，股价总是表现出时上时下，来回徘徊震荡的状态，成交量也是时大时小。在分时走势图中，股价有时呈现直线式的快速上涨，但不久又回落下来，有时则呈现直线式快速下跌，随后又逐步回升。

当股价被快速拉起后，主力会突然在卖盘上挂出一个大的卖单，其目的是不让股价继续上升，起到封住股价上涨空间的作用。同样，在股价快速下跌到目标价位时，主力也会在买盘上突然挂出一个大的买单，封住股价下跌的空间，促使股价逐步回升。主力反复采用这种手法来控制盘面，使股价全天都维持在震荡之中，并表现出上有压力、下有支撑的态势。通过这种手法来试盘，主力可以测试出场内场外资金的追涨杀跌情况。

### 3. 开盘瞬间大幅高开

主力试盘时，通过集合竞价以涨停板的形式开盘，或以很大升幅高盘开出，开盘后，主力并不拉升股价，而是瞬间让其自由回落。主力这样做的目的，是测试上方抛盘压力是否沉重。同时，主力在试盘时不想收出红盘，以免引起场外短线散户的跟风，此时，当股价大幅高开回落后，就会在日K线图上形成一根阴线。主力这样做不但达到了试盘的目的，同时还能起到震仓的效果。如果大幅高开或涨停后场内卖盘很小的话，说明上方的抛盘压力很小。如果场外出现较多的买盘，则说明场外资金进入比较积极，该股已经引起了场外散户的注意。反之，开盘以高开或涨停板开出后，如果引发场内大批卖盘的话，说明上方的抛盘压力比较重，场内散户的持股信心不足，股价跳高后，很多持股者会选择获利了结。

### 4. 开盘瞬间大幅低开

同开盘时瞬间大幅高开正好相反，主力试盘有时是以很大跌幅的盘开出，甚至是以跌停的方式开出。开盘瞬间，由于散户还没来得及反应，股价就快速下跌，并且还会产生极度恐慌。

主力用这种手法试盘，其目的是在开盘瞬间把筹码低价卖给自己或与自己相关联的人。另外，通过这种恐慌性的打压，可以测试出持股者的信心。如果持股者的持股信心不坚定，盘中就会出现较多的恐慌性抛盘，并且伴随着成交量的放大。反之，盘中的卖盘将会很少，成交量也会呈现出萎缩的态势。同时，主力还可以测试出下档的支撑情况，如果下档的支撑力度很强的话，就会有积极的买盘进入，把股价的下跌空间封死。

### 5. 收盘前瞬间拉高

在收盘前半小时或1小时，突然出现一些大买单，瞬间把股价拉至很高的位置，或者直接拉到涨停的位置，这也是主力试盘的一种手法。主力这样做的原因是其资金实力有限，为了节约资金成本，同时又能使股价收盘收在较高位，或突破具有强阻力的关键价位，只好采取在尾市"突然袭击"的手法，瞬间拉高股价，通过这种试盘方式，可以测试出第二天散户跟风情况和盘中筹码的锁定情况，如果第二天开盘后没有太多短线获利盘吐出，说明盘中的筹码基本已被主力锁定了。

收盘前瞬间拉高股价这种试盘方式的好处在于，试盘所用的成本很低。假设某只股票的开盘价是10元，主力想让其股价收在10.5元，如果主力在上午就把股价拉升至10.5元，那么为了把价位维持在10.5元的高位至收盘，主力就要在10.5元的价位接下大量的卖盘，这样需要的资金必然会很大。在尾市采用偷袭的手法拉高价位来试盘，大多数人反应不过来，等反应过来时，股市已经收盘了，想卖出筹码的人也无法卖出。利用收盘前的机会拉高股价，主力就可以用很少的资金来达到试盘的目的。

### 6. 收盘前瞬间打压

主力试盘时，在收盘前半个小时或几分钟，会突然挂出一手或几手大卖单，以很低的价位抛出，把股价砸至很低的位置。主力瞬间打压股价的目的，是使当日的日K线形成光脚大阴线、十字星，或者是一些较难看的图形，从而达到次日测试盘中恐慌筹码的目的。

次日开盘后，盘中出现比较多的恐慌性抛盘的话，就说明盘中持股者的信心不够坚定。在这种情况下，主力不会马上进入拉升阶段，而是先采取震荡的方式，把那些持股信心不坚定的散户清洗出去，这样有利于主力后期的拉升。如果次日开盘后，盘中没有出现大批的恐慌性抛盘，就说明盘中持股者的信心比较坚定，在接下来的操作中，主力可能会立即进入拉升阶段。

主力试盘所用的时间往往是比较短暂的，所以个股波动的空间也是比较小的。散户在主力试盘过程中的操作策略，应该根据其操作风格和采用的试盘方式而定，对于那些试盘幅度比较大的个股，试盘过程中的股价涨跌幅度也就相对比较大，散户遇到这样的个股，可以进场做一些差价操作，高抛低吸。同时，需要注意的是，做差价的动作要快进快出，预期的收益目标也不要过高。遇到那些试盘幅度不大的个股，短线散户尽量不要去参与试盘过程中的操作，除非你的技术和经验特别过硬，因为试盘幅度不大的股票，它的涨跌幅度是有限的，如果把握不好时机的话，几乎没什么利润可言。

在主力试盘阶段，散户应该认真观察股价运行的动态，仔细分析，千万不要忽视了其试盘时的盘面信息语言。主力之所以要试盘，就是要通过试盘来测试一下盘面的情况，并根据盘面反馈回来的信息确定下一阶段的操作策略。如果散户能够根据盘面上的信息对盘内外的形势做出准确分析的话，就可以判断出主力接下来的操作策略。跟随主力的操作策略走，投资将会事半功倍。

# 第13章 主力的洗盘手法

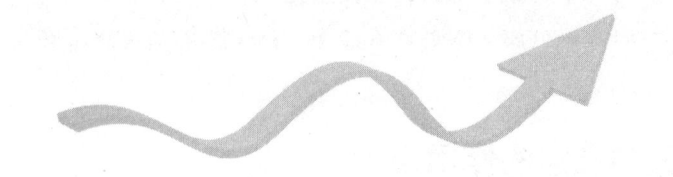

洗盘通常会发生在建仓和拉升期间，特别是在拉升前，主力通常都会有洗盘动作。洗盘是主力操作过程中的一个非常重要且很关键的步骤，它在很大程度上决定操盘的成功与否和盈利的多少。本章我们重点学习主力惯用的一些洗盘手法，掌握必要的应对策略。

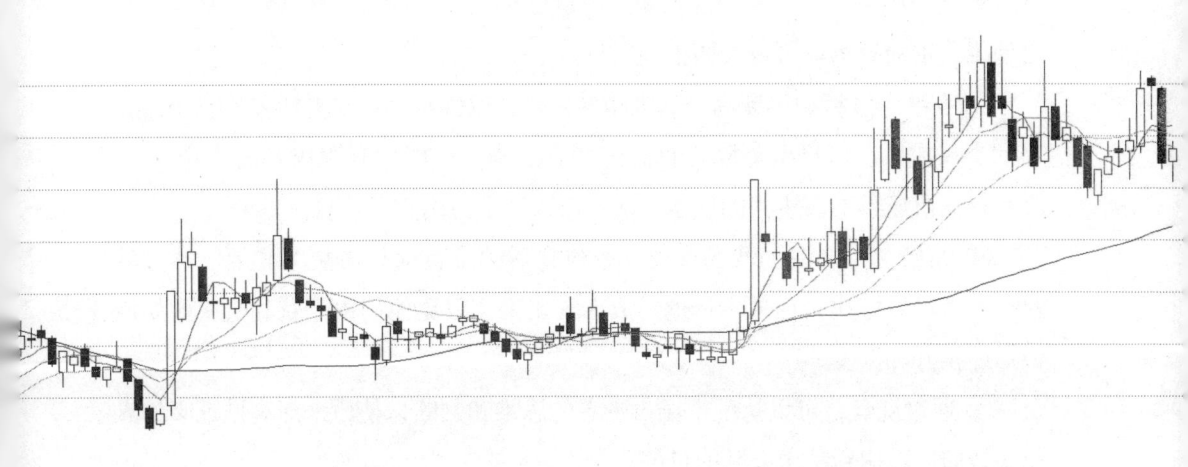

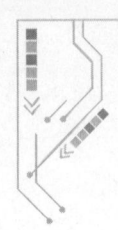

# 第一节　主力洗盘的目的和作用

## 一、主力洗盘的目的

主力洗盘的目的有以下三个：

① 让低价买入股票的中小投资者出局，以减轻股票上升时的压力。

② 让持股者的平均成本上升，以使主力顺利出货。

③ 在洗盘时高抛低吸，降低持仓成本，最大限度地提高盈利。

## 二、主力洗盘的作用

洗盘通常是发生在主力建仓完毕之后以及拉升的过程中。当然，不同的时间段的洗盘行为，所起到的作用也是不同的。

① 在建仓后进行洗盘可以使不坚定的投资者出局，这样主力在拉高时可以有效地减少压力，如果主力前期吸筹力度已很大，再通过一次洗盘，那主力只需使用少量的筹码就可以大幅推高股价。

② 在洗盘过程中不断高抛低吸赚取差价，以弥补其在拉升阶段所付出的较高的交易成本。这样既能降低自己的持仓成本，也能抬高跟风者的持仓成本，又可以让市场弄不清主力的成本，搞不清以后主力出货的位置。

③ 如果主力是在上涨途中建仓，建仓后的洗盘就显得更为重要。通过洗盘，主力可以把比自己成本低的持股者洗出来，以免他们由于获利过多而妨碍以后的拉升和派发。

④ 通过洗盘，可以扰乱市场投资者的思维和判断，使原来想高抛低吸的人晕头转向，以达到乱中取胜的目的。

⑤ 通过洗盘可以等待时机，继续拉升。有时大盘可能出现大幅震荡，因为

大盘的走势是不以主力意志为转移的，此时如果主力强行拉升则很有可能面临巨大的风险，而结合大盘下跌顺势洗盘，既能达到完美的效果，又能降低风险。

## 第二节　主力洗盘的常用手法

由于主力的建仓方式不同，主力的性格也不同等原因，所以他们采用的洗盘手法也会有所不同，下面我们就来介绍几种主力常用的洗盘手法。

### 一、放量阴线洗盘

这种洗盘手法既可以出现在股价刚启动的时候，也可以出现股价上升的途中，其操作手法都是相同的，即利用放量阴线所形成的恐慌效果让短线投资者出局。如果某股在上升初期或者是上升途中突然出现一根放量大阴线，我们往往都会发现此股前期主力介入迹象明显，并且已经或即将开始拉升。由于放量阴线的形态会使短线走势相当难看，所以这种洗盘手法极为快速有效。

在建仓完毕后的震荡洗盘阶段，主力利用这种长阴暴跌走势在图形上形成跌势行情、破坏技术图形，以此来恐吓意志不坚定的投资者，这是主力临时多翻空。主力利用此法既可以打低股价继续吸筹，又可以洗掉浮筹，是一种二者兼顾的洗盘手法。当市场上的持股者争先抛出手中股票时，主力又会马上空翻多，顺势买入。一般来说这种洗盘方法持续时间不长，一般只有几天工夫，在日线组合上出现短期空头陷阱形态，甚至只维持半天时间的都有，而且往往配合运用对倒的方法保证手中筹码没有流失。在股价上升途中的利用这种巨量阴线洗盘过程也基本相似。利用这种洗盘方式周期短，效果好，对普通散户杀伤力大。

如图13-1所示的省广集团，主力在上涨的过程中就利用了这种洗盘手法。从技术层面看，每根阴线都伴有较大的成交量，由于相对于底部区域，到这些阴线的位置，涨幅已经算是相当大了，此时出现的巨量阴线很容易被当作出货对待。特别是连续下跌的阴线。很容易会让散户误以为是主力出货所致，这就需要投资者从多个角度去分析判断，比如涨幅大小、下跌幅度与成交量变化等。如果短暂的下跌之后能够很快止跌并反弹，持股者可以继续持股，而持币者则可以暂时观望，等到股价有向上运行的迹象或者突破整理前的高点时再买入也不迟。

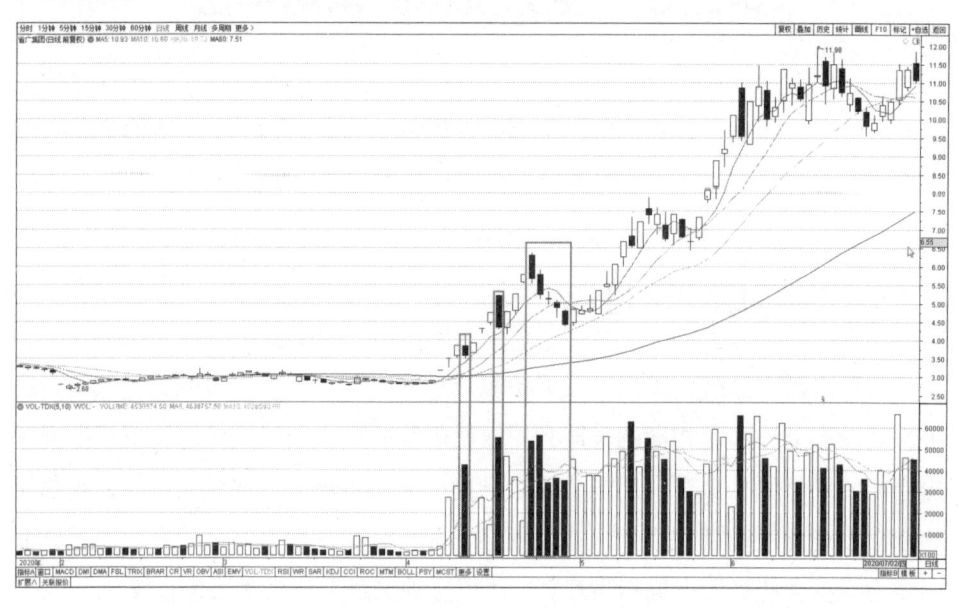

图 13-1　省广集团 K 线图

再来看一个例子，如图 13-2 所示的旗天科技，同样是在连续的快速拉升之后，突然出现一根放量的阴线，紧接着次日又是一根跳空的阴线，给人感觉抛压较重。这样的操作方式很有可能会让前期获利的且意志不坚定的投资者清仓出局。然而，随后股价并没有继续下探，而是很快被拉起。

识别巨量阴线洗盘的关键在于这种巨量效果能维持多久，成交量是否具有连续性。既然是洗盘，主力不可能每日都通过大量对倒来制造巨量，因此如果某日出现了单根巨量阴线，则其随后几日内成交量是否快速萎缩就成了判别此种洗盘手法的重点。如果随后几日的成交量出现快速萎缩，这往往意味着主力锁仓，也暗示那种单日巨量很可能是对倒洗盘所产生的效果，此时投资者不妨持股观望，不必急于出局。

第13章 主力的洗盘手法

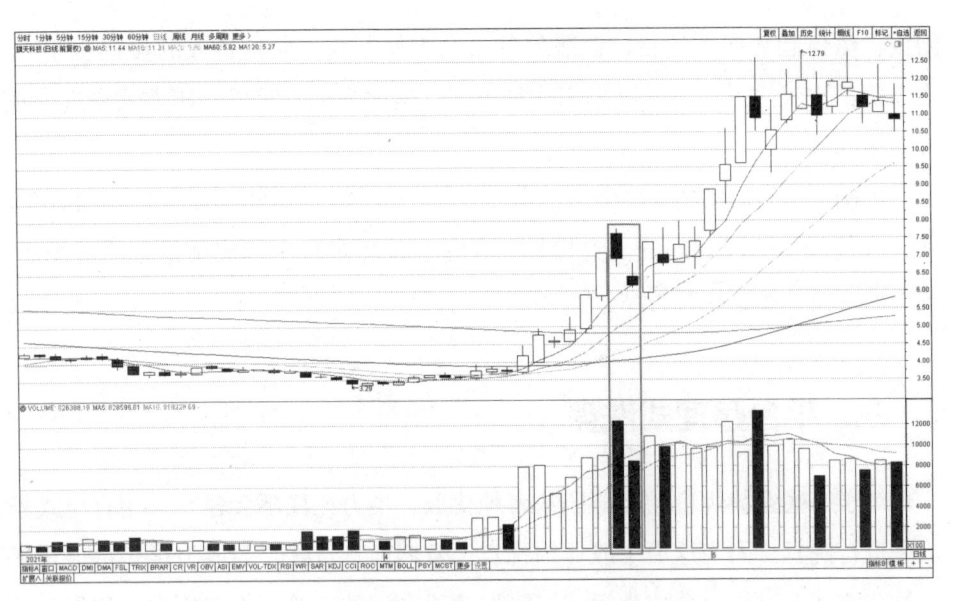

图 13-2 旗天科技 K 线图

## 二、阴雨连绵式洗盘

阴雨连绵式洗盘是指在洗盘的过程中，K 线走势图上收出一连串的小阴小

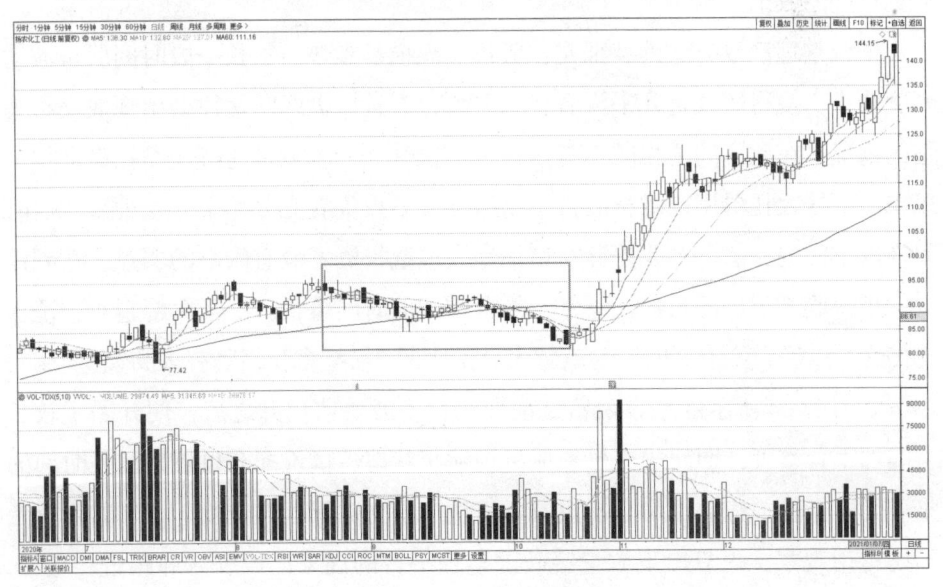

图 13-3 扬农化工 K 线图

阳线，整体趋势向下运行，但股价并不会大幅下跌，股价每天的振幅也不大，收盘价都比较接近。之所以采用这种方式，是因为主力唯恐打压方式激进会损失太多的筹码。

如图13-3所示的扬农化工，在经过了一波缓慢上升之后，主力就利用这种方式进行了一段时间的洗盘操作，在整个洗盘过程中，成交量也明显缩小，洗盘结束便开始了拉升行情。

## 三、平台整理式洗盘

对于一些业绩优良的蓝筹股或者绩优股，主力往往不会轻易采用打压式的手法进行洗盘。因为这类个股业绩优良，发展前景看好，会成为很多价值投资者的首选，有时候也会成为短线客赚取波段利润的工具。作为主力，如果采用打压洗盘，价值投资者和小资金持有者不但不会抛售原有的筹码，反而还会采用逢低买进的方法摊平和降低持仓成本。而其他在场外等待时机的大机构也很可能会抢走打压筹码。这样很容易造成主力的打压筹码流失严重，形成"肉包子打狗——有去无回"的局面。而这时采用平台式整理，以时间换空间往往会起到更好的效果。

平台整理洗盘方式的特征是：股价呈现横盘走势，很长一段时间股价波动幅度较小，使得短线上几乎没有什么差价，而且横盘区间往往会出现成交量萎缩的情况，在此区间主力既不打压，也不拉升，一般多是通过在委托盘上挂大压单、下挂大托单用以维持股价，以引导散户投资者充分换手。这种采取以时间换取空间的方法，主要是针对市场绝大多数投资者没有耐心的弱点，达到淘汰一批持股者出局的目的。通常，平台整理的时间越长，上下振幅越小，洗盘越彻底，以后股价上升的后劲就越大。正所谓"横有多长，竖有多高"。

如图13-4所示的东方财富，前期经过一波快速拉升之后，便开始了较长时间的平台整理，期间成交量整体呈现缩小状态，量价配合也较好。长时间的整理无疑会将一些缺乏耐心的投资者清洗出局。对于这类个股，场外的投资者不妨持币观察，一旦出现放量突破前整理平台的现象，可以立即跟进。通常，整理时间越长，上涨幅度越大。

但是如果整理之前股价已经有相当大的涨幅，那么投资者一定要谨慎操作。一旦后市走弱，则要立即离场。

图 13-4　东方财富 K 线图

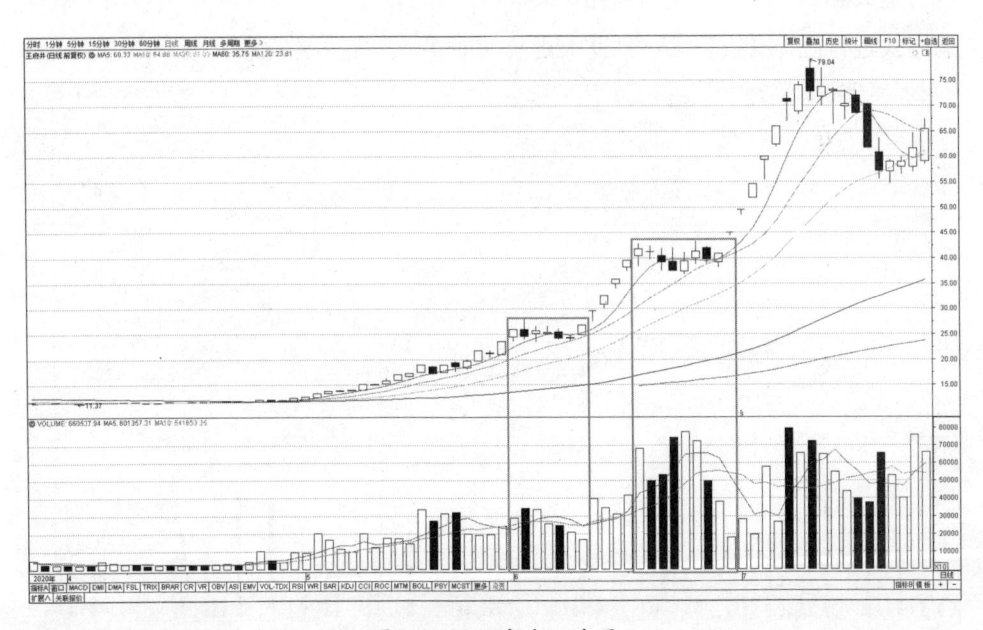

图 13-5　王府井 K 线图

对于一些被爆炒的个股，采用这种平台整理的方法洗盘时，往往维持时间

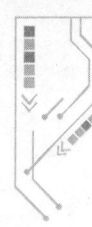

较短，成交量也不一定会有明显的缩小。如图13-5所示的王府井，每次的连续暴涨之后都有一个短暂的平台洗盘，期间股价波动幅度较小，但很快又会继续向上拉升。

## 四、跌停式洗盘

跌停式洗盘通常会出现在股价上涨的过程中，由于前期股价涨幅相对已经较大。前期积累了不少获利盘，这时主力就利用原有的股票大幅杀跌，让一部分投资者感到像是主力在出货，从而引起一片恐慌，急忙抛出手中的股票，而主力一边杀跌一边吸货，从散户手里抢得低价股票。

这种洗盘手法的缺点在于，如果露出破绽，无疑是给人送钱。另外，主力必须有实力完全控盘才敢去制造跌停，否则将有可能会比较被动。

如图13-6所示的中央商场，经过一段时间的上涨之后开始调整，到60日线附近有所支撑，但短暂几日之后便以跌停方式快速跌破支撑，动作非常干脆，很容易造成恐慌。不过，接下来几日又快速拉起。回到前高位置，再次采用了跌停的方式进行洗盘。投资者遇到此类走势的股票，一定不要着急卖出，要注意从股

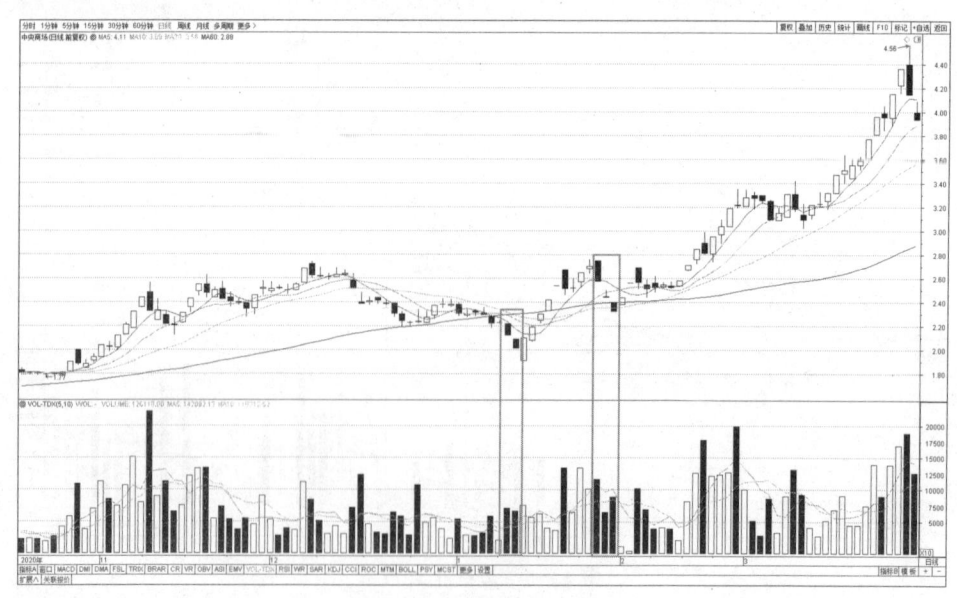

图13-6 中央商场K线图

价的位置、成交量以及各类技术指标进行综合分析。在该例中，股价经过长期下跌之后刚刚有起色，这时遇到这种突然打压，聪明的投资者一定不会放过这样的机会。主力不想在如此低的价位失去太多筹码，随后便出现了快速的反弹。

## 五、涨停式洗盘

涨停式洗盘法是近年来主力经常采用的一种方法，多用于强庄股。其特点是，个股在某日突然出现涨停板，其价位可能已经脱离了近期的横盘震荡区间。但是涨停板随后几日内，股价却出现了明显的下跌，又跌回了原来的震荡区间。这样，在涨停板没有出货的散户就会非常后悔，但是经过几天后，股价又再一次上冲到了这个涨停板价位，这时很多散户出于前期的经验往往就会选择暂时获利出局的策略，然而股价却没有再次回调，而是一路上涨。主力成功地利用了散户投资者谨小慎微的心态达到了拉升前清洗浮筹的目的。

如图13-7所示的鄂尔多斯，就是在股价缓慢震荡上涨过程中利用了这种洗盘的方法。从图中可以看到，每次涨停之后，股价都经过了一波调整。这样，当股价再次涨到前面涨停位置的时候，一些投资者就会趁机卖出筹码。

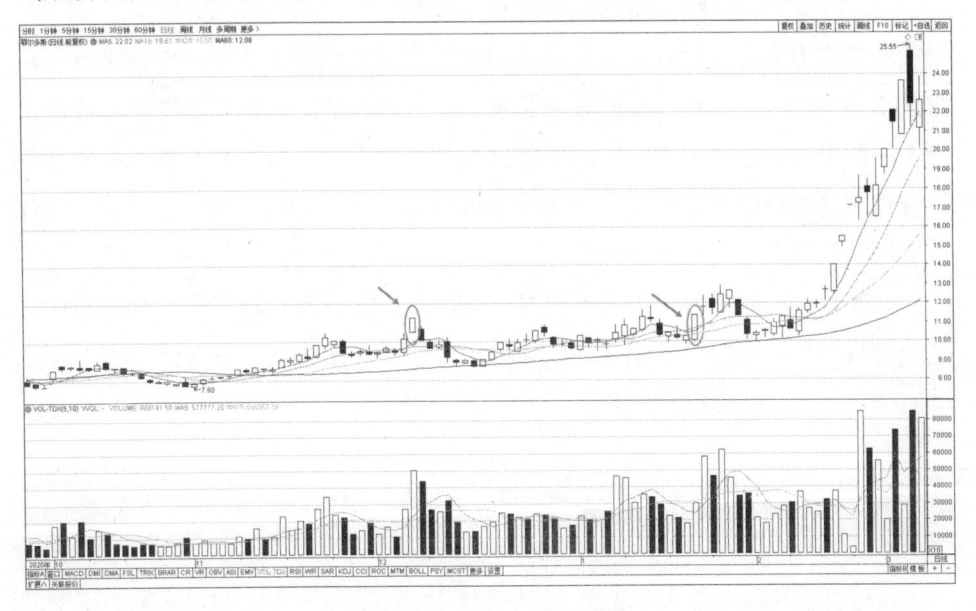

图13-7　鄂尔多斯K线图

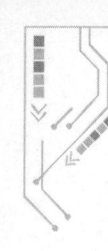

## 六、反向震仓洗盘

这种手法主要采用与大盘逆行的方式洗盘。当大盘走势一路高歌向上前进时，某些股票就是不涨，或者涨幅较小。有的时候甚至会出现几乎所有的股票都上涨，但是该类股票还在下跌，并且成交量很小，使一部分持股者感觉到该股票没有前途，或者没有较强的主力入驻。同时由于盈利与亏损都不大，于是选择了卖出股票。与此同时，主力也就达到了洗盘的目的。

实际上，目前可以说在股市中所有的股票都有主力，只是不同的主力操作风格也会有所不同，其对股票的操作又有先后次序之分。如果大盘上涨已经很多了，而该类股票基本没有上涨，那么此时投资者就该果断买入，因为该股票的主升浪即将开始。

还有一种情况，就是当一只股票几乎被所有的机构或股民看好时，主力为了能收集到相当多的筹码，就会通过这种走势，采用以时间换空间的方法来逼迫散户出局，从而买到足够数量的股票。

## 七、利用消息洗盘

很多主力惯用个股以及大盘利空消息进行疯狂地打压洗盘，导致股价一开盘就出现大跌甚至跌停，引起全场恐慌。一些持股信心不坚定的投资者被迫卖出手中的筹码。这样主力便可以很好地达到洗盘目标。当主力使用利空消息进行洗盘时，散户应该注意观察个股前期成交量的变化，如果成交量在前期没有特别放大，那么就是主力在洗盘。

此外，有时候主力也会逆着消息面来洗盘，就是逆着股评家及舆论鼓吹的趋势进行洗盘。即股评家唱多，主力就做空，股评家唱空，主力就做多，通过反向操作达到自己洗盘的目的。

## 八、分时线大幅震荡

通过盘中的剧烈震荡来洗盘，周期短，效果好，这也是目前很多主力乐于采用的一种洗盘手法。这种洗盘方式多是用于对付那些每日盯盘的短线投机客的，因为分时线的震荡过于剧烈,这会使得短线客认为此股中的主力在急于出货。

这种洗盘手法多出现在短线急拉暴涨的黑马股中,或者是一些股价已经累计有不小涨幅的长线牛股身上。当股价温和上升了一段时间后,盘中会出现突然的急挫,同时伴随着成交量的急剧放大,从分时走势图上看形态很明显。一些热衷于短线操作的投资者往往会获利出局,而当时盘中的日K线也是放量的态势,部分中线筹码也容易受到欺骗误以为行情逆转而提前退出,但收盘时,股价却又被拉了回来。K线图上是一根长长的下影线,股票运行的大趋势并未受影响,次日往往还出现高开。此时卖出的投资者后悔莫及,甚至会再度追高买入,这样市场成本就会不断提高,形成助涨的动力。

## 第三节　洗盘阶段的盘面特征

无论主力采取怎样的手法洗盘,细心的投资者仍然可以在盘面上观察出洗盘的特征。

### 一、盘口特征

主力洗盘时的盘口特征如下:

① 整个洗盘阶段几乎没有利好消息,甚至偶尔还会伴随利空传闻,导致散户持股心态不稳,对后市持怀疑态度。

② 洗盘之前,升幅都不大;洗盘之中,跌幅都不深,一般都不会跌破主力的吃货成本。

③ 股价下跌时成交量出现萎缩,在重要支撑位会缩量企稳,股价反弹时主力仍有明显的吸筹迹象,上升途中成交量逐渐放大。

④ 股价虽然短期内以下跌为主,但很快又被多方拉回,但股价始终在10日均线之上运行,即使跌破10日均线也不会再有大幅下跌,并迅速回到均线之上。

⑤ 股价虽然在主力打压下快速走低，但在下方获得支撑后，很快又掉头逐步向上运行。

⑥ 盘面浮筹越来越少，成交量呈现递减趋势，但是最终配合股价向上突破并放大，这表明洗盘已经结束，新的上涨行情马上开始。

⑦ 股价下跌之时主力的操作多会与大势或技术指标配合，如跌破上升通道或重要支撑位（线）等。

⑧ 洗盘开始时一般都会做出一种顶部下跌的假象，下跌即将结束时还多见诱空动作，洗盘的末期都有缩量和主力惜售行为。

⑨ 如果主力有拉升要求，就会有复合洗盘或诱空大量吸筹动作。按大势的时间长短不同，洗盘时盘口的表现也不同。如果时间充足，可能在日线产生不同的形态；如果时间紧迫，则可能在分时走势图上产生不同的形态。

如果主力在洗盘阶段总要刻意让盘口显示出这是弱势股，后市无大涨的迹象，甚至采用凶狠的高台跳水式打压，但在关键的技术位，主力往往会出来护盘，那么这是主力要吸引新的投资者介入，以达到拉高平均持股成本的目的。

洗盘时股价的变化一般取决于主力吃货的多少。因为主力通过吃货已控制了部分股票，市场的股票流通量减小，除非有基本面利空或主力人为打压，否则股价不可能出现大幅下挫。

散户在应对主力洗盘行为时，关键要保持一个良好的心态。尤其当股票从底部刚刚被拉起，市场中大部分投资者还停留在空头情绪之中时，切不可因一些短期震荡便被洗出局。应该以一种以不变应万变的心态坚定持有，不达目标，绝不轻易交出手中筹码。而对于一些大幅下跌的打压式洗盘手法，投资者则可根据成交量的大小来判断，一般情况下，如果没有出现太大的成交量，就可判断为主力的洗盘行为，不可轻易交出筹码。

## 二、技术特征

### 1. 指标特征

(1) 均价线

主力洗盘时，股价一般在 10 日均价线之上运行，并且股价偏离 10 日均线较远。在均价线系统中表现为：10日均价线、30日均价线、60日均价线均呈多头排列。虽然有时股价会跌破10日均价线，或在其附近徘徊，但一般不会跌破30日均价线，即使击穿也会很快被拉回来。时间稍长的洗盘能破10日均价线，但一般不等10日均价线向下触及30日均价线时洗盘便告结束。

（2）指标

股价在前期经过大幅拉升之后，随即展开长达半个月或1个月，甚至更长时间的技术修整，MACD指数逐渐走平或者形成金叉，成交量也由前期的缩量调整开始慢慢转为温和放量。MACD指标绿柱开始逐渐变短收窄甚至逐渐露出红柱。

KDJ指标（随机指标）、W%R指标（威廉指标）等，从强势区进入弱势区整理，有时在底部出现背离走势。RSI指标（相对强弱指标）进入弱势区域，BOLL指标（布林线指标）下穿中轴。PSY指标（心理线指标）、VR指标（比率指标）等向下回落在低位盘整，市场人气低迷。

### 2. K线特征

洗盘时单日K线和K线组合的形态一般复杂多变，阴线、阳线不断交换出现，并且形成空头陷阱，盘中动作难以把握。概括起来，主要有以下几种特征：

① 股价大幅震荡，多空拉锯，阴线、阳线夹杂排列，趋势不定。

② 经常出现带上下影线的十字星。

③ 股价一般维持在主力持股成本的区域之上。若散户无法判断，短线投资者可关注10日均线，中长线投资者则可关注60日均线。

此外，十字星、长十字、穿头破脚、下跌三部曲、三只乌鸦、大阴线、平顶、乌云盖顶、黄昏十字、射击之星等形态经常出现。

## 三、成交量特征

主力洗盘时的成交量总体上是一个从量大到量小、再到量大的起伏过程。在洗盘初期，一些胆小和没有耐心的散户会选择卖出筹码，换手率较高，所以此时成交量较大。到了中期，市场中意志坚定者较多，持股信心比较坚定，此时市场中浮筹洗净，惜售现象明显，成交量不断萎缩，甚至有时产生地量。到后期，由于主力进行补仓和拉抬，股价上移，成交量放大。洗盘完毕，股价向上突破时，一般都伴随巨大的成交量。对于边拉边洗式的洗盘，拉升时成交量不一定有很大变化，因为在洗盘过程中成交量已经很大；对台阶式或打压式洗盘手法而言，最后向上突破时需有相对较大的成交量。

# 第14章　主力的拉升手法

主力要想挣钱，仅靠盘中的差价还远远不够，要想获取更大的利益，就要想办法拉升股价。主力前期的建仓、试盘、洗盘等过程，都是为更好地拉升股价做铺垫。因此主力的拉升过程在操作中是一个十分重要的阶段。对于普通投资者来说，如果能够在主力开始拉升股价时及时跟进，就能够在主力的逐步拉升中获取丰厚的利润。

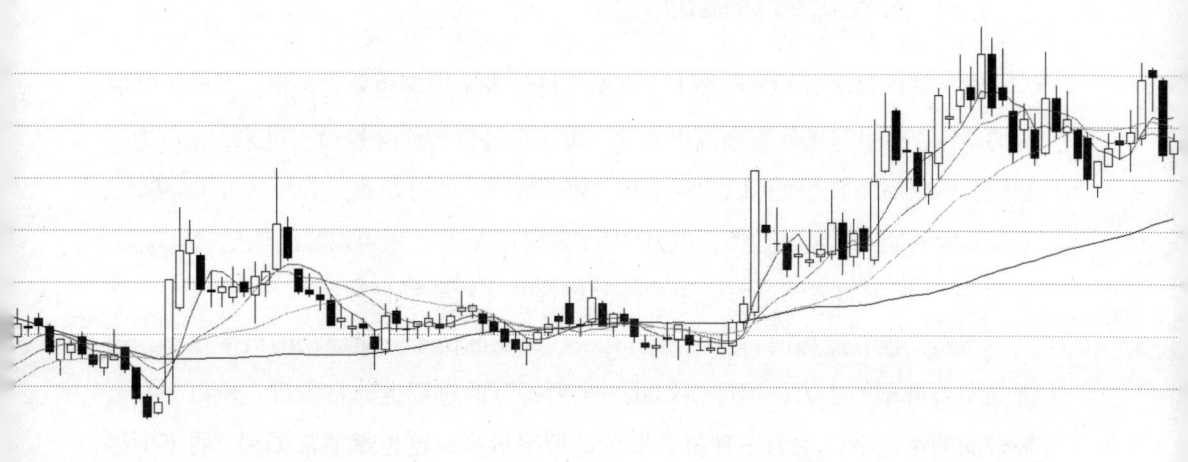

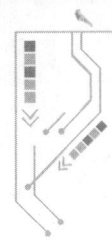

# 第一节　主力选择拉升的时机

主力完成建仓、洗盘过程以后，就进入拉升阶段，通过拉升以脱离主力的成本区域，然后再想办法出货。主力对于拉升股价的时机是非常讲究的，可谓是天时、地利、人和的因素都要考虑进去。如果拉升时机选择不当，不仅会抬高持仓成本，甚至会前功尽弃造成亏损。

主力往往会选择在以下时机进行拉升股价。

## 一、打压洗盘彻底后

主力建仓以后，若发现跟风者太多，就会进行凶狠的打压洗盘，使一部分不坚定的跟风者卖出筹码。然后主力以迅雷不及掩耳之势将股价快速拉高，在最短时间内脱离自己的建仓成本区域。

## 二、大盘走势稳健时

在大势向好的时候，市场人气旺盛，场外资金进场也非常积极。此时拉升股价的动作，会引起场外资金高度关注，很多场外资金就会被吸引进来，与主力一起把股价推高，主力就可以达到事半功倍的效果。此时若有强势股票被拉得越快，就越能吸引场处资金的追捧，主力只需花少部分资金，就可以轻松地把股价拉高。如图14-1所示的贵州茅台，整个拉升过程就比较顺畅自然。

当然，也有逆势而行的，虽然有一些成功的例子，但成功的概率很小，通常是实力雄厚的主力，但即便如此，主力拉升的过程也非常艰难。所以，在大势较弱的情况下，主力主动拉升股价的情况极少，这也是通常提倡"弱市中尽量不要介入个股"的主要原因。

图 14-1　贵州茅台 K 线图

## 三、技术图形走好时

技术分析是投资分析的重要组成部分，受到众多投资者的重视，当图形和技术指标构造完毕之后开始拉升，往往具有很好的市场效果。因此，主力擅长构筑图形，并在技术图形走好时拉抬股价，如利用 W 底、三重底、三角形的有效突破作为拉升行情的开始。

## 四、得知重大利好时

利好消息包括市场面和公司基本面两方面的利好。如个股业绩、分红时间、收购兼并、经营方针、国内外大事及国家有关政策等，无论是哪一类利好，都为主力创造了拉升的条件，特别是一些实力不太强的主力正好顺水推舟，借助大势利好拉高股价。

利用重大利好消息出台的时机拉升股价，也是主力经常选用的时机。主力在拉升股价时，一般会借发布利好消息来刺激股价攀升，同时也促使散户积极买进，以便和主力一起把股价拉起来。对于收购题材的炒作，几乎全靠消息配合。所以，利好消息发布的时候，就是主力疯狂拉升的最佳也是最后的时机，哪怕大势狂泻，也会不惜一切地拉升。为此，主力就会想方设法把消息分成几个部分，分几次发布。把一个题材反复地进行炒作，从而使股价多次上下震荡，这也就是说，主力要刻意创造多次拉升的机会。如图14-2所示的王府井，即是在政策利好的推动下连续拉升。

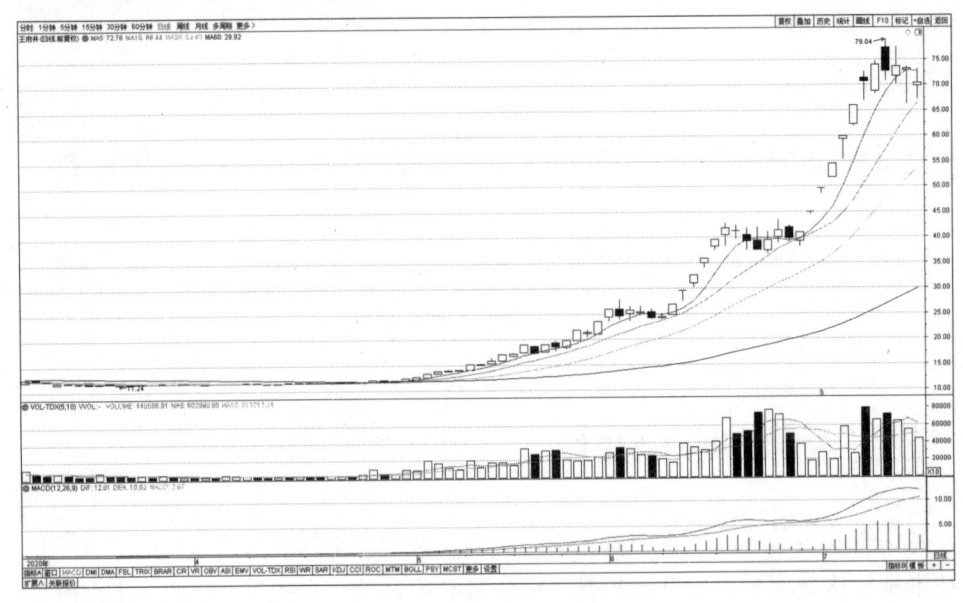

图 14-2 王府井 K 线图

具体操作时，投资者应该多关注对大势利好的机会，而对于个股利好则需要保持谨慎，因为，主力往往能提前得知此类消息，拉升大多是在个股利好公布之前。而一旦利好兑现，散户纷纷杀进时，主力正好大肆派发筹码，获利了结。

## 五、利用含权和除权机会

利用含权和除权，是主力拉升出货最常见、最基本、最有效的方法，这种方法主要是利用了人们的"贪便宜"心理，大比例送股后股票变多以及除权后股价变低成了一种虚假的引诱，所以主力就常常采用抢权和填权的方式来拉升股价。

### 六、热点板块形成时

板块联动一直是我国股票市场的特征，尤其是在大势向好时，板块联动的效应表现得特别明显。如国家要加大对水利建设的投入，那么整个水利板块相关的股票都会因此而受益。国家要加大保障房建设力度和基础设施建设，那么，对与此相关的水泥行业也是一个利好。如果主力操盘的个股跟市场热点概念相关的股票时，那么主力的拉升动作就具有很好的隐蔽性，这便于主力把股价拉高时悄悄出货。

## 第二节　主力拉升的常见方式

由于主力的操作风格不同，所以，不同的主力所采用的操盘方式也是不同的，这也就决定了他们通常会采用不同的拉升方式。比如有的喜欢采用急速拉升的方式，有的由喜欢稳扎稳打的拉升方式。下面我们就来了解主力经常采用的一些方式。

### 一、震荡式拉升

这种方式主要采取高抛低吸的方法，以时间换取空间为手段，利用波段操作赚取利润差价为目的进行运作。其主要特征是股价拉升一段距离后，就会反转调整一段时间，有非常明显的边拉升边洗盘的特点。利用震荡式方式拉升股价，主力不仅可以不断地降低持仓成本，调整筹码结构，而且降低了散户的赢利空间，提高了其持仓成本。与波浪式拉升手法类似，主要区别在于震荡的幅度更大一些。

这种拉升方法可以将各类风险化整为零，既节约了资金成本，还能回避由于基本面过于一般、没有重大题材而招致猜疑等不利因素。通常，震荡式拉升的低点会逐步走高，股价重心逐步上移，成交量的特征是股价向上震荡时放量，股价向下回落时缩量。

通过震荡式的拉升，主力不仅可以得到散户的廉价筹码，还可以在震荡过程中消化前期的套牢筹码，同时促使后期的跟风盘获利回吐，让流通筹码在某个区域充分换手，以不断提高市场持有者的总体成本。由于震荡式拉升的股票都会有一定的震荡幅度，这就给散户带来了高抛低吸的短线投机机会。对于中长线散户来说，如果把握好了机会，也可以在每次震荡的下限逐步吸纳相对廉价的筹码。

如图14-3所示的北京城乡，就是采用了这种震荡式拉升的方式将股价逐步向上推移的。

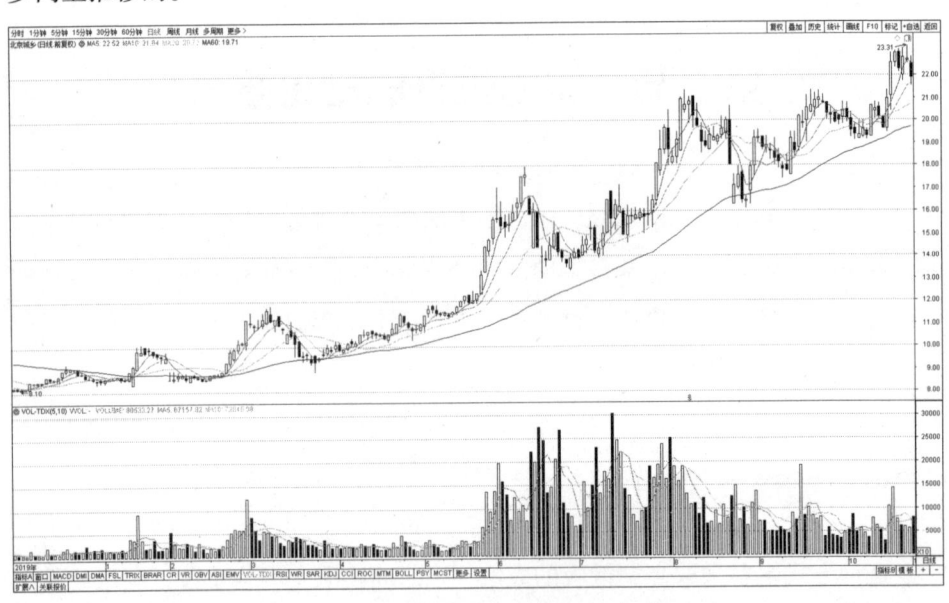

图14-3　北京城乡K线图

对于这种拉升方式，散户在操作上要注意把握节奏。当股价震荡上行后，马上要进入震荡向下的走势时，往往会出现一些滞涨的K线形态，如长上影K线或是高开低走的阴线等。而每次股价下探到低点后，通常在K线图上会出现止跌的信号，比如倒垂头、十字星等K线形态，同时成交量都会出现缩量的情况。如果出现止跌信号的第二天能收出一根阳线的话，就是买进的时机。

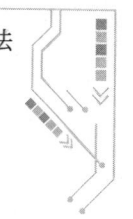

## 二、波浪式拉升

波浪式拉升是一种相对缓慢的拉升方式，股价运动趋势呈波浪式一浪一浪向上推进，一波较为明显的上涨浪过后，就出现一波幅度不大的回调浪，给人一种运行较为自然的感觉。这种拉升手法通常出现在中长线主力操盘的个股上，我们可以从股价上升浪的流畅程度及回调时的抛压大小来判断出主力的实力如何。如果主力控盘能力较强，就可以在波浪的运行过程中进行高抛低吸的波段式操作。当主力引导股价走出一波上升浪后，由于市场获利盘的出现，此时如果主力反手进行适当地做空操作，就可以达到引诱获利盘抛出的目的，这样在主力少量抛盘与市场获利盘的双重打压下，股价自然会出现下跌，而股价回调到一定程度时，主力顺手再吸回原先高位抛出的筹码，这就成功地实施了一次高抛低吸。

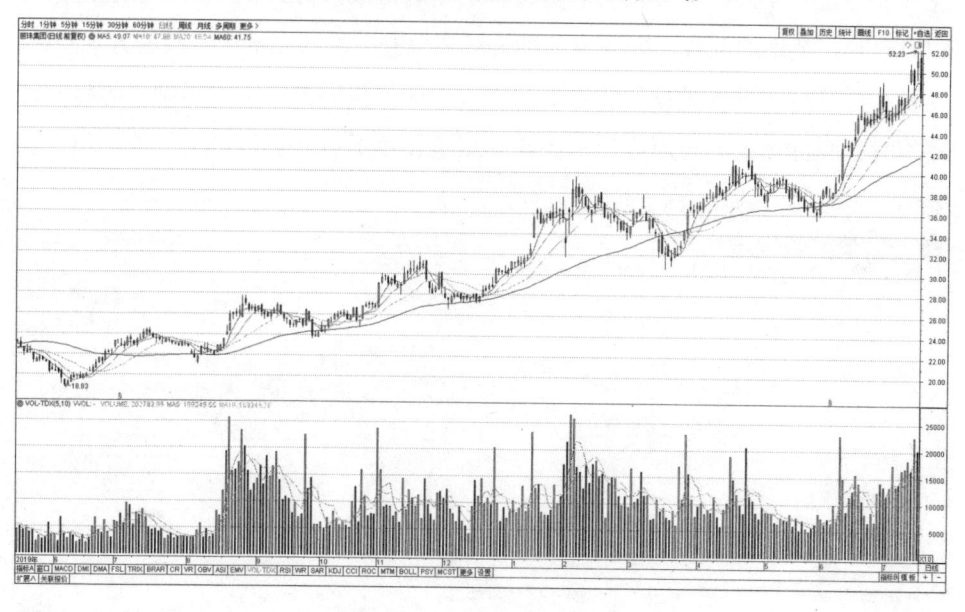

如图14-4所示的丽珠集团就是采用了这种拉升方式。

图14-4　丽珠集团K线图

## 三、火箭式拉升

这种拉升方式就像火箭发射，升势一旦启动，行情锐不可当。采用这种拉升方式的主力，通常是一些实力强大且喜欢急功近利的短线炒家。当然这种拉升手法也可以出现在长线主力周密的操盘计划中，但在市场中短线主力炒作题材股时更容易使用此种方法，这主要是主力在良好的大盘氛围下通过火箭式拉升股价而充分调动了人们的贪婪心理。火箭式拉升刚起步时，即使投资者注意到了此股的上涨，但大多会由于它的快速启动而措手不及，希望等待回调时再介入，然而此股随后非但没有回调，反而出现了越上涨抛压越轻的状况，股价短期内的大幅上涨使其成为市场的焦点，财富暴涨的神话又一次显示在了投资者面前。当大量投资者再也忍不住诱惑而介入时，主力就开始反手做空大量出货了，主力在火箭式拉升后之所以还能全身而退，就在于它成功利用了散户投资者的投机以及贪婪的心理。

有的时候，长线主力也会采用这种拉升方法，长线主力在行情飙升之前，往往要经过一年甚至更漫长的吸货过程。当时机成熟时，主力大多会在上市公司出台利好消息的配合下来完成这种火箭式拉升，通过无量涨停板的方式拉升，这样在拉升初期市场买盘只能看着它天天上涨停板而苦于无法买到，等打开涨停板时，股价在主力与短线投机买盘的双重作用下也许仍能再上一层，但这就要结合当时的市场环境来判断了。

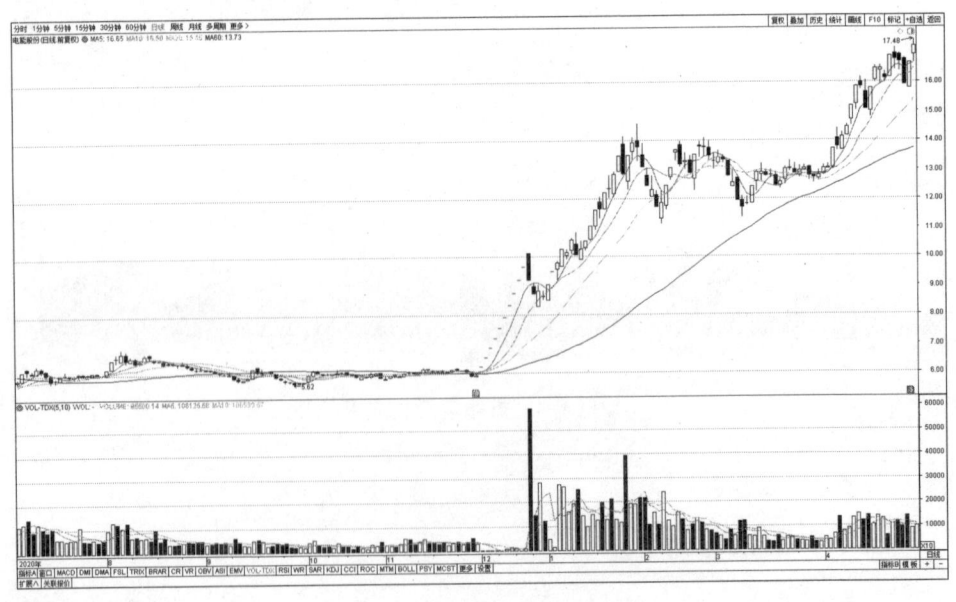

图 14-5　电能股份 K 线图

在火箭式拉升中，主力不仅要快速拉升，还要准备充分的拉升理由。因为快速拉升可以产生"暴利"效应，能更好地吸引场外资金的介入，同时又使股价迅速脱离主力成本区域。而借助某些利好消息来拉高，则可以使拉升操作变得更加容易。

如图14-5所示的电能股份就是采用了这种拉升方式。

## 四、锁仓拉抬手法

锁仓拉升就是主力先吃下大量筹码，通常会在50%以上，并使用一些做盘的技巧充分清除浮筹，随后只用较小的成交量就可以把股价拉抬上去。对于主力来说，这种拉升方式的缺点是出货较困难，因为主力的筹码太多，在没有成交量的情况下，主力是无法出逃的。但对于散户跟随主力来说反倒成为一件好事，因为我们不用急于获利了结，反正主力一时半会儿也不会完成出货。

如图14-6所示的荃银高科，该股只是上涨初期出现了成交量放大的形态，在此股的随后大幅上涨中，我们发现成交量反而出现了逐渐缩小的态势，这是正常量价理论无法解释的，然而其走势却是实实在在的，这其中的原因是股价

图14-6 荃银高科K线图

的走势已经从由市场的真实交易推动转变成为由主力推动。锁仓拉升体现出主力控盘力度很强,而且在拉升途中进行了积极的锁仓。

## 五、阶梯式拉升

从形态上看,阶梯式拉升的过程就像是一个个台阶。每次股价的上涨都来于几天内的连续大阳线将股价抬高一个台阶,而每上一个新的台阶后就会采取平台或强势整理的方法,经过清洗或赢利盘换手后再度拉升,相对于波浪式拉升,台阶式拉升在走势上显得更为简单明快。

采用这种方式拉升的主力实力都比较强,主力性格也比较沉稳老练,选择的个股往往也是基本面优良、后市存在重大题材的绩优个股。操作的过程中,主力会在股价拉到一定涨幅的时候采取横盘的方法,清洗下档跟进的获利筹码。在大盘或者人气较旺的时候,主力适时抛出一部分筹码压制盘面;在大盘或者人气较差的时候,主力又适当地买进一部分筹码护盘。

当股价长时间处于横盘状态时,早期跟进的获利盘通常会出现焦躁不安的情绪,由于缺乏足够的信心往往会草草出局,而信心坚定者则继续持仓,再加

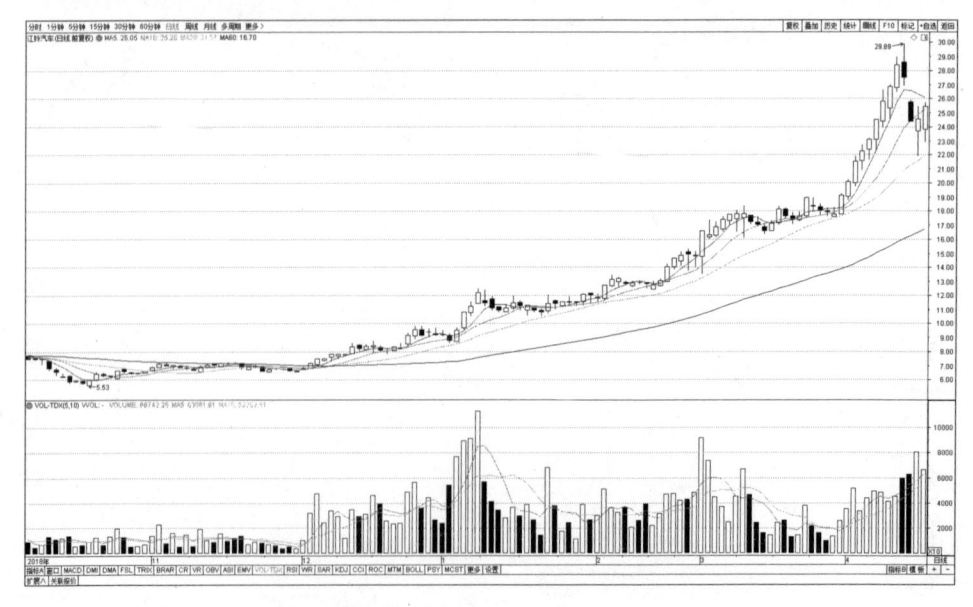

图 14-7  江铃汽车 K 线图

上看好后市的新多头此时正兴高采烈地入场买进，这样经过充分换手，采取不断提高他人投资成本的方法，就为下一波拉升行情打下坚实的基础。反复运用这种手法在日K线形态上就形成了股价像楼梯一样逐级上升趋势。

如图14-7所示的江铃汽车，就是典型的阶梯式上涨的拉升方式。整个过程简洁有序，体现了主力稳健的操作风格。

## 六、对敲式拉升

对敲式拉升最为明显的特点是股价在拉升过程中出现了异常的大量，这往往会使投资者对买卖盘的出处感到迷惑。若个股在没有重大利好消息出台就出现这种对敲放量的拉升，投资者就需要注意了，因为对倒拉升可能是机会，也可能是陷阱。当对倒拉升出现在低位区时，主力很可能会使用此法来激活市场人气；而当对倒拉升出现在高位区时，则这更有可能是主力为引诱市场散单涌入而制造假意拉升，一旦买盘人气上来，主力就会马上反手做空，而股价也很有可能不会再回升上来。

通过对敲拉升的好处在于可以通过放出大的成交量吸引跟风盘，借力使力

图14-8 国际医学K线图

达到四两拨千斤的效果，不需太多资金就可使股价上升较多，且能惯性上行。此类手法需对大盘有较高要求。在大盘不好时主力往往不会采用这种方法，如果逆市对倒拉升，抛盘强于买盘，主力要接下大量抛盘，就很可能造成拉升失败，同时也抬高了自己的持仓成本及不必要的持仓量。

如图 14-8 所示的国际医学，就是在股价的底部区域通过对敲的方式大幅放量，将股价快速拉升的。

# 第三节　拉升阶段的技术特征

不管主力采取何种方式拉升，在其运作的过程中，总是会留下一些较为明显的特征。我们可以从以下几方面去观察它。

## 一、均线系统

因为主力的拉升是一种股价上涨的趋势，所以，均价线系统在拉升时呈典

图 14-9　江铃汽车 K 线图

型的多头排列，5日、10日、30日、60日均价线呈有序多头排列，股价向上运行。对于一些短线黑马，每天的收盘价都会站在5日均线之上，这段行情多为主升浪，短中期升幅可观。

如图14-9所示的江铃汽车，在拉升过程中的均线系统就比较有规律，5日、10日、30日、60日均价线呈有序多头排列，股价沿着一条清晰的上升趋势线稳步上升。

## 二、成交量系统

通常在拉升阶段，成交量整体会呈现出持续稳步放大的状态，整个过程中呈现价涨量增、价跌量缩的特点，价量配合良好。在此期间，成交量整体上保持活跃状态，市场投资者积极踊跃。有的时候，主力由于持仓力度不同，或是采用放量拉升，或是采用缩量拉升。

放量时产生的量一部分来于主力的大手笔对敲，另一部分则来于短线客对短线客的对流筹码互换。缩量拉升表明筹码的锁定性非常好，整个群体一边倒，主力几乎能将整个盘子一锅端，在一致看好的前提下，主力对敲几笔就能够把股价拉高。

## 三、K线系统

主力拉升强调快速，具有爆发性，经常走出独立于大盘的走势。在拉升初期经常出现连续轧空的走势；在拉升阶段中，K线具有良好的形态。如均线系统呈典型的多头排列，主要技术指标处于强势区，日K线连续飘红收阳。主力经常在中高价区连拉中、长阳线，阳线的数量多于阴线的数量；阳线的涨幅实体大于阴线的跌幅实体；日K线经常连续收阳，股价时常跳空高开，并且不轻易补缺口，日K线形态中常出现红三兵、上升三部曲、大阳K线等。经常在通过前期某一阻力位时会进行震荡整理以消化该阻力的压力，而且突破之后又将加速上扬。

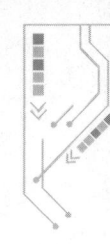

## 四、拉升与试盘的区别

有些投资者可能把主力在个股启动前的试盘动作当作是拉升动作而匆忙介入，事实上，这两者是有区别的。主要区别如下：

(1) 发生时机不同

试盘往往是在大盘转强或利好信息发布之前就会进行的动作，拉升则是顺应趋势和消息而进行的动作。

(2) K线形态不同

试盘时，个股日K线的上下影线较长而实体较小；拉升时，个股日K线的实体较大而上下影线较短。

(3) 盘面表现不同

试盘时，个股盘面震荡强烈，主力刻意画图的动作比较明显；拉升时，则个股走势较有规律，主力行为也比较自然。

(4) 成交量不同

试盘时，个股成交量忽大忽小，常出现单日巨量现象；拉升时，个股成交量则往往呈规律性的放大状态，且持续时间较长。

(5) 均线形状不同

试盘时，个股均线形态通常是混乱不堪或纠缠不清的；拉升时，个股均线形态则多数呈发散状或多头排列状。

# 第15章 主力的出货手法

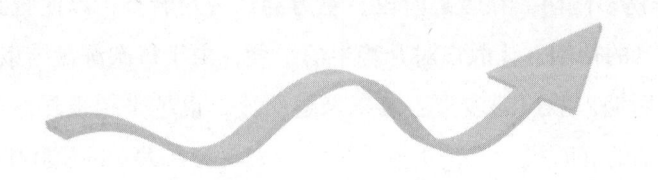

出货是主力整个操盘过程的最后一步，也是最为关键的一步，只有把账面上的盈利数字变成实实在在的银子，才能说明操作完成。当然，由于主力的筹码很多，基本上不可能在一两天内完成全部筹码的抛售，这就需要主力利用各种方法完成出货，同时又可以让既得的利益最大化。本章我们就来认识主力经常采用的出货手法。

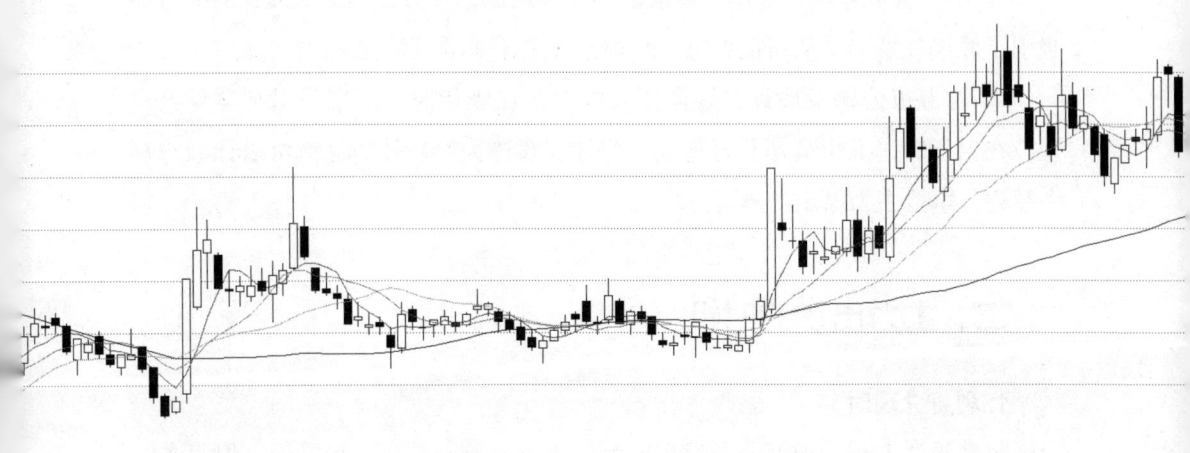

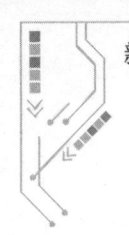

# 第一节 主力出货的时机

## 一、主力出货前的部署

对于主力来说,由于其手中握有大量筹码,要想顺利出货就必须提前做大量的准备工作。

① 制作诱多陷阱。在吸筹阶段,主力会让散户看空,以便吸到廉价筹码。在拉抬和洗盘的初期,让散户对升势半信半疑,由于每次洗盘结束后都是向上突破,到中后期,散户的多头心态越来越明显,也越来越强烈,升时不愿抛,跌时当成吸纳的好时机,于是诱多成功,主力就会在大众的疯狂中悄无声息地完成出货,从而套现成功。

② 制造假突破。比如放量突破某一关键位等,因为很多投资者都知道,重要阻力关口一破即变为支撑,冲破阻力位往往是大部分投资者的操盘准则。于是,主力就会制造这种假突破,诱使散户进场,自己却乘机派发。

③ 用少量资金轮番炒作,造成黑马狂奔局面,一方面调动人气,另一方面吸引了股民注意力,从而把大笔资金神不知鬼不觉地悄悄撤出。

④ 与上市公司及股评、媒体相互配合。在吸货时,上市公司利空频繁出现;在出货时,上市公司利好连连,股评、媒体大捧特捧。这就可以让散户利令智昏,争抢主力抛出的筹码。

## 二、主力出货的时机

### 1. 利好兑现时

很多投资者都会根据公司发布的利好消息来判断是否入场操作。但很多时候,我们会看到公司发布利好消息之后,股价并没有出现预期的上涨,有的甚至不涨反跌。其实这种怪现象是有深层原因的。由于主力有着隐蔽的信息渠道，因此主力往往能先行一步于市场，从而可以在上市公司发布利好消息前将股价炒高。而当利好发布时，正是主力出货的好时机。

当股票的基本面、技术面和大盘趋势均向好的情况下，当利好信息仍在继续发布时，股票理应继续攀高，但若此时股价出现了上涨乏力的情形，即在成交量持续放大的情况下，股价连续多日无法有效创出新高甚至逐步下移，则往往说明主力正在减仓或出货。

### 2. 利空出现时

对于一些实力不是很强的主力，如果在炒某只个股之前没有与上市公司搞好关系，没有得到上市公司的"默许"，那么上市公司实在是没必要配合主力的行动。很多上市公司突然出利空消息往往会使已经进入此股的主力很是被动，因为此时主力很可能吸筹力度不够，而且后备资金实力有限，这时主力可能就会借利空出掉一些筹码。这种出货多是出于战略上的考虑，因为或许是主力期待未来在更低的价位接回这部分筹码，或许是主力干脆放弃对于此股的操作计划，毕竟有很多意外消息是主力也无法把握的。

### 3. 达到目标位时

主力在操作之前，一般都计划好了股价上涨的高度和出货时的价格区域。如果届时大盘趋势看好，其目标价位就会提高，若大盘趋势变差，则目标价位就会降低。投资者虽然无法知道主力的目标价位，但却可以根据其持仓量来估算其出货时的最低目标价位。比如，主力持仓量在50%左右的，只要大盘状况不差，股价涨幅一般会超过其平均建仓价位的100%。

### 4. 传言增多时

主力在出货前通常会让舆论先行，用市场传闻把这个股票的题材再次炒热，市场投资者虽然发现此股有了一定的涨幅，但由于消息诱人，而且股价前期的走势可能是较缓慢上升而非急拉暴涨的，给人一种该股并没有被炒高的错觉。于是当市场投资者介入后，股价走势开始配合走高，给投资人的感觉是买入是正确的，而且后市上扬的空间较大，即使短期被套住也不怕。而随着更多投资者的介入，股价却只是在小幅度波动，成交量开始放大，这时，主力已在悄悄地出货了。

### 5. 基本面变坏

当政策面或上市公司基本面即将发生变化之前，主力往往能提前获得消息。

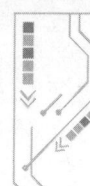

此时，主力的动作就是先下手为强，赶紧组织派发筹码的工作，尽可能赶在市场获得消息之前顺利出局。

### 6. 市盈率高涨

多数股票在轮番炒作中，股价涨幅可以达到300%左右，即使过去只有20倍的市盈率，现在也往往被炒到了60倍，而更多劣质股的市盈率则往往已达到了几百倍，严重透支了个股的内在价值。过度投机之后，股票通常会有强烈的价值回归要求，这意味着该股即将出现大幅度的价格回调。

## 三、主力出货的时间和空间

### 1. 出货时间

主力出货时间受大盘趋势、上市公司的意外利空消息、自身的控盘能力、自身的资金状况等多种因素的影响，所以即使是有计划的出货，也往往会出现一些调整。一般来说，短线股的出货时间为1周之内，中长线股的出货时间为6个月之内，但通常主力集中出货的时间只有1个月左右。

### 2. 出货空间

不管是短线股还是中长线股，都会对出货时的股价震荡幅度做出相应的控制。多数主力在股价跌幅达到30%时就会完成大部分的出货工作，只有极少数股票因为崩盘才会出现股价折损过半的情形。至于基金扎堆的个股，由于基金反应速度慢且具有所谓的价值投资理念，所以其轮流出货的时间比较长，出货的空间也比较大。

# 第二节　主力出货的方式

出货的方式有很多种，由于前期拉升的方式不同，也就决定了出货的方式也会有所不同。下面我们来了解主力经常采用的一些出货方式。

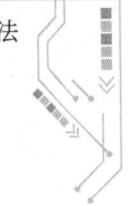

## 一、拉高式出货

在出货之前，主力通常都会有一个拉升的过程，这样一方面可以减轻市场抛压，同时又可以以对倒的方式制造火热的暴利行情，刺激失去理智的投机者入场。当股价到达目标价位或当抛压比较沉重时，主力就会开始按计划出货，股价则应声而跌，甚至跌到此波拉升行情的起始点。通常，表现在分时图中经常会出现以下两种情况。

(1) 在拉升过程中悄悄出货

主力预先在卖盘处挂好单，借助大势向好吸引散户投资者买入；当这些投资者的追涨热情不足时，主力就会亲自吃掉几个大的卖单，为股价打开上升通道；等散户的热情被激发起来了，主力就会停手，让散户去吃掉其早已挂出的卖盘。如此始终维持股价上涨，但实际上主力买得少而卖得多，一直在悄悄出货。

(2) 利用冲高回落出货

有些主力会在开盘后马上快速拉升股价，由于此时盘中委托卖单一般很少，所以股价上涨阻力较小，主力拉高成本也较低；此后股价往往会在高位维持一段时间，做出蓄势待涨的姿态，吸引散户参与。但是不久该股却开始上演"高台跳水"的动作，于是来不及撤单的散户均被迫承接了主力的派发筹码。如图15-1所示的双林股份，在早盘一开盘就开始上冲，之后开始维持在高位运行。但不久之后突然开始快速大幅度打压，对于一部分投资者来说根本来不及撤单。

也有的主力在早盘一直做出震荡上行的走势，而午后股价却开始大幅度下滑，当天买入的投资者只能接受被套的命运，如图15-2所示的保利新就是利用了这种方式出货。

操作上如果在高位遇到开盘快速拉升，随后股价开始走弱的现象，一旦股价跌破均线，建议投资者先出局观望。

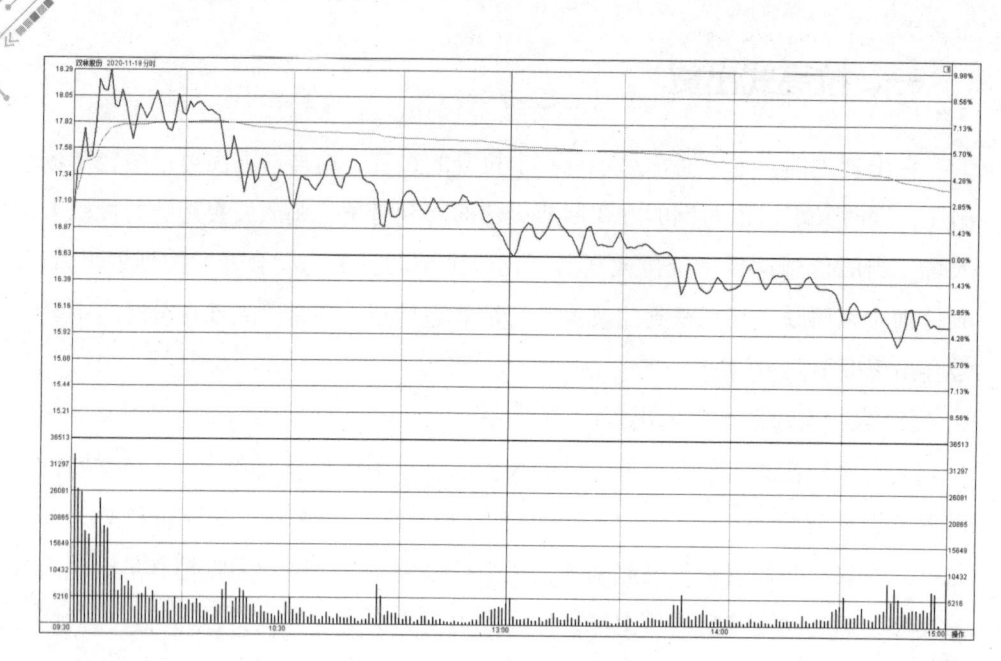

图 15-1 双林股份分时图

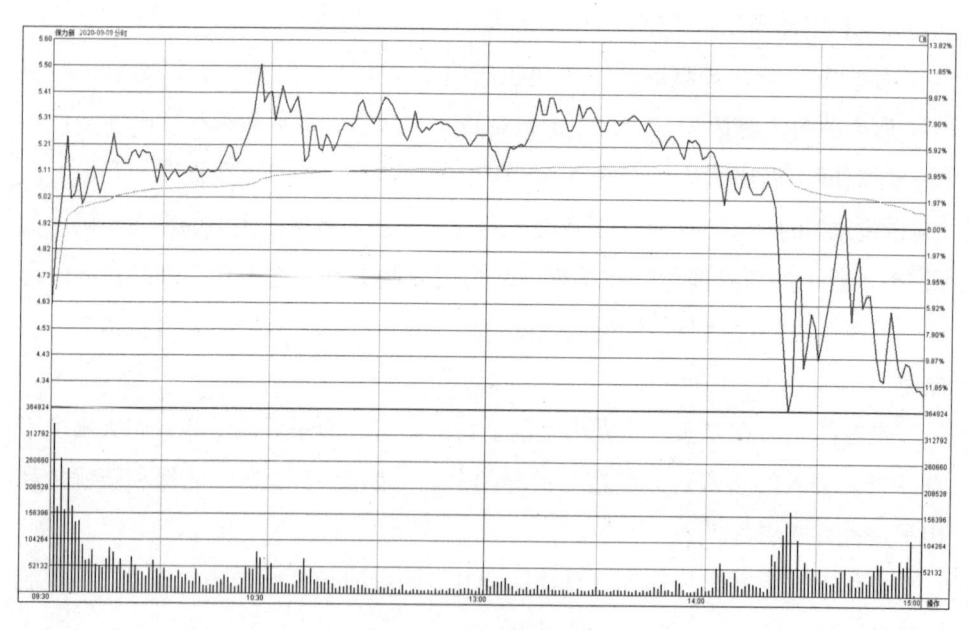

图 15-2 保利新分时图

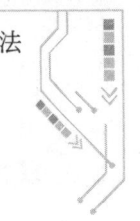

## 二、打压出货

主力在拉升股价的时候,由于股价急速拉升,很容易吸引市场上众多的跟风盘,当主力已经将股价拉高到足够的高位而仍有大量跟风盘涌入时,为了尽快兑现筹码,同时也是为防备大盘可能出现的短期回调,只要买盘的接盘力度允许,主力往往就会先发制人,开始大量出货。在主力的大量出货下,很多跟风买盘可能会减少入场意愿,然而这并不能阻止主力出货的步伐。随着主力的不断出货,股价重心也开始下移,这时,此股给人一种抛压沉重的感觉,主力也在这种打压过程中顺利完成了一定仓位的出货。此时股价的走势很可能是一种上升到顶点后急跌的走势,K线图在高位形成了V形反转,只要主力在V形反转的顶部成功出掉了计划中的仓位,这个顶部很可能就会成为阶段性的高点。这种出货手法要求市场氛围较好,因为没有一个良好的市场氛围不可能造就跟风盘的涌入,也不可能给主力采取打压出货的机会。

如图15-3所示的京基智农,此股在经过一波洗盘之后的上涨极为强势,然而紧随着这一波强势上涨之后的打压出货也异常凶猛,股价从最高的32.53元直到被腰斩才出现止跌企稳,期间根本没有任何反弹或止跌形态,很明显是主力在出货,善于分析的投资者总能从盘面的蛛丝马迹中发现线索。从图中可

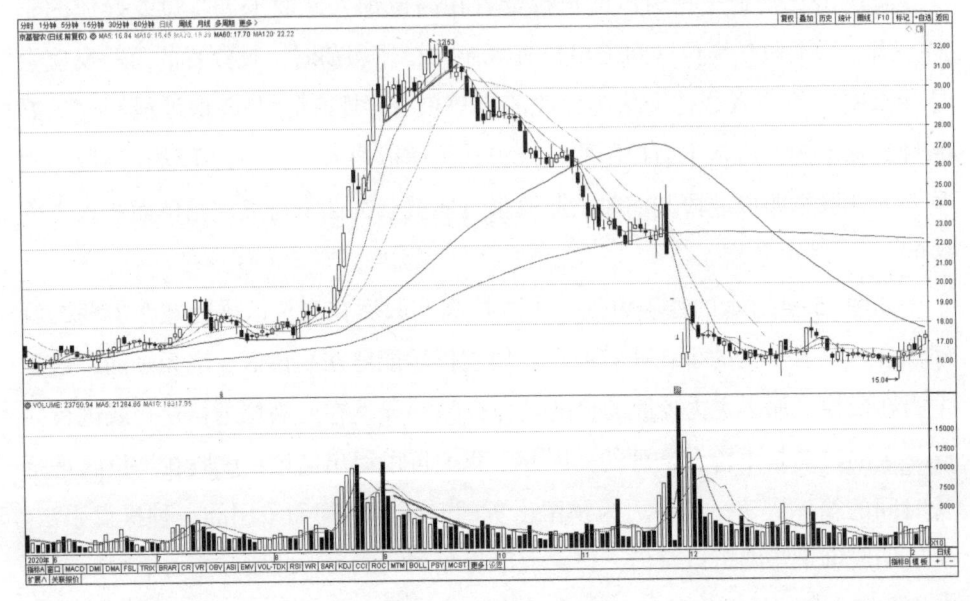

图15-3 京基智农K线图

以看到，在此股最后的上涨之中，成交量出现了明显的萎缩，出现量价背离，这种缩量上涨，如果是在股价刚启动没多久，那可以肯定地说，主力的实力相当强大，这很可能会是一只股价翻几倍的大黑马。然而，当时的股价却处于极高的价位，可以说，主力的获利空间是惊人的。当主力发现拉升过程中根本没有买盘介入，此时主力随时都有可能停止上攻的脚步。既然拉升无法引入买盘，自然就会采用打压的方式，并通过这种方式将筹码交给那些喜欢抄底的投资者。

主力采用这种方式出货，往往是见买盘就抛，其间根本不会出来护盘。所以，当在顶部遇到均线死叉、反转十字星、三只乌鸦等下跌形态时，投资者就要立即卖出股票。

## 三、震荡式出货

当主力把股价拉高到相当高的位置以后，为了获取更多的利润，主力希望自己的筹码能有更高的卖出价钱，于是就会把股价维持在高位震荡的态势。这种出货方式需要大盘的有效配合，即大盘要处于上升阶段或者盘整阶段。

震荡出货则是一种引诱散户投资者在高位加入此股来进行短线操作的骗局，当一只个股在高位区间走出较有规律的箱体震荡时，投资者的第一反应会是什么呢？投资者往往会认为此股的走势极有"规律"，是赚取波段利润的好品种，殊不知，这是主力控制股价走势、引诱散户入局的一种手法，当散户大量介入此股欲赚取波段利润时，此股很可能就会突然下行突破箱体而步入下跌区间。

如图15-4所示的德赛电池，主力拉高此股后在高位区进行宽幅震荡，就好像有一只看不见的手在托着股价，使它仍然能停在高位区。毫无疑问，这是主力在操控。那么主力控股的目的是什么呢？显然在此高位进行建仓或进行如此之久的洗盘是不符合常理的。因此，我们可以得出结论：该股在高位区进行长时间的箱体震荡，是主力为预留出货的时间与空间而采用的一种操盘手法。从后期股价走势图可以看出，当主力出货顺利完成后，此股在主力手中剩余码筹和市场抛压的双重打击下，走出了大幅下跌的走势。

图 15-4　德赛电池 K 线图

## 四、高位横盘出货

主力常利用散户熟知的价涨量增的原理，在高位盘整一段时间后，突然用对敲方法放量拉升股价，使股价突破盘整的箱体。这样一些散户投资者就会误认为主力又一次发力拉升而匆忙买入，但其后股价却一路下跌。

实战中，遇到高位放量突破平台的走势，一定要注意分析该股在之前的涨幅。如果涨幅已经出现翻倍甚至翻了几倍的现象，为了稳妥起见，就不要再跟风买入了。

如图 15-5 所示的云南能投，在经过一波的大幅拉升之后开始高位震荡整理，期间成交量也有非常明显的萎缩。一段时间的整理之后，开始向上突破，单从 K 线层面来看，此时确实是一个比较好的介入时机。但从成交量来看，却没有明显的增大，不得不怀疑主力这次突破的目的。从后面的走势可以看出，主力无非是想借此机会再把手中的筹码以稍高的价格卖出。一旦主力完成出货，股价下跌当然是不可避免的。

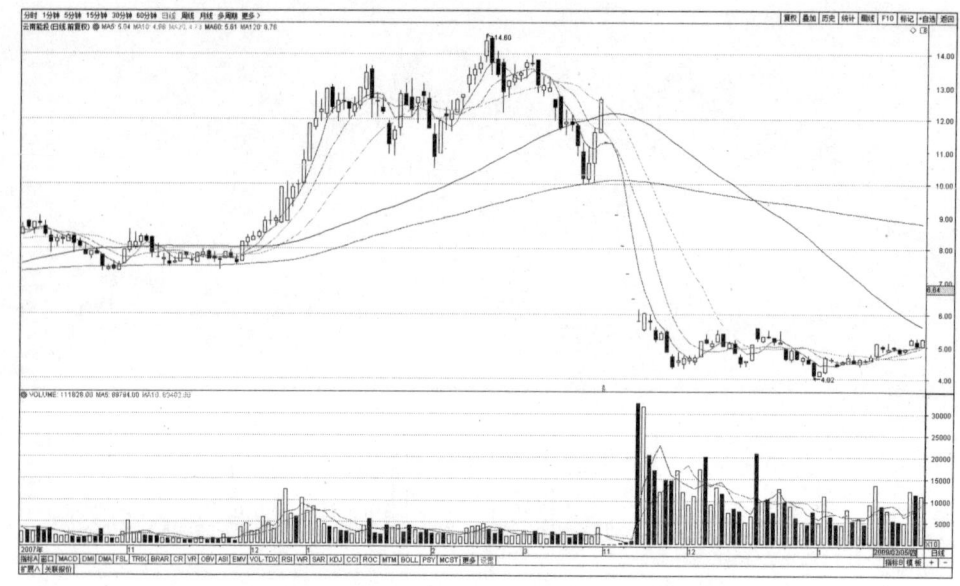

图 15-5　云南能投 K 线图

总之，不管怎样，在高位的平台整理都是一个值得注意的信号。对于持股者，如果遇到向上突破平台的走势，不妨趁机卖出。如果没有向上突破，而是向下跌破平台走势，也要立即卖出。对于持币者，则应该以观望为主，不可轻易介入。

## 五、涨停板出货

利用涨停出货是一种比较高明的派发措施，也可以说是拉高出货的最高境界。这种方式既可打开上升空间，又可节省"弹药"，还可以引起市场的追涨效应，派发起来较为轻松。

主力利用涨停出货通常有以下几种做法：

① 开盘时就会将股价封在涨停板上，诱惑每天关注涨停板的散户跟风参与；而一旦散户在涨停板处大量排队时，主力则会慢慢撤掉自己在买盘处的挂单，将散户的买单推到前面，同时暗中派发筹码；等这些买单所剩无几的时候，主力又会挂上自己的买单封住涨停板，而后继续等待散户排队购买，再撤单、再派发。

② 开盘后，一直用大单将股价推至涨停位置，造成量价齐升的现象。随后封住涨停，吸引短线投资者参与。待散户的买盘逐渐强大，这时主力就会撤掉

买盘，开始抛售。一旦买盘减少，主力再主动挂上大买单，以进一步巩固人气。然后再择机派发，如此反复。

③ 很多时候，由于主力的抛盘力度较大，就会出现涨停板被打开然后再次

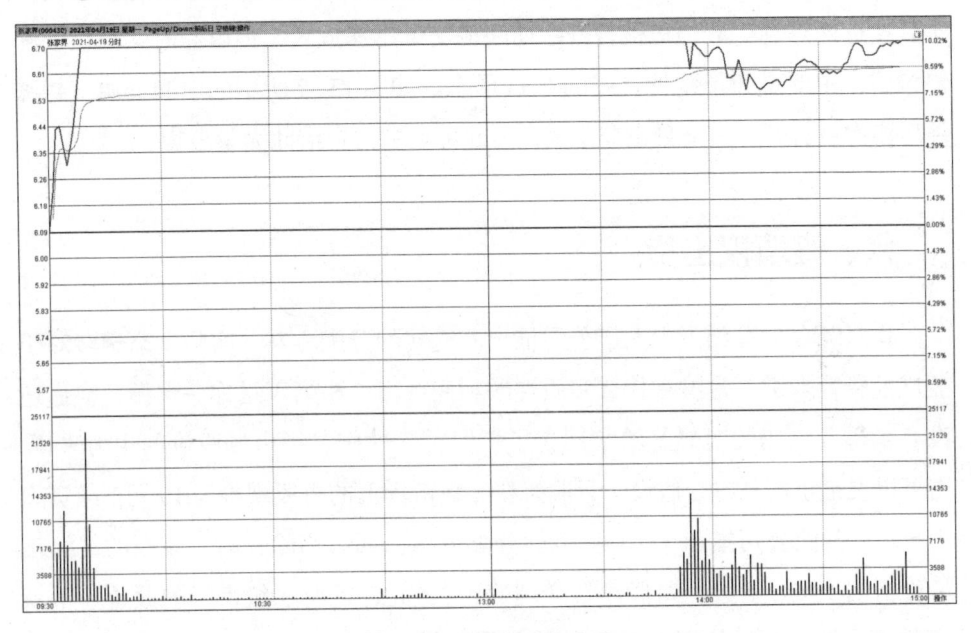

图 15-6　张家界分时图

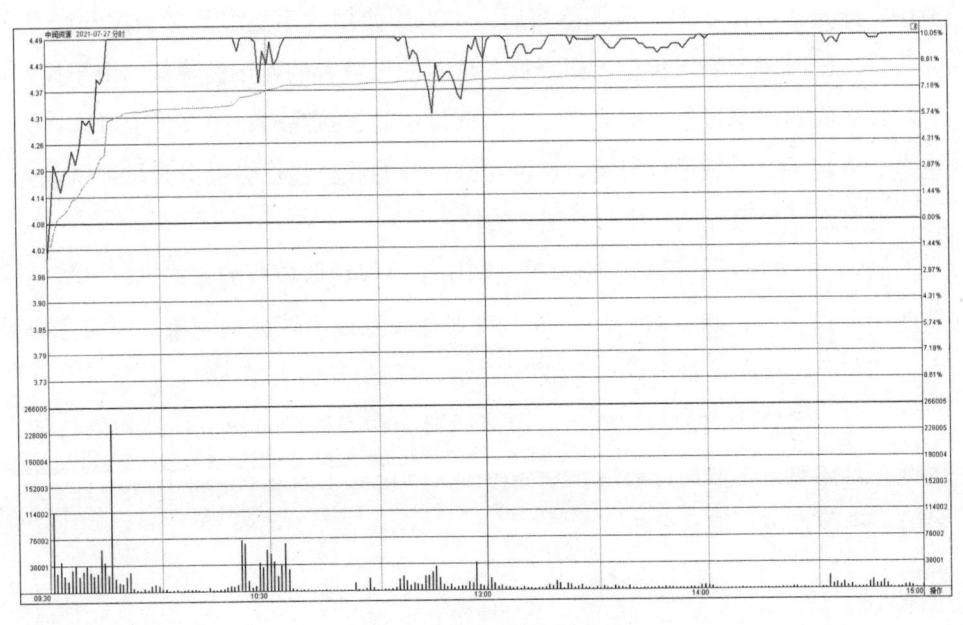

图 15-7　中润资源分时图

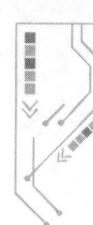

封住的现象，被打开时会有巨大的成交量，如果打开的次数较大或者打开时的幅度较大，就要引起投资者的注意了。

如图15-6所示的张家界，早盘快速拉高，将股价推至涨停位置，一直到午后接近两点钟，涨停板被打开，期间成交量迅速放大，但收盘时又收在了涨停位置，主要是为了维持良好的K线形态。如图15-7所示的中润资源，封涨停后多次被打开，成交量也非常大，由此可见主力在借此大量出货。

## 六、假填权出货

我们经常会看到不少上市公司推出高送转的分配方案，实际上高送转对于散户投资者来讲，是没有什么实质性的利润可言。相当于送你一颗糖，在你还没有来得及享用的时候又给拿回去了。但对于炒作二级市场股价的主力来说，则可以说是重磅利好。假设一只股票在二级市场上的每股现价为10元，净资产为5元，若此公司推出了10送10的分配方案，那么当除权时，股票的二级市场价格则变成了5元，每股净资产则变为2.5元，此时二级市场的股价一下就"降"了一半，它的依据是利用了简单的视觉错误和心理因素，特别是在牛市行情中，此方法百试不爽。股票除权后，主力所使用的手法多是对倒拉升派发。除权后，因股票的绝对价位大幅降低，从而使投资者的警惕性降低，由于投资者对强势股的印象极好，因此在除权后低价位放量拉高时，很多投资者都以为主力会再起一波，做填权行情。这种对倒拉升的假象往往会吸引大量跟风盘介入，主力正好利用跟风买盘而实现了边拉边派。

如图15-8所示的派林生物，正是利用了除权后假填权的方式进行出货的。从图中可以看到，除权之后的放量上攻则是故意做出填权的假象，而实际上，主力却在此过程中大量出货。待出货完成后，股价开始大幅下跌。

不过，需要指出的是，确实有很多股票会在除权后走出成功填权的行情。因此在具体对待个股时，还应该从当时的大环境、个股题材、涨升幅度、成交量等多种因素进行综合分析。

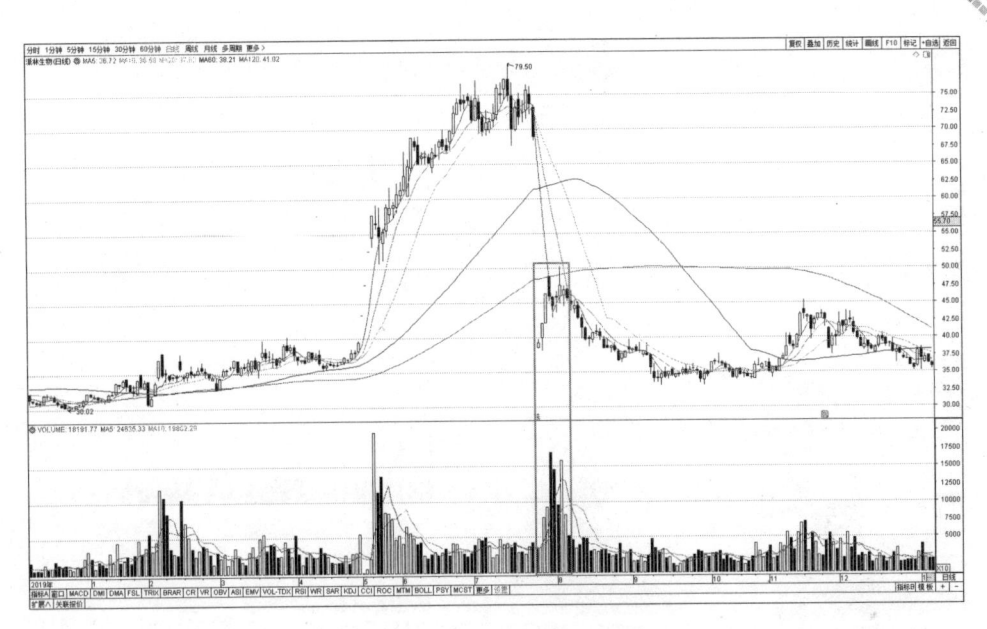

图 15-8　派林生物Ａ　Ｋ线图

## 七、诱多式出货

当股价大幅拉升后，此时很多散户购买的意愿就越来越弱，这样主力就很难卖出手中的股票。为了能够顺利将手中的筹码卖出，主力通常会选择一种带有风险的出货方式，即诱多出货。简单地说就是，在卖出受阻后，为了吸引跟风盘进来，主力不得已将股价再次拉升，从而达到出货的目的。之所以说是带风险的方式，是因为当主力出货受阻后，手中股票会出现大幅下跌，此时如果再度拉高就需要一个短暂的建仓过程，如果此时大盘走势不好，就很难再次拉高。另外，如果此时出现的顶部是大盘顶部，这种反向的上涨很有可能把自己套住，而帮散户赚了钱。

如图 15-9 所示的大东方，经过连续的拉升之后主力开始派发筹码兑现，于是股价应声下跌，至 20 日线附近止跌，随后继续向上拉升，从成交量可以看出，这次的拉升出现了量价背离，因此有诱多的嫌疑。聪明的投资者应该在股价滞涨时清仓出局。

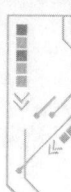

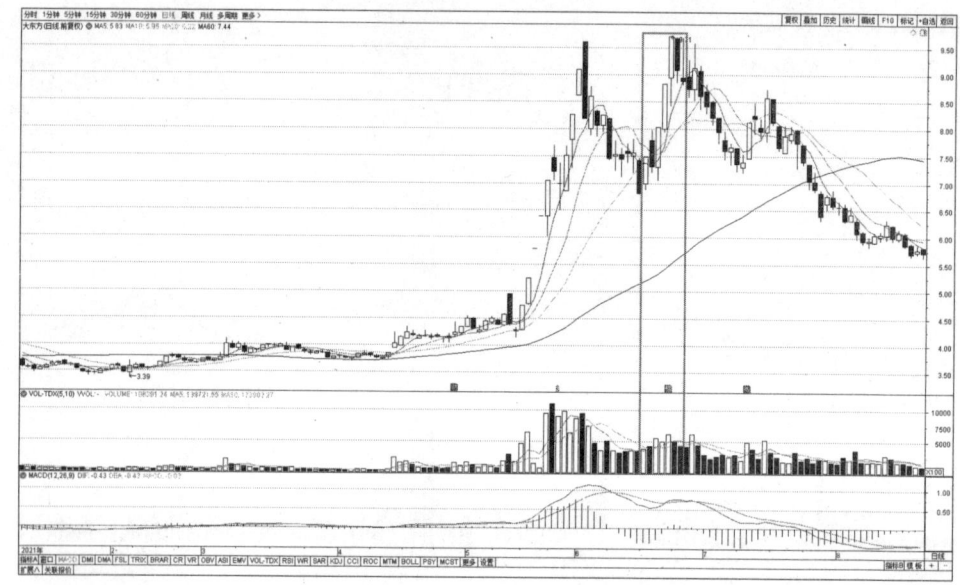

图 15-9　大东方 K 线图

## 八、反弹式出货

主力在完成了一定筹码的派发后，巨大的操盘利润已经兑现，而此时大势很可能也处于转势的过程中。在这样一种背景下，主力或许可以选择杀跌出货，但散户的心理一般都是越跌越不敢买，杀跌出货很可能会造成主力在短时间内已将股价打得非常低，但却仍没有多少买盘接手，于是这时的反弹出货就是主力常用的一种有效出货方法。在反弹出货阶段，主力为了能充分吸引跟风盘的涌入，往往会使用对倒放量的手法，当主力停止对倒放量时，反弹出货就会告一段落。

如图 15-10 所示的朗科科技，在高位震荡一段时间之后，突然放量向上突破，给投资者的感觉像是在继续向上拓展空间。但短暂的放量之后，股价便停止向上，转而继续小幅震荡出货，随着主力出货完毕，股价也应声下落。

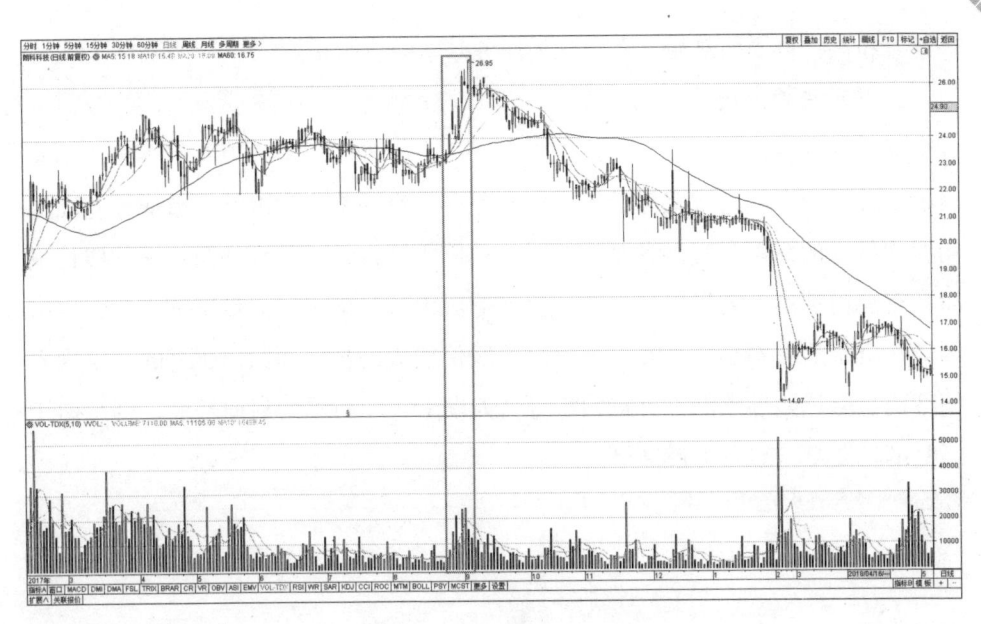

图 15-10　朗科科技 K 线图

## 九、跌停式出货

跌停出货又分为主动跌停和被动跌停两种方式。

### 1. 主动跌停出货法

跌停出货法实际上是以牺牲盈利空间换取流通性的方法。运用这种出货方法，前提是前期必须有大幅拉升，有足够的利润空间，然后通过拉升过程及高位置的震荡，使散户持有的小比例筹码不断换手，以抬高平均持股成本。一旦时机成熟，主力就突然主动连续跌停，使股价很快远远脱离散户在高位换手获得筹码的成本，造成这部分筹码因亏损严重而不愿继续杀跌，跌停位置几乎全是该机构的封单。

几个跌停之后，主力又会利用技术上的超跌时机或配合公司的澄清公告，组织一笔资金不断以大单吞吃掉跌停封单，造成有大量新资金抢反弹的假象，诱惑投资者介入。由于封跌停的股票全是同一机构持有，因此资金也只是从一个账户对倒到另外一个账户，如果投资者买入得多，则直接帮机构成功出货；第二天立刻大幅低开，使介入的投资者全部套牢；如果投资者买入的少，则顺势继续拉高，再周而复始，直到套现任务基本完成为止。

### 2. 被动跌停出货法

股票被动性的跌停，是指非主力自愿，由于外围环境逼迫不得不自动消化股价泡沫的现象。造成跌停的导火索有很多，有因为主力内乱，造成锁仓联盟崩溃而带来的跌停；有操纵股价的行为被监管层发觉，受到处罚带来的股价崩溃；有公司基本面突然出现改变，使支撑股价的基础坍塌而带来的雪崩；也有因炒作资金后继不足，而难以维持高位股价造成的价格回归；还有的是出现系统性的金融风险导致的不可抗因素等。如图15-11所示的启迪药业，则是由于当时的"股灾"造成的连续跌停。

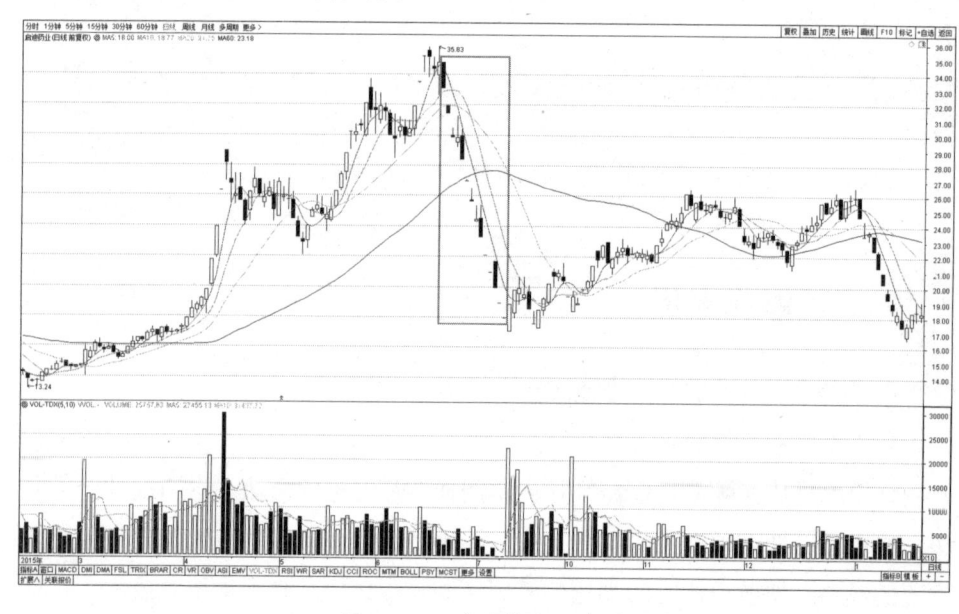

图15-11 启迪药业K线图

## 第三节 主力出货的盘面特征

下面我们分别从市场特征、盘口特征以及技术特征来分析主力出货时的一些表现。

## 一、主力出货的市场特征

通常个股被主力拉升到高位以后,主力会以较温和的成交量出货,出货时的技术特征也和震荡调整蓄势行情表现相似,不易引发跟风出货潮。如果主力不顾后果,强行出货,则该股会马上出现向下破位。也有不少主力采用了更聪明、更具有欺骗性的做法,那就是向上突破法。不管哪种方式,都会在盘面上留下一些痕迹,经过仔细观察和归纳,主力出货时的主要市场特征有以下几种:

① 主力出货时,往上突破时往往会留下较长的上影线。

② 主力把股价拉至高位,当手中筹码没有出手时,就会做成一个高位平台,并且在这一高位平台上,一边护盘,一边出货。

③ 经过一段时间的横盘,该股主力已经卖出了大部分筹码后,便再次快速拉抬股价,令其创出新高,制造出再次向上突破的假象。

④ 主力出货完毕后,该股就会阴跌不止,毫无支撑点位。

⑤ 当该类股票再次向上突破并再创新高之时,往往跟风盘会不请自到,一拥而入。

⑥ 从某只个股的日 K 线图表上看,自底部算起,这类个股的累计涨幅一般相当大,通常具有 80% 左右的获利空间。

## 二、主力出货的盘口特征

主力出货时,由于出货方法的不同,在盘口的表现也不相同,主要有以下几种盘口特征。

### 1. 跌停板开盘出货

开盘直接跌停,许多散户一看股价如此便宜,常常会有抢反弹的冲动。如果主力不是出货,股价常会立刻复原,散户根本就不可能买进来;如果是主力在出货,散户若在跌停板附近买进,后果将不堪设想。

### 2. 飘带式出货

飘带式出货是比较流行的一种出货方法,操盘手在每一个买盘上都挂几万甚至几十万的买盘,促使股价逐渐飘带式上移,总会有沉不住气的人勇敢买进,其实上面的买盘都是主力自己的,又因为持仓者都想卖最高价格。一般不会挂出卖单，这时如果买进来，就离下跌不远了。飘带式拉高是主力拉高的一种方式，也是一种出货的方式。

### 3. 小单出货

遇到一些有耐性的主力，他们每次往往只卖几千股，最多不超过一万股，几乎所有的软件都不会把这种小成交量统计成主力在出货。

### 4. 先吃后吐

有的主力会先把价位拉高5%以上，并在高位放巨量，显示的就是买盘，多数人会认为主力在买进，没有太大的风险，于是也跟着积极买进。然后，主力再逐渐出货，股价逐渐下跌，如果做得好，可以出很多货。在这里，主力在高位买进的可能是实盘，比如买进几十万股，但随后主力可以在低价抛出几百万股，而这对于主力来说还是相当划算的。

## 三、主力出货的技术特征

通常，如果有以下现象出现，就要注意主力很可能是在出货了。

### 1. K线走势特征

在出货阶段，股价在高位K线组合常常出现阴阳相间，大阴线、中阴线的数量不断增多，阴K线的数量多于阳K线的数量，股价向下跳空缺口而不能回补，K线组合形状多为三只乌鸦、下降三部曲等。

### 2. 均价线特征

股价经过大幅上涨，5日均价线从上向下穿越10日均价线，形成有效死叉时，股价头部形态出现，5日均价线、10日均价线及30日均价线在高位形成价压时，后势看淡。60日均价线走平或向下掉头，表示股价中期转势在即。

### 3. 成交量特征

股价经大幅度上涨，成交量突然在顶部急剧放大，并且股价转而向下，或不能再次上涨，此为量价背离现象，表明主力正积极出货。

股价处在升势中，突然滞涨而下跌，成交量大幅增加，说明主力急于派货。在上涨的高价区间，股价仍然上涨，但成交量不能有效放大，说明市场高位缺乏承接盘，后市不容乐观。